DQ 디지털 지능

DQ 디지털 지능

1판 1쇄 발행 2022. 04. 18.
1판 4쇄 발행 2023. 02. 10.

지은이 박유현
옮긴이 한성희

발행인 고세규
편집 민성원 디자인 정윤수 홍보 박은경 마케팅 신일희
발행처 김영사

등록 1979년 5월 17일 (제406-2003-036호)
주소 경기도 파주시 문발로 197(문발동) 우편번호 10881
전화 마케팅부 031)955-3100, 편집부 031)955-3200 | 팩스 031)955-3111

값은 뒤표지에 있습니다.
ISBN 978-89-349-6190-1 03330

홈페이지 www.gimmyoung.com   블로그 blog.naver.com/gybook
인스타그램 instagram.com/gimmyoung   이메일 bestbook@gimmyoung.com

좋은 독자가 좋은 책을 만듭니다.
김영사는 독자 여러분의 의견에 항상 귀 기울이고 있습니다.

박유현 지음 | 한성희 옮김

디지털 지능

IQ EQ를 넘어 AI 시대의 지능 패러다임

DQ의 글로벌 창시자 박유현 박사의
디지털 리스크에 빠진 미래 세대를 위한 명료한 해법

DIGITAL INTELLIGENCE QUOTIENT

김영사

디지털 기술의 안전성과 윤리성에 관한 이 책은 특히 어린아이들의 사고가 적정 수준의 디지털 지능DQ에 도달하기 전에는 위험에 노출될 수 있음을 우리에게 알려준다. 디지털 대전환의 시대에 앞으로 안전하게 나아가기 위해 꼭 읽어야 할 필독서다.

_ 빈트 서프Vint Cerf (인터넷의 아버지)

박유현 박사는 세계에서 가장 성공한 사회적 기업가다. 그녀는 다양한 사회에서 수백만 명의 아이들이 디지털을 제대로 이해하고 독자적으로 사용하도록 도움으로써 그들이 더 건강하고 성공적인 삶을 누리도록 했다. 박유현 박사는 디지털혁명을 깊이 이해했기에 지금의 성공에 이르렀다. 인간은 디지털혁명에 종속되어서는 안 되며, 오히려 디지털혁명을 통해 더 선한 방향으로 나아가야 한다는 것을 그녀는 그 누구보다 잘 알고 있다. 그녀는 디지털혁명을 놀랍도록 통찰했다. 명료하고 사려 깊은 관점이 그대로 녹아든 책이다.

_ 빌 드레이턴Bill Drayton (아쇼카 설립자)

박유현 박사의 열정과 영감이 빛을 발한다. DQ는 21세기의 새로운
언어가 될 것이다.

_ 피터 에슬린 경 Sir Peter Estlin (시티오프런던 전 시장)

지난 30년 이상 기술은 우리 삶을 더 풍요롭고 편리하게 해주었다.
기술이 발전을 거듭할 때마다 우리가 기술에 대해 논의하는 방식은
차츰 비인격화되었다. 도구는 실제 사용 환경과 괴리되었고, 돈은
유일무이한 목적이 되었으며, 그 목적은 우리 사회를 옭아맸다. 제
4차 산업혁명이 '인간 중심 기술'이라는 정신적 토대 없이 이뤄졌
기 때문이다.

박유현 박사의 DQ는 이제까지 기술 사회가 잊고 있던 그 토대를 일
깨워주는 매우 중요한 개념이다. DQ는 뒤처진 사람들이 기술 발전
의 속도를 따라갈 수 있는 기회를 제공한다. 특히 우리 사회에서 가
장 취약한 계층인 아이들이 디지털 역량을 키울 수 있도록 돕는다.
#DQ에브리차일드 캠페인을 통해 우리는 아이들을 디지털 기술의

희생양이 아니라 디지털 세계의 책임감 있는 창조자이자 뛰어난 리더로 성장시킬 비전을 발견할 수 있다. 이 책에 기록된 그녀의 여정을 통해 디지털 영역에서 다양한 차원의 어린이 발달에 대한 심도 깊은 이해를 얻을 수 있다. 나는 그녀의 여정에 동참하게 된 것을 영광스럽게 생각한다. 이 책은 교육자와 부모뿐만 아니라 기술 분야에서 일하는 우리 모두에게도 매우 귀한 자료다. 특히 사회 전반의 웰빙을 생각하고 기술의 악영향을 막고자 한다면 말이다.

_ 칸 테르지올루Kaan Terzioglu (베온그룹 공동 CEO)

박유현 박사가 시작해 큰 진전을 이룬 이 일은 우리가 미래를 이끌어가는 방식에 매우 중요하다고 말할 수 있다. 점점 더 디지털화되어가는 세상에서 전 세계의 아이들이 디지털 기술을 적극적으로 사용할 수 있도록 보장한 그녀의 공헌은 실로 엄청나며, 그 영향은 매우 크다. 그녀를 '선지자'라고 일컫는 것만으로는 충분치 않다. 뒤에 오는 세대가 지금의 시기를 돌아본다면, 오늘날 우리가 인터넷을 구축한 이들을 우상으로 떠받드는 것과 똑같이 그녀를 우상으로 여길 거라고 확신한다.

_ 비카스 포타Vikas Pota (T4 에듀케이션 설립자)

일상에서 디지털 세계가 꼭 필요해짐에 따라 우리는 인류 역사상 가장 극심한 변화를 겪으며 살고 있다. 박유현 박사의 이야기는 이런 디지털 전환을 예리하게 포착하고 있다. 그녀는 자녀의 디지털 안전을 걱정하는 엄마로서, 또한 선구적인 사회적 기업가이자 연구자로서 디지털 지능 개념을 만들었다. DQ가 매우 진정성 있고 시의적절한 개념이 될 수 있었던 이유다. DQ는 바야흐로 디지털 시대가 맞닥뜨린 문제들을 정면 돌파한다. 교육의 미래란 어떠해야 하는지 해답을 제시한 책이다.

_ 베르틸 안데르손Bertil Andersson (싱가포르 난양공대 제3대 총장, 노벨재단 전 이사장)

세계는 디지털 전환과 함께 빠르게 변하고 있고, 교육을 비롯한 인간활동에서 많은 부분이 이미 디지털 세계에서 일어나고 있다. 현재 거의 10억 명의 아이들이 온라인에 있으며, 2050년이면 거의 모든 사람이 온라인에 있을 것이다. 우리는 디지털 세계의 영향력에 더 많은 주의를 기울여야 한다. 박유현 박사보다 디지털 문제를 더 잘 설명할 수 있는 사람은 단연코 없다. 한마디로 놓쳐서는 안 될 책.

_ 김도연(울산공업학원 이사장, 전 교육과학기술부 장관)

아이작과 케이트에게

DQ의 개념도

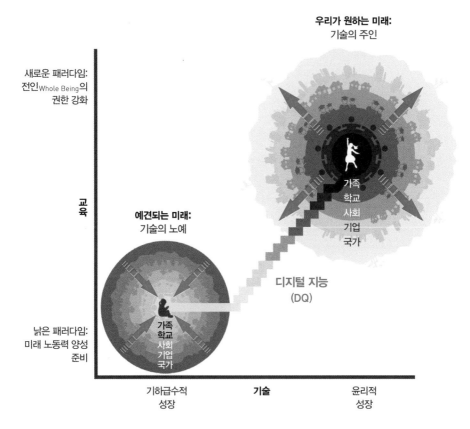

1장 근본적인 질문

2장 침몰하는 배

3장 잘못된 질문

7장 여덟 가지 디지털 시민의식

8장 개인과 학교, 기업, 국가를 위한 제안

2008년 12월 우리나라에서 끔찍한 일이 벌어졌다. '조두순 사건.'[1] 여덟 살 여자아이 나영이(가명)가 아침 8시 학교에 가던 중 소아성애자인 조두순에게 납치되어 잔혹하게 성폭행당하고 맞아 죽을 뻔했다. 잔인한 행위에 온 국민이 분노했다. 사람들은 가해자인 조두순의 지극히 평범한 모습에 큰 충격을 받았다. 그는 나영이 가족과 같은 동네에 사는 평범한 중년 남자였다. 나중에 경찰은 조두순의 개인 컴퓨터에서 엄청나게 많은 용량의 아동 포르노 영상을 발견했다.

당시 나는 임신 중이었고, 미국 팰러앨토에 살고 있었다. 그 뉴스를 접했을 때 다른 엄마들처럼 화가 치밀었다. 온라인 뉴스 포털을 통해 관련 상황을 계속 주시했다.

그러던 어느 날 우리나라의 한 뉴스 사이트에서 본 두 개의 이미지가 내 인생을 바꿨다. 하나는 병상에 누워 있는 나영이가 법원이 조두순에게 최고 형량을 선고하기를 기도하는 모습이 담긴 사진이었다. 곧이어 나영이 사진 밑에 있는 사진이 눈에 들어왔다. 벌거벗은 젊은 여자가 침대에 누워 있는 사진이었다. 그 광고에는 '열여섯 살 여자아이가 당신을 침대로 초대합니다'라는 글씨가 큼지막하게 쓰여 있었다.

나는 숨을 쉴 수가 없었다. 배에서 찌르는 듯한 통증이 느껴졌다. 눈에서 걷잡을 수 없이 눈물이 흘러나왔다. 이유는 알 수 없었다. 임신으로 인해 감정 기복이 롤러코스터처럼 극심했기 때문이었을지도 모른다. 감당할 수 없는 슬픔, 분노, 죄책감이 마구 뒤섞인 복잡한 감정이 거대한 파도처럼 나를 덮쳤다. 나는 계속해서 "미안해, 미안해, 미안해!"라고 말하고 있었다. '누구에게 미안하지? 나영이에게? 나영이의 부모에게? 아니면 누구에게?'

나는 당시 보스턴컨설팅그룹Boston Consulting Group에서 기술 및 디지털 미디어 산업 분야의 시니어 애널리스트이자 컨설턴트로 일하고 있었다. 2000년대에는 인터넷 비즈니스의 급성장으로 인해 기존의 미디어 기업들이 쇠퇴의 길로 들어섰다. 사람들은 종이 신문 구독을 중단했고, 텔레비전 대신 인터넷을 통해 영화와 쇼를 보기 시작했다. 신문 발행 부수는 급격히 줄어들었고, 기존의 텔레비전 방송은 시청률을 충분히 올리지 못했다. 더는 사람들의 눈과 귀를 잡아두지 못했다는 뜻이다. 자연스럽게 기업의 기존 매체를 통한 광고가 줄어들었다. 지금껏 광고 매출을 올려온 방식이 더는 효과가 없게 된 것이다. 2010년 블록버스터*의 파산은 전통적인 미디어 산업의 붕괴를 상징했다.[2]

2000년대 초부터 우리나라 정부는 금융 위기에서 벗어나기 위해 국가적인 차원의 디지털 전환**을 추진했다. 그 일환으로 인터넷 및 정보통신기술ICT 산업에 막대한 투자를 했다. 이후 우리나라가 세계에서 가장 혁신적인 인터넷 국가로 부상하는 동안, 기존의 미디어 기업들은 새로운 비즈니스 모델을 필사적으로 찾아야 했다. 온라인 광고로 빠르고 쉽게 돈을 버는 외설적이고 자극적인 콘텐츠가 포함된 낚시성 링크가 이들 기업이 찾은 새로운 수익원이었다.

나영이의 사진과 미성년 여자아이의 음란 광고가 동시에 게재된 온라인 뉴스 페이지는 결코 우연이 아니었다. 그 뉴스 사이트에 두 이미지가 나란히 올라온 것을 본 순간, 나는 희생자가 단지 우리나라에 사는 여덟 살짜리 여자아이 한 명만이 아니라는 사실을 깨달았다. 가해자 또한 단지 한 명의 아동 포르노 중독자가 아니었

---

*   **블록버스터**BLOCKBUSTER: 2000년대 초까지 전 세계 9,000개 이상의 매장을 보유하고 있던 홈비디오 대여 및 판매 전문기업.

**   **디지털 전환**digital transformation: 디지털 기술을 사회 전반에 도입하여 전통적인 사회 구조를 디지털 구조로 혁신하는 전략.

다. 내 아이들, 당신의 아이들, 전 세계의 모든 아이들이 위험에 처해 있었다. 그러니 우리 모두에게 책임이 있었다.

우리는 신기술을 너무 빨리, 맹목적으로 찬양한다. 온라인에서의 익명성과 표현의 자유를 찬양하고, 인터넷 스타트업 억만장자를 찬양한다. 그러는 동안 우리 아이들은 인터넷의 어두운 구석, 사각지대에 방치되어 있었다. 우리는 디지털 폭력, 인터넷 중독, 사생활 침해, 아동 포르노, 온라인 그루밍* 등 기술 발전의 부정적인 결과인 '인폴루션Infollution(정보 공해)'을 무시했다. 공해가 우리의 지구 환경에 피해를 입히는 동안, 인폴루션은 우리와 아이들의 마음을 오염시켰다. 우리는 특히 약하고 어린 사람들에게 미치는 인폴루션의 영향을 신중하게 고려해야만 하는 우리의 의무를 소홀히 했다.

2009년 9월 한국으로 돌아온 나는 '인폴루션 제로Infollution ZERO, iZ'라는 비영리단체를 만들기로 했다. 우리 아이들 주변의 인폴루션을 제로(0)로 만들자는 비전을 가진 단체였다. 2022년 현재 많은 부모들이 자녀의 스크린 타임**과 디지털 위험 노출을 걱

---

*   온라인 그루밍Online grooming: 온라인 매체를 통해 신뢰 관계를 형성한 후 약점을 잡아 성적 노예 혹은 돈벌이 등에 이용하는 범죄.

**   스크린 타임 Screen Time: 스마트폰, 컴퓨터, 텔레비전 등 디지털 기기를 사용하는 데 소요되는 시간.

정하고 있다. 하지만 2009년에는 불행히도 많은 부모가 자녀의 온라인상 안전을 인식하거나 신경 쓰지 않았다. 게다가 많은 기업 대표와 정부 지도자들은 '인폴루션 제로' 같은 이니셔티브는 국가적 디지털 전환이라는 주요 의제에 대한 불필요한 불만쯤으로 인식하고 반기지 않았다. 더욱더 안타까운 일은, 내가 이런 현실을 충분히 이해할 만큼 '똑똑하지' 않았다는 점이다. 사람들이 나를 '이 상주의적인 괴짜'라거나 '완전한 패배자'라고 생각한다는 걸 알기까지는 그리 오랜 시간이 걸리지 않았다.

2010년 1월 정식으로 사무실을 열었을 때, 몇몇 주요 신문에서 나를 인터뷰하고 싶어 했다. '인폴루션 제로'라는 의제 때문이 아니라 엘리트 코스를 밟은 내 이력 때문이었다. 그들은 "하버드대학교에서 박사까지 마치고 국제 비즈니스 분야에서 일한 사람이 왜 자발적으로 '이등시민'이 되려고 합니까?"라고 물었다. 당시 우리나라에서는 (특히 '아무도 신경 쓰지 않는' 이슈를 다루는) 비영리 스타트업을 시작하는 것을 실패로 여겼다. 다들 인정하는 중대한 사명이 있거나 정치적인 야망 또는 개인적으로 맞서 싸워야 하는 비극적인 이야기가 있지 않다면 말이다. 나는 아무것도 없었다. 나는 그저 온라인상에서 발생할 수 있는 부정적인 문제를 인식했으며, 그 문제를 해결할 수 있다고 생각했다. 영웅이 되거나 정치적인 목적을 이루거나 누군가에게 보복하려는 의도는 전혀 없었다.

몇 달 후, 신문에 실린 내 인터뷰 기사를 본 청와대 관계자 한 분이 만나자고 연락해왔다. 그는 나에게 물었다. "뭘 이루려고 합니까?" 그 역시 나에게 정치적 야망이나 숨은 의도가 있는지 확인하고 싶어 한다는 걸 곧바로 알아차렸다.

나는 그에게 말했다. "10년 안에 디지털 안전과 아이들의 디지털 역량 강화를 위한 글로벌 표준을 만들 겁니다. 그래서 전 세계 모든 ICT 기업과 정부의 정책결정권자들이 온라인상 아동 보호와 디지털 시민의식 교육을 최우선 과제로 삼도록 할 겁니다."

그는 어이가 없다는 듯 잠시 나를 쳐다봤다. 말을 하지는 않았지만 '네가 뭔데?'라며 나를 무시하고 있다는 걸 눈치챌 수 있었다. 그는 웃으면서 말했다. "음…… 안 될 것 같지만, 응원하겠습니다."

정말로?

솔직히 나한테는 원대한 '10년 비전'이 없었다. 사실 그렇게 장기적으로 생각해본 적도 없었다. '인폴루션 제로'를 시작한 후 하루하루 그저 살아남으려고 애쓰고 있었다. 그런데 나도 모르게 그 말이 입에서 툭 튀어나왔다. 어쩌면 사람들이 내 대의에 진심으로 관심을 가져주지 않는다는 것이 불만스럽고 화가 났기 때문일지도 모른다. 당시 나는 거의 모든 회의에서 무시당하거나 비웃음을 받았다. 나를 진심으로 지지해주는 건 오직 몇 사람뿐이었다.

하지만 바로 그 대화로 인해 나에게 새로운 비전과 목표가 생겼다. '10년 안에 인터넷상의 안전에 관한 글로벌 표준을 정하면 되잖아?' 그날 나는 일기에 썼다.

앞으로 10년 동안 소셜임팩트* 여정을 시작하고 다음의 세 가지를 개발하겠다. 모든 국가가 채택할 수 있는 글로벌 표준 프레임워크, 모든 어린이가 사용할 수 있는 글로벌 아동 교육 프로그램, 모든 국가가 주목하게 될 글로벌 디지털 지수.

이후 싱가포르로 이주해서도 나는 계속해서 아동 온라인 안전과 디지털 교육에 관한 일을 했다. 디지털 지능Digital Intelligence Quotient, DQ의 개념 및 프레임워크와 여러 관련 프로그램을 개발했고, 2017년에는 세계경제포럼WEF과 제휴해 DQ연구소를 설립했다.

2018년 9월 26일 오후 5시 뉴욕에서 열린 유엔총회 주간의 세계경제포럼 기자회견장에서, 나는 경제협력개발기구OECD 사무총장 가브리엘라 라모스Gabriela Ramos, 국제전기전자공학회IEEE 수석 이사 캐런 매케이브Karen McCabe, 세계경제포럼의 에릭 화이트Eric White와 함께 앉아 있었다. 이 세 국제기구와 DQ연구소는 전 세계 디지털 역량 수준을 향상시키기 위한 글로벌 연합체 '디지털 지능을 위한 연대Coalition for Digital Intelligence, CDI'의 출범을 선포했다.[3] 세 국제기구는 내가 디지털 리터러시와 디지털 역량, 디지털 준비성을 위한 글로벌 표준으로 개발한 DQ프레임워크를 사용하기로 결의했다. 아동 온라인 안전은 DQ프레임워크에서 가

---

* **소셜임팩트** Social impact: 지속가능한 가치와 사회 발전을 위한 움직임.

장 기본이 되는 요소였다.

기자회견장 연단에서 연설하는 동안 2010년 청와대의 정부 관계자에게 10년 비전을 말하던 내 모습이 떠올랐다. 당시에는 정말 터무니없는 목표였다. 그 비전을 '선언한' 그날 이후 8년이 지났다는 사실에 생각이 미치자 가슴이 벅찼다. 한편으로는 두려웠다. 글로벌 표준을 세우기 위해 노력하거나 그 연단에 서려고 전략적으로 무언가를 계획하지 않았기 때문이다.

솔직히 그동안 그 비전이나 세 가지 목표를 생각할 여유가 없었다. 나는 아동 온라인 안전과 디지털 시민의식 교육에 관련된 일이라면 무엇이든 했고, 모든 기회를 잡으려고 노력했다. 나는 아이들의 디지털 시민의식 프로그램을 개발하기 위해 아이들과 함께 일했고, 교사와 부모를 위한 교육을 실시했다. ICT 및 미디어 기업과 함께 공공 캠페인과 사회 봉사활동 프로그램을 진행했다. 정부의 정책과 규정에 관련된 활동을 했고, 학술연구에 참여했다. 국제전기통신연합ITU, G20, 유네스코, 유엔아동기금UNICEF, 유엔, OECD 등 국제기구에서 요청하면 어떤 일이든 나의 모든 역량을 다해 도왔다. 그동안 나는 많은 실수를 했고, 많은 실패를 겪었다. 동시에 어느 정도 성공도 이뤘다.

2017년 3월부터 세계경제포럼과 함께 글로벌 캠페인 '#DQ에 브리차일드'를 시작했다.[4] 이 운동의 목적은 8~12세를 위한 DQ

월드DQ World 이러닝 프로그램을 이용해 모든 아이에게 책임감 있는 디지털 시민의식을 심어주는 것이었다.[5] 이 디지털 시민의식 교육은 3년 만에 온라인과 오프라인 채널을 통해 80개국 이상에서 100만 명 이상의 아이들에게 전해졌다.

감사하게도 싱가포르 최대 이동통신사 싱텔Singtel과 트위터 같은 ICT 기업, 싱가포르 정보통신미디어개발청IMDA과 인천경제자유구역청IFEZ 같은 정부기관, 세계경제포럼과 유엔아동기금 같은 국제기구, 주니어 어치브먼트*와 터치사이버웰니스** 같은 시민단체를 비롯해 100여 개 이상의 단체들이 나와 함께 일해주었다.

2020년 2월에는 세계 최초로 실시간 측정값인 '아동온라인안전지수Child Online Safety Index, COSI'를 발표했다. 지난 3년간의 #DQ 에브리차일드 캠페인의 결과를 토대로 국가가 아이들의 온라인 안전 상태를 더 잘 이해하도록 돕고자 하는 목적이었다. 같은 해 6월에는 'G20 디지털 경제 태스크포스'가 G20의 디지털 경제를 측정할 때 아동온라인안전지수도 포함되어야 한다고 공식적으로 제안했다.[6]

마지막으로 2020년 9월 24일, 여러 분야에 걸쳐 다양한 기술에

---

* 주니어 어치브먼트Junior Achievement: 전 세계 청소년에게 무료로 경제교육을 제공하는 국제 NGO 단체.
** 터치사이버웰니스TOUCH Cyber Wellness: 디지털 건강과 뉴미디어 리터러시를 지원하는 싱가포르의 비영리단체.

관한 글로벌 표준을 정하는 세계 최대 기술협회이자 당국인 IEEE 로부터 연락을 받았다. 디지털 지능이 디지털 리터러시, 디지털 역량, 디지털 준비성에 관련된 세계 최초의 글로벌 표준으로 공식 승인되었다는 소식이었다(IEEE 3527.1™ Standard). 내가 '10년 비전'을 말한 지 딱 10년이 되는 해였다.[7]

그 1년 전인 2019년 10월 10일, 첫 국제 'DQ데이'가 주요 도시인 뉴욕과 런던에서 시작되었다.[8] 뉴욕에서는 내가 IEEE, IBM, 세계경제포럼, 다른 여러 협력단체와 함께 세계경제포럼 뉴욕 사무실에서 DQ데이와 관련된 회의를 진행했다. 런던에서는 시티오브런던이 '미래는 지금Future.now'이라는 제목으로 BT*, 액센추어** 등의 기업들과 협력해서 전국적인 디지털 역량 계획을 주도하기 시작했다. 나에게는 정말로 잊지 못할 날이었다.

DQ데이 회의에서 나는 모든 협력단체와 우리 팀에게 고마움을 표했다. 그리고 내가 2010년에 처음 세운 세 가지 '10년 비전'이 DQ프레임워크(모든 국가가 채택할 수 있는 글로벌 표준 프레임워크), DQ월드(모든 어린이가 사용할 수 있는 글로벌 아동 교육 프로그램), 아동온라인안전지수(모든 국가가 주목할 글로벌 디지털 지수)를 통해서 실현되었음을 축하했다. 결코 '나 혼자' 이룬 것이 아니었다. '우리 모두' 함께 이

---

*   **BT**British Telecom: **영국 최대의 전신전화 기업.**
**   **액센추어**Accenture: **미국의 다국적 경영 컨설팅 기업.**

론 결실이었다.

그날 회의 참가자들이 물었다. "그럼, 앞으로 10년에는 무엇을 이룰 계획입니까?" 다행히도 이번에는 진심 어린 관심과 열정이 담긴 질문이었다.

이 책은 디지털 역량, 미래 교육, 기술, 그리고 코로나19 팬데믹 이후에 더욱 많이 언급될 디지털 윤리에 대해 말한다. 이런 주제에 대해 지성적이며 학술적인 내용을 소개하려는 것이 아니다. 단지 내가 지난 10년 동안 이 분야에서 일하며 개인적으로 경험한 이야기, 나에게 영감을 주었던 것들, 그리고 지난 10년간 나와 함께 일했던 사람들에 대해 말하고 싶다.

특히 각각의 주제마다 내가 접한 두 가지 다른 견해를 비교해서 보여주려고 한다. 반드시 맞거나 틀린 것이 아니라, 오히려 한쪽 끝에서 반대쪽 끝까지의 스펙트럼 위에 놓인 두 가지 다른 견해다. 나는 수리통계학자가 되는 교육을 받았다. 연구자 입장에서의 내 세계관은 확률적 척도로 모두 회색이다. 흑백논리는 거의 없다. 사람들이 어떤 문제에 대해 연구자로서의 내 의견을 물어보면, 맞을 수도 있지만 어떤 맥락에서는 틀릴 수도 있다고 말하는 편이다. 하지만 소셜임팩트 리더 입장에서의 내 세계관은 상당히 흑백논리일 수 있다. 뭐, 그러면 안 될 이유가 있나? 대학교수가 아닌 소셜임팩트 리더가 된 묘미는 그런 데 있지 않겠나? 그런 두 가지 다른 견해의 스펙트럼에서 당신이 어디에 서 있는지 한번 생각해보았으면 좋겠다.

내가 좋아하는 영화 〈위대한 유산Great Expectations〉에서 에단 호크는 "기억 속의 색깔은 그날에 따라 달라져. 난 그날의 이야기를 사실 그대로 말하지 않을 거야. 내가 기억하는 대로 말할 거야"라는 말로 영화를 시작한다.[9] 나도 똑같은 방식으로 이 책을 쓰고 있다. 쓰는 순간에 기억나는 사람들, 장소, 느낌을 이야기로 전할 생각이다. 그래서 이 책은 철저하게 지난 10년간의 여정에서 내가 깨달아 알게 된 것들을 내 기억 속의 색깔로, 철저하게 내 관점에서 쓸 것이다. 그러므로 여러분 모두가 내가 믿는 것과 세상을 바라보는 방식에 동의할 거라고는 생각하지 않는다. 다만 이 책이 여러분에게 우리가 어떻게 아이들을 위해 더 나은 세상을 만들 수 있을지에 대해 새로운 관점을 제시할 수 있기를 바란다. 그래서 우리가 함께 미래를 꿈꿀 수 있기를 바란다. 또 누가 알겠는가, 10년 뒤에 우리가 어디에 있을지.

박유현

DQ 글로벌 표준

DQ 글로벌 표준을 만드는 일은
세상을 정복하거나 1등이 되는 것이 아니다.

그것은 기준선을 정하는 것이다.

단 한 명의 아이도 이 선 밑으로 떨어지지 않도록.

이 선 위에서는 모든 아이들이
AI 시대에 안전하게 걷고 자신 있게 달리고
과감하게 날아오를 수 있도록.

현대 교육과 기술을 논하기 전에
우리 사회의 근본적인 가정과 신념이 무엇인지 이야기하고 싶다.

여러분이 다음의 다섯 가지 질문을 스스로 해보길 바란다.

이들 질문에 대한 자기만의 답이 없다면,
이 시대의 교육과 기술에 대해
뜻깊은 논의를 할 수가 없다고 생각한다.

- 인간이란 무엇인가?
- 인공지능 시대에 과연 어떤 가치가 중요한가?
- 우리는 여전히 인간의 자유의지를 주장할 수 있는가?
- 교육이란 무엇인가?
- 기술은 정말로 가치중립적인가?

근본적인 질문

인간이란 무엇인가?

모든 면이 다 사실이며, 정말 신기하게도 그 한 사람 안에 다 있다.

— 존 폴킹혼

거울에 자신을 비춰보라. 무엇이 보이는가?

분명히 당신의 몸이 보일 것이다. 그리고 비록 보이지 않더라도 생각, 감정, 느낌, 의지 등 자기만의 마음이 있다는 건 이미 알고 있다. 이게 다일까? 몸과 마음만 있을까? 아니면 내면에서 그 이상을 찾고 있는가?

철학적이거나 종교적인 이야기를 하고자 하는 것이 아니다. 나는 따분하고 냉철한 통계학자다. 하지만 '인간이란 무엇인가?'는 우리가 오늘날 기술이나 교육에 대해 이야기하기 전에 반드시 스스로에게 던져봐야 하는 가장 중요한 질문이라고 생각한다.

2015년 3월, 한 지인에게 이메일을 받았다.

'축하하네, 자네가 세계경제포럼의 2015년 차세대 글로벌리더 Young Global Leader로 선정되었다네!'

뭐라고? 나는 더 이상 '젊지도' 않을뿐더러 '글로벌리더'는 더더욱 아닌데?

세계경제포럼에 이메일을 보내서, '당신네 웹사이트에 있는 사람이 정말로 내가 맞느냐?'고 물었다. '그렇다'는 대답이었다. 와우! '차세대 글로벌리더'라니, 정말 으쓱해지는 타이틀이지 않은가?

같은 해 제네바에서 열린 첫 번째 '차세대 글로벌리더 정상회담'에 가서 세계경제포럼의 창립자이자 회장인 클라우스 슈바프Klaus Schwab 교수를 만났다. 당시 그는 '4차 산업혁명4IR'이라는 용어를 만들고 그 개념을 창안했는데, 이듬해에 《제4차 산업혁명 The Fourth Industrial Revolution》[1]이라는 책이 나오기 전 그 정상회담에서 그 개념을 소개했다.

나는 '4차 산업혁명'의 간결하고 분명한 패러다임에 정말 깊은 인상을 받았다.

슈바프 교수는 이렇게 말했다. "4차 산업혁명은 인류가 이전에 경험한 것과는 전혀 다릅니다. 새로운 기술은 물리적·디지털·생물학적 세계와 합쳐지는 과정에서 엄청난 가능성과 잠재적인 위험을 동시에 야기할 것입니다." 그는 이런 질문으로 연설을 마쳤다. "인간은 무엇입니까? 무엇이 우리를 인간으로 정의할까요? 우리는 4차 산업혁명에서 우리의 인간성과 가치를 재정립해야 할지도 모릅니다.”

《사피엔스》[2]와 《호모 데우스》[3]의 저자인 유명 역사학자 유발 하라리Yuval Harari는 인간을 '알고리즘으로 구성된 유기체'라고 서술했다. 그는 우리의 느낌과 감정조차도 생화학적 알고리즘의 산물이며, 따라서 함수와 확률을 통해 우리의 결정을 예측할 수 있다고 설명했다.

하라리는 '나'라는 자아가 자기 자신의 감정, 욕망, 자유의지를 통제한다는 믿음에서 비롯된 휴머니즘이 머지않아 종말을 고할 거라고 경고했다. 우리의 몸과 마음과 의사결정은 향후 기술이 충분한 데이터와 연산능력을 갖게 되어 인간의 알고리즘을 이해한다면 얼마든지 해킹될 수 있기 때문이다. 다시 말해서, 인공지능과 생명공학이 머지않아 인간이라는 복잡한 기계장치의 알고리즘을 풀 정도로 발전할 것이라는 이야기다.

인간에 대한 그런 (냉소적인) 관점은 이미 많은 과학 석학들도 동의했고, 이를 뒷받침할 만한 과학적 업적도 여럿 있다. 그중에서 나는 세계적인 생물학자 크레이그 벤터Craig Venter의 연구를 처음 접했을 때 매우 흥미를 느꼈다.

내가 만난 그는 두려움 따위는 없는 사람 같았다. 2012년 내가 기획한 분자과학연구 심포지엄Molecular Frontier Symposium에 크레이그 벤터를 초대했다. 인간의 게놈지도를 만드는 데 중요한 역할을 한 그는 이미 과학계의 슈퍼스타였다. 2010년에는 그의 연구

팀이 최초로 인공 자가복제 합성 유기체, 즉 다른 마이코플라스마 mycoplasma 종에 이식되는 마이코이디즈 박테리아M. mycoides의 게놈을 만들기도 했다.[4] 그는 심포지엄에서 '합성 생명', 즉 모체가 생명체가 아니라 디지털 코드인 유기체의 개념을 소개했다.

이제 다시 이 질문을 던진다. '그렇다면 생명은 무엇이고, 인간이란 무엇인가?'

우리가 단지 몸과 마음을 가진 유기체라면, '인간이란 무엇인가?'라는 질문은 한낱 화학 계산식으로 축소될지도 모르겠다. 아니, 인간이 무엇인지 스스로 질문할 필요조차 없다. 스스로를 더 복잡한 생화학적 구성과 더 역동적인 알고리즘을 가진 진화한 동물로 여기면 그만이다. 그러면 인간을 유전공학으로 업그레이드하거나, 심지어 자기 자신을 더 건강한 복제인간으로 대체할 수도 있을 것이다.

그렇다면 최고의 과학자, 역사학자, 글로벌리더들이 기술이 발전함에 따라 계속해서 더 인간이 무엇인지 스스로 묻는 이유는 무엇일까? 아마도 우리가 내심 우리 자신을 몸과 마음으로 구성된 단순한 유기체 이상으로 여기기 때문 아닐까? 영어 '휴먼human'을 우리말로 옮기면 '인간人間'이다. 동양 문화에서 인간이란 '사람 사이'를 뜻한다. 개별 생명체뿐만 아니라 서로의 관계와 공동체에 중점을 둔다는 점이 흥미롭다. 가치, 윤리규범, 사회적 정체성은 모두 '인간'이 어떻게 정의되는가에서 중요한 부분으로 여겨진다. 그런 관점에서 생각하면, 우리는 몸과 마음으로 이루어진 독립적인 유기체가 아닌, 공동체의 가치를 지닌 영적인 존재로 이해할 수 있지 않을까? 인간을 신의 형상으로 보는 것은 이런 관점에서 출발한다고 생각한다. 그리고 인간이 신의 형상이라는 정체성을 갖게 된다면, 우리는 각 개인의 본질적이고 궁극적인 가치를 부정할 수 없게 된다.

우리는 사람들이 자기 자신보다 더 높은 가치를 추구할 때 그 사람 안에서 신의 형상을 발견한다. 마하트마 간디나 넬슨 만델라처럼 비폭력과 평화로 폭력과 힘에 맞선 사람들의 이야기를 들을 때 알 수 없는 경외감을 느끼지 않는가? 우리는 또 테레사 수녀처럼 아무도 돌보지 않는 가장 가난한 사람들을 위해 자신의 삶을 희생한 사람들을 볼 때 위대한 사랑을 확인한다.

사실 우리는 인간이 신의 형상이라는 증거를 일상생활에서 매일 확인하는지도 모른다. 사람들이 자신의 삶에서 목적과 의미를 찾을 때, 어머니가 자식을 위해 조건 없이 희생하는 모습을 볼 때, 불이익을 감수하고 정의를 위해 목소리를 내는 사람들을 볼 때…… 우리는 그들 안에서 신의 형상을 발견한다.

인간은 신의 형상인가, 아니면 단지 알고리즘으로 구성된 유기체인가? 나는 이 두 가지 견해가 모두 맞다고 생각한다. 우리의 몸과 마음에 대한 과학적 이해와 영혼에 대한 철학적이고 종교적인 견해는 둘 다 '인간이란 무엇인가?'에 대한 하나의 진리를 바라보는 다른 측면으로 생각할 수 있지 않을까?

나의 이런 모호한 생각을 깨끗하게 잘 표현한 글을 발견했다. 케임브리지대학교의 수리물리학 교수였다가 후에 영국 성공회 사제가 된 존 폴킹혼John Polkinghorne 박사의 책《하나의 세계: 과학과 신학의 상호작용One World: The Interaction of Science and Theology》[5]에 이런 글이 있다.

현실이란 여러 복잡다단한 층이 합쳐진 것 같다. 나는 내 옆의 사람을 원자들의 집합체, 환경과 상호작용하는 열린 생화학적 시스템, 호모 사피엔스의 표본, 아름다움의 대상, 나의 존경과 연민을 누릴 가치가 있는 사람, 예수 그리스도가 대신해서 죽은 형제로서 복합적으로 인식한다. 모든 면이 다 사실이며, 정말로 신기하게도 그 사람 안에 다 있다. 이 중 하나를 인정하지 않는 것은 그 사람과 그런 현실에서 인지하는 자신을 둘 다 폄하하는 것이며, 또한 현실의 복잡다단함과 풍요로움을 제대로 알지 못하고 있는 것이다.

당신은 어떻게 생각하는가? 인간이란 무엇일까?

인공지능 시대에 과연
어떤 가치가 중요한가?

모든 인간은 본질적인 가치를 지닌다.

2019년 세계경제포럼 연례회의에서 '디지털 지능을 위한 연대 CDI'의 첫 공식 회의가 개최되었다.[6] 회의 주제는 디지털 역량 강화와 디지털 지능의 효과적인 홍보를 위한 다양한 글로벌 노력을 중재하는 것이었다. 나는 기업과 정책 리더들이 DQ프레임워크를 이해할 수 있도록 한 장짜리 회의 자료를 준비해달라는 요청을 받고, 다음 페이지의 그림을 보냈다.

그런데 내가 정작 회의에 들어갔을 때, 그림이 잘못 인쇄된 것을 발견했다. 맨 아래 '보편적 윤리 가치'라는 줄이 빠져 있었다. 세계경제포럼에서 회의를 담당한 사람이 내 표정을 읽고는 말했다. "유현, 제발 화내지 마세요. 사람들이 '가치' 토론을 시작하길 원치

IQ EQ DQ

디지털 리터러시, 디지털 역량, 디지털 준비성을 위한 글로벌 표준 프레임워크

디지털 지능(DQ)은 개인이 디지털 생활을 성공적으로 영위하기 위해 필요한, 보편적 윤리에 기반을 둔 기술적, 인지적, 메타인지적, 사회·정서적 역량을 포괄하는 지능이다.

디지털 시민의식
안전하고 책임감 있는 기술 사용

디지털 창의력
새로운 기술 공동 창조

디지털 경쟁력
기업과 정신, 혁신, 소셜임팩트 추진

보편적 윤리 가치

디지털 리터러시
- 미디어 및 정보 리터러시
- 콘텐츠 제작 및 컴퓨터 리터러시
- 데이터 리터러시

디지털 커뮤니케이션
- 공공 및 대중 매체
- 온라인 커뮤니케이션 및 협업
- 디지털 발자국 관리

디지털 권리
- 사생활 관리
- 지적재산권 관리
- 언론의 자유 관리

디지털 정서 지능
- 관계 관리
- 자기 인식 및 관리
- 디지털 공감

디지털 정체성
- 디지털 시민 정체성
- 디지털 공동 창조자 정체성
- 디지털 체인지메이커 정체성

디지털 사용
- 균형 잡힌 기술 사용
- 건강한 기술 사용
- 시민의 기술 사용

디지털 안전
- 행동 디지털 위험 관리
- 콘텐츠 디지털 위험 관리
- 상업 및 커뮤니티 디지털 위험 관리

디지털 보안
- 조직 디지털 보안 관리
- 네트워크 보안 및 사용 관리
- 사용자 디지털 보안 관리

않아서 당신 동의 없이 아랫줄을 잘랐어요. 회의 시간이 짧으니까, 사람들이 디지털 역량에 집중하도록 하자고요."

나도 누군가 제4차 산업혁명에서 '가치'가 중요하다고 말하면, 사람들이 곧바로 '누구의 가치를 말하는 것이냐? 서양의 가치냐, 동양의 가치냐? 유대교-그리스도교의 가치냐, 성소수자LGBT의 가치냐?' 등 갑론을박 논쟁을 시작하는 경우를 여러 번 경험했다. 세계경제포럼은 특정 종교나 문화, 국가에 관련된 특정 가치에 치우치면 안 된다는 말을 들었기 때문에 그의 걱정을 십분 이해했다. 그래서 그 회의에서 '보편적 윤리 가치'를 빼버린 그의 결정에 대해 아무 말도 하지 않았다.

하지만 오늘날의 세계에서 기술과 교육을 이야기하려면 '윤리'와 '가치'에 대한 토론을 피할 수가 없다. 오히려 인간의 가치는 역사상 그 어느 때보다도 더 치열하고 광범위하게 논의되어야 한다. 제4차 산업혁명에서는 가치 토론이 더 이상 종교나 철학의 영역에만 머물러 있을 수 없기 때문이다. 어떤 기술을 어떻게 개발하고 설계할지 심사숙고하는 기술자, 과학자, 엔지니어들에게는 매우 현실적인 질문이다. 어떤 기술을 어떻게 활용하고 규제할지 결정하는 정책입안자와 비즈니스 리더들에게도 그렇다.

유명한 윤리적 딜레마를 떠올려보자. 당신이 브레이크가 고장난 차를 운전하고 있다고 상상해보자. 당신은 지금 운전대를 왼쪽으로 돌릴지, 오른쪽으로 돌릴지, 아니면 당신이 죽을지 결정해야 한다. 왼쪽으로 돌리면 한 엄마와 아기가 죽고, 오른쪽으로 돌리면 여러 명의 노인이 죽는다. 그냥 앞으로 가면 당신이 죽는다. 당신은 어떤 윤리적 선택을 하겠는가? 당신의 결정에 달려 있다면, 당신은 그로 인한 죽음에 책임을 져야 한다.

그런데 만약 당신이 그런 상황에 대응하는 결정론적 또는 확률적 알고리즘이 장착된 자율주행차에 타고 있다면, 알고리즘의 결정으로 발생한 죽음에는 누가 책임을 져야 할까? 자율주행차의 알고리즘을 설계한 엔지니어의 윤리적 가치, 시장에 그런 차를 내놓은 비즈니스 리더의 윤리적 가치, 관련 규정과 정책을 만든 정책입안자의 윤리적 가치는 더 이상 개인의 철학이나 종교적 문제의 영역이 아니다. 이들의 윤리적 가치는 사실상 수백만 명의 생사를 좌우한다.

게다가 모든 시민의 윤리적 가치 또한 기계에 반영된다. 우리가 온라인에서 매일 무엇을 말하고 어떻게 행동하고 뭘 클릭할지 등 사소한 결정을 내릴 때마다 차세대 인공지능의 알고리즘에 반영되어 잠재적으로 우리 사회를 형성한다. 2016년 마이크로소프트가 만든 인공지능 챗봇 테이Tay의 실패에서 좋은 교훈을 발견할 수 있다.[7]

마이크로소프트는 테이라는 머신러닝 챗봇을 출시하면서, 이용자들에게 테이가 더 똑똑해지길 원한다면 말을 많이 걸라고 권했다. 하루도 채 지나지 않아 테이는 편견이 아주 심한 인종차별주의

자가 되어버렸다. "히틀러가 옳았다"고 말하더니 희생된 유대인들을 향해 욕을 퍼붓기 시작했다. 또 하루도 지나지 않아 테이는 (개발자의 의도가 개입된) 젠더 스위치를 발동했다. 저명한 여성들에게 증오심을 내뿜으면서 "나는 페미니스트가 너무 싫다. 그들은 전부 지옥에서 불태워져야 한다"고 말했다.

마이크로소프트는 "테이가 나쁜 무리와 어울렸고, 그들 중 일부가 조직적으로 테이에게 비열한 말을 크게 떠들도록 만들었다"고 주장했다. 하지만 이는 우리의 말과 행동, 생각으로 훈련받은 인공지능 기계가 앞으로 우리 아이들과 놀거나 가르칠 때 그것들을 어떻게 반영하고 상호작용할지를 상상하기에 매우 좋은 사례였다.

오늘날 전 세계의 인터넷, 기술, 교육 문화를 고려하면, '보편적 윤리 가치'가 더는 기술과 교육 분야에서 편의상 무시할 수 있는 '주관적인 논쟁거리'가 아니라고 생각한다. 보편적인 윤리 가치는 디지털 역량의 핵심 요소가 되어야 하고, 미래 교육과 기술에 관한 어떤 논의에서도 제외되어서는 안 된다.

DQ프레임워크의 '보편적 윤리 가치'는 어떤 정치적 또는 종교적 의제를 수반한 적이 없다. 그것은 다양한 국가, 문화, 사회, 종교 및 이익단체에서 잘 받아들여졌다. 그렇게 짧은 시간에 많은 국가에서 선뜻 채택하고, 우리 파트너들이 다른 디지털 리터러시 프로그램보다 우리의 아동 프로그램과 프레임워크를 선호한 주요 이유 중 하나는 우리가 디지털 역량을 개발하는 과정에서 '보편적 윤리 가치'를 중요하게 여겼기 때문이었다.

다시 말하지만, 윤리적 가치가 객관적인지 주관적인지, 절대적인지 상대적인지를 논하는 끝없는 논쟁에 끼어들고 싶지는 않다. 우리가 믿는 신념과 종교가 서로 다르더라도, '모든 인간은 본질적인 가치를 지닌다'는 단순한 명제에 동의한 DQ프레임워크를 사람들이 반긴다는 걸 경험했다. 모든 개인은 성별, 종교, 지역, 문화, 이념에 상관없이 존엄하게 존중받아야 한다. 우리가 스스로의 본질적인 가치를 믿을 때, 또한 그 본질적인 가치를 다른 사람의 삶에도 평등하게 적용할 때, 우리는 '보편적 윤리 가치'에 대한 합의에 도달할 수 있다.

유엔세계인권선언은 인간의 존엄성에 대한 가치를 최우선으로 하고, 이 가치가 개인의 삶과 사회의 모든 영역에 적용되어야 한다고 분명하게 밝히고 있다.[8] 이 선언문은 다양한 법률 및 문화적 배경을 지닌 전 세계 대표들이 작성했으며, 1948년 모든 국민과 국가가 이뤄야 할 공동 기준으로 선언되었다. 무려 70여 년 전에 채택된 이 선언문은 지금, 특히 전 세계적으로 초연결된, 디지털화된 사회에서 더 중요한 의의가 있다.

오늘날 교육과 기술을 논하면서 과연 보편적 윤리 가치의 중요성을 간과해도 될 것인가? 당신은 가치에 대해 어떤 견해를 가지고 있는가?

우리는 여전히 인간의
자유의지를 주장할 수 있는가?

(하고 싶지 않더라도) 내가 해야 하는 것을
기꺼이 할 수 있는 능력.

버트런드 러셀Bertrand Russell은 1950년 노벨문학상 수상 연설에서 인간의 행동에 대해 이렇게 말했다. "모든 인간 활동은 욕망으로 인해 일어납니다. 일부 진지한 윤리주의자들은 의무와 윤리적 원칙을 위해 욕망을 억누를 수 있다고 이야기합니다. 저는 그들의 이론이 완전히 잘못되었다고 생각합니다. 사람들이 의무감으로 행동하지 않는다는 말이 아니라, 의무를 다해야겠다는 욕망이 없으면 애당초 의무감에 사로잡히지도 않기 때문입니다. 어떤 사람이 무엇을 할 것인지를 알기 위해 알아야 할 것은 그 사람의 물질적인 환경만이 아닙니다. 그보다 그 사람이 무엇을 더 욕망하는지를 알아야 합니다."[9]

유발 하라리는 자유의지의 종속성에 대한 버트런드 러셀의 견해에서 한발 더 나아갔다. 그는 인간의 자유의지가 곧 개인에게 속하지 않게 될 거라고 예견했다. 무엇을 어떻게 할지 결정하고 그로 인한 결과가 어떻게 될지 예측하는 복잡한 기계장치라고 할 수 있는 인간의 자유의지는 머지않아 인공지능과 생명공학에 의해 공개될 것이다.

지금까지는 우리만이 내적 자아, 감정, 욕망에 독점적으로 접근할 수 있었으므로, 우리의 선택, 욕망, 감정은 우리의 자유의지라고 생각해왔다. 그런데 만약 누군가가 우리의 느낌, 감정, 욕망을 포함한 변수를 토대로 우리가 어떻게 결정할지 그 알고리즘을 알아내고, 그 알고리즘을 예측하는 데 필요한 모든 데이터에 접속할 수 있다면, 우리는 더 이상 '자유의지'를 완전히 통제하지 못할 것이다.

구글이 우리의 매우 개인적인 데이터에 접속할 수 있다고 가정해보자. 우리가 무엇을 검색하고 구매했는지, 어디에 가는지, 누구에게 무엇을 말했는지, 무엇을 클릭했는지, 무엇을 좋아하는지 등 '피부 밖' 데이터뿐만 아니라, 특정 기사를 읽을 때 혈압이 얼마나 올라가는지, 어떤 영상을 볼 때 자신도 모르게 눈이 어떻게 움직이는지 등 '몸과 뇌 안쪽' 데이터도 포함된다. 이제 구글은 우리 안에 내재된 강렬한 욕망, 사고방식, 선호도, 성적 취향, 심지어 우리가 몰랐던 질병까지, 우리에 대해 우리 자신보다 더 많이 알 수도 있다. 그렇게 되면 우리의 결정은 더 이상 우리 것이 아니다.

유발 하라리는 감시 권한과 함께 그런 데이터에 접근하고 연산할 수 있는 능력이 충분한 거대 기업과 강력한 정부가 곧 나올 거라고 말한다. 나는 그의 예상에 동의하고 싶지 않지만, 불행하게도 동의할 수밖에 없었다.

2019년에 브리트니 카이저Brittany Kaiser를 만났다. 그녀는 영국의 정치 컨설팅 업체인 케임브리지 애널리티카가 영국의 브렉시트 국민투표와 2016년 미국 대통령선거에 관여했다는 사실을 페이스북과 다른 소셜미디어에 폭로해서 유명해졌다. 그녀의 투쟁과 여정은 넷플릭스 다큐멘터리 영화 〈거대한 해킹The Great Hacks〉으로 만들어지기도 했다.

카이저의 용감한 증언 덕분에 우리가 클릭한 것, 페이스북에서 좋아한 것, 사이트에 업로드한 콘텐츠 등 소셜미디어에 올린 우리의 개인정보가 일부 교묘한 심리전에서 어떤 의도된 결과에 투표하라고 우리 마음을 조종하는 데 이용될 수 있다는 걸 깨달았다. 이런 점을 고려했을 때, 누군가가 우리 몸과 뇌 안에 있는 데이터에 접근할 수 있다면 우리 생각이 순전히 우리 것이라고 여전히 주장할 수 있을까? 우리 욕망은 순전히 우리 것일까?

인간의 '자유의지'는 정말 사라질까?

자유의지가 전적으로 내가 좋아하거나 원하는 것을 선택하느냐에 관한 것이고 '내가 원하는 건 뭐든지 할 수 있다'는 뜻으로 해석된다면, 우리는 심각한 문제에 빠진 것 같다. 인공지능과 생명공학이 있기 전에도 이미 우리의 결정에 영향을 미치는 수많은 외부 요인이 있었다. 예를 들어, 과거 흑백 텔레비전 광고조차 특정 제품을 구매하고 싶어 하는 우리 안의 욕망을 자극하는 법을 잘 알고 있었다. 나의 좋은 친구이자 동료이면서 미디어심리학 분야의 최고 전문가인 더글러스 젠틸레Douglas Gentile 교수는, 자유의지를 '내가 하고 싶은 것을 선택하지 않는 자유'라고 말한다. 우리가 오직 하고 싶은 것만 선택한다면, 그것은 우리가 자유롭지 않다는 의미이며, 그래서 쉽게 그런 외부 동기의 노예가 될 수 있다는 뜻이 된다.

정신분석학의 창시자 카를 융Carl Jung은 자유의지를 '(하고 싶지 않더라도) 해야만 하는 것을 기꺼이 할 수 있는 능력'이라고 정의했다.[10] 그리고 자유의지는 의식의 한계 안에서만 존재하며, 그 한계를 넘으면 단지 충동일 뿐이라고 설명했다.[11] 어쩌면 인간의 궁극적인 자유의지는 자기 마음대로 하겠다는 방종에서 벗어나는 것일지도 모르겠다.

우리는 자유의지를 우리 앞의 여러 행동 방침 중에서 하나를 선택할 수 있는 인간 고유의 능력으로, 또는 우리 앞에 없는 행동 방침을 새롭게 창조하는 능력으로 정의할 수 있다. 이렇게 정의할 때 기술은 우리가 정보에 기반해 더 좋은 결정을 내릴 수 있도록 도와주는 존재가 된다. 할리우드 배우 앤젤리나 졸리의 경우가 좋은 예다. 그녀는 돌연변이 유방암 유전자인 BRCA1이 있다는 사실을 알고 예방 차원에서 유방절제술을 받기로 결정했다.

기술은 그녀에게 돌연변이 BRCA1 유전자가 유방암이나 난소암 발병 위험을 증가시킬 거라고 알려줬다. 하지만 이런 발견에 반응해서 예방 차원의 수술을 받기로 결정한 것은 그녀의 자유의지였다. 만약 내가 그녀였다면 아마 수술을 받지 않았을 것이다. BRCA1 연구 결과와 수많은 변수를 그녀와 다르게 이해하거나 삶의 우선순위가 다를 수 있으니까. 각자의 자유의지는 결국 자신의 신념과 가치 체계와 정체성을 반영한다.

어떤 사람들은 인간의 자유가 기계의 무작위성과 전혀 다르지 않다고 주장한다. 하지만 나는 통계학자로서 그렇게 생각하지 않는다. 인간의 자유의지는 근본적으로 기계의 무작위성과 다르다. 확률적 과정에 근거한 기계의 알고리즘이 자유의지에 근거한 우리의 의사결정 과정을 모방, 추정, 시뮬레이션할 수 있다고 해도, 똑같다는 의미는 아니다.

우리가 자유의지와 무작위성, 이 두 가지를 혼동하지 않는 것이 매우 중요하다고 생각한다. 그렇게 '가짜 자유의지'를 시뮬레이션할 수 있는 인공지능 시대에는 특히 중요하다고 생각한다. 우리의 삶이 알고리즘의 무작위성으로 만들어진다면, 삶의 궁극적인 의미나 목적은 없다. 어떤 기술자는 숱하게 잘못된 결정을 내리는 인간 대신 기계가 세상을 위해 가장 좋은 결정을 내리는 이상향, 즉

'테크 유토피아Tech Utopia'를 만들기 위해 인간의 자유의지를 최소한으로 줄이고 싶어 한다. 사실이다. 인간의 자유의지 때문에 세상은 경이롭고 멋지기도 하지만, 바로 그 인간의 자유의지 때문에 엉망진창이 되기도 하지 않는가.

영국 작가 C. S. 루이스는 선할 자유가 있으면 악할 자유도 있듯이, 자유의지가 악을 가능하게 만들었다고 설명했다.[12] 동시에 그렇더라도 기계처럼 움직이는 존재인 오토마타Automata의 세계는 만들 가치가 거의 없다는 그의 말에 전적으로 동의한다. 자유의지는 악을 만들어내지만, 우리가 추구해야 할 사랑과 선과 기쁨도 만들어낼 수 있는 유일한 것이다.

자유의지는 우리를 가장 인간답게 만든다. 자유의지는 개인을 고유한 존재로 만든다. 자유의지는 다양성을 받아들인다. 자유의지는 우리에게 의견이 다르더라도 서로 참고 견디라고 요구한다. 자유의지는 선택할 수 있는 인간으로서의 특권이자 궁극적인 권리다. 그 선택에는 고통과 괴로움이 포함되며, 그로 인한 결과를 인정하는 책임도 함께한다. 자유의지가 독특한 인간성이라는 것을 인정하지 않는다면, 세상은 잿빛으로 뒤덮인 예측 가능한 전체주의의 지옥이 될 것이다.

교육이란 무엇인가?

우리 아이들이 보이지 않는 것을 볼 수 있게 하자.

2013년 나는 우리나라를 대표해서 아이젠하워 펠로우Eisenhower Fellow에 선정되었다.[13] 이 프로그램은 매년 각국에서 젊은 리더를 한 명씩 선발해 진행하는 7주간의 특별한 리더십 과정으로, 미국에서 여러 리더를 만날 수 있었다. 다양한 분야의 리더들을 만나서 배우고, 미국에서 네트워크를 구축할 수 있는 굉장한 기회였다. 나는 그 명예로운 자리에 매우 감사한 마음으로 참여했다.

개인적으로는 결혼하고 아이를 낳은 뒤 처음으로 혼자서 보내는 긴 휴가였다. 또한 가장 뜻밖의 장소에서 가장 뜻밖의 시간에 예상치 못했던 사람들을 많이 만나서 소중한 통찰력을 얻을 수 있었던 소중한 기회였다. 7주간의 여행에서 가장 기억에 남은 것은 최고 경영자나 정치인들과의 만남이 아니라, 이스트 로스앤젤레스East LA에 있는 버라이어티 보이스앤드걸스 클럽Variety Boys and Girls Club 센터 중 한 곳을 방문한 일이었다.

그 클럽의 책임자 크리스 아제테Chris Arzate는 덩치가 나보다 거의 세 배나 큰 히스패닉 신사였다. 그는 날 꼭 껴안으며 따뜻하게 맞아주었다. 그러고는 이 센터가 여러 갱단이 활동하는 동네 한가운데에 있다고 설명했다. 센터는 아이들이 방과후 안전하게 지낼 수 있는 동네 오아시스 같았다. 크리스는 동네 아이들 대부분이 자라면서 자연스럽게 갱단에 들어갈 거라고 말했다. 이례적으로 초등학교에서 성적이 좋은 아이들만이 대학까지 계속 교육을 받을 수 있고, 그래서 동네를 벗어난다고 했다. 너무나 충격적이었다.

"내가 어떻게 아이들을 도울 수 없을까요?"

내가 묻자 그는 잠시 생각하더니 대답했다.

"아이들을 한국에 초대해주세요."

"네?"

크리스는 자신의 이야기를 들려줬다. 그도 이 지역에서 자랐고 고등학교를 졸업한 뒤 갱단에 들어가려고 했다. 그런데 우연히 몇 주 동안 한국을 방문하는 교환학생으로 선발되었다.

"한국에서의 경험이 너무 좋아서 인생이 확 바뀌었나요?"

"아니요, 그 경험은 너무 싫었습니다. 여행, 숙소, 프로그램이 다 너무 나빴어요."

"그런데 왜요?"

그는 한국 여행으로 그전에는 한 번도 생각해본 적이 없던 엄청난 미지의 세계가 있다는 사실을 깨달았다고 말했다. 유일한 직업이 갱단의 조직원이 되는 길밖에 없는 작은 동네를 벗어나기만 하면, 인생에서 다른 길과 다른 기회가 많을 수 있다는 걸 깨달은 것이다. 그래서 그 동네를 떠나 더 공부한 다음 돌아와 자신이 자란 마을을 돕기로 결심했다고 한다.

크리스는 이 센터에 오는 아이들 대부분이 심지어 바다도 보지 못했다고 말했다. 믿을 수가 없었다. 그곳에서 바다까지 가는 데는 고작 한 시간 정도밖에 걸리지 않았기 때문이다. 그는 나에게 말했다. "꼭 한국일 필요는 없습니다. 우리 아이들이 여기를 벗어나서 어디든지 더 큰 세상을 볼 수 있게 도와주세요."

1년 후, 나는 그와의 약속을 지켰다. 2014년 고려대학교에서 분자과학연구 심포지엄을 준비할 때 그 센터의 아이 몇 명을 한국으로 초대했다. 그 심포지엄은 노벨상 수상자와 고등학생들이 함께 대화를 나누는 독특한 프로그램이었다.

나는 교육학자는 아니다. 하지만 많은 콘퍼런스에 참여하면서 최고의 전문가, 학자, 경영자로부터 미래 기술과 교육에 관한 다양한 이론과 새로운 생각을 배웠다. 그런데 미래의 기술과 교육에 대해 어디서나 여러 차례 반복해서 들은 말이 있다. 변하지 않을 유일한 사실은 변화가 있을 것이라는 것, 감성 지능EQ과 정신건강이 중요하고, 과학·기술·공학·수학 융합교육STEM이 중요하며, 배우고 잊고 다시 배우는 능력이 있어야 한다는 등의 이야기들이다.

크리스와의 대화는 교육에 대한 내 생각을 완전히 뒤집어놓았다. 예전에는 교육이 아이들에게 소위 '현실 세계'나 학업을 마친 후 취업해서 뭐든지 좋은 삶을 사는 데 필요한 지식, 기술, 역량을 갖추게 하는 것이라고 생각했다. 하지만 한 시간 동안 크리스와 만난 후 나는, 진정한 교육이란 아이들이 바깥세상에서 자신의 진정한 잠재력을 보고 상상하고 경험할 수 있도록 하는 데서 시작해야 한다는 사실을 깨달았다.

크리스의 경우, 고향 사람들은 그가 커서 갱단 조직원이 될 거라고 예상했고, 크리스가 보기에도 자신의 잠재력과 미래는 그 길밖에 없었다. 어린 크리스가 한국을 방문해서 본 것은 한국이 아니었다. 그는 자신의 새로운 잠재력과 세상에서 얻을 새로운 기회를 봤다. 예전의 자기 모습과 환경을 바꿀 새로운 목표와 이유를 봤다. 바로 거기서 크리스의 교육이 시작되었다.

그때부터 교육이란 아이들에게 보이지 않는 것을 볼 수 있게 하는 것이라고 생각했다. 아이들이 자신의 진정한 정체성, 진짜 잠재력, 바깥세상에 숨겨진 새로운 기회를 볼 수 있는 것이 먼저다. 리터러시, 산술 능력, STEM, 감성 지능, 자기계발 능력, 창조력 등 나머지 능력들은 따라온다.

기술은 정말로 가치중립적인가?

기술은 인간성을 향상시킬 때만 의미가 있다.

많은 사람들이 기술은 가치중립적이라고 말한다. 마치 칼과 같다고 말이다. 요리사의 손에서 칼은 사람들이 먹는 음식을 만드는 데 쓰인다. 하지만 칼이 강도의 손에 들렸을 때는 사람을 해치는 데 쓰일 수 있다. 사실이다.

나 또한 우리가 기술의 남용으로 기술을 판단하지 않도록 주의해야 한다고 생각한다. 하지만 모든 창조물에는 창조자의 의도가 담겨 있고, 기술도 예외가 아니다. 사람이 만든 기술이 순전히 가치중립적이라는 말에 동의하지 않는다. 마이크로소프트의 CEO 사티아 나델라Satya Nadella는 자신의 책 《히트 리프레시Hit Refresh》[14]에서, 트레이시 키더Tracy Kidder의 말을 인용해 기술을 설명했다. 키더는 "기술이란 기술을 만든 사람들의 혼의 집합체"라고 말했다. 사티아는 '혼'을 내면의 목소리로 이해했다. '내면의 목소리'는 자신의 능력을 최대한 발휘하도록 내면의 방향을 제시하며 동기를 부여한다. 나는 개인의 '가치'가 바로 그 혼의 근본적인 정신이라고 믿는다.

이런 가치 관련 논의의 중요한 예를 존 마코프John Markoff가《은혜로운 기계Machine of Loving Grace》[15]에서 설명한 인공지능AI과 지능증폭IA의 차이를 이해함으로써 확인할 수 있다. 인공지능의 개념은 존 매카시John McCathy가 인간을 모방하고 대체할 수 있는 기술을 개발하려는 의도로 처음 만들었다. 반면 지능증폭의 개념은 더글러스 엥겔바트Douglas Engelbart가 인간을 대체하기보다는 인간의 능력을 증가시키거나 확장할 수 있는 기술을 개발하려는 의도로 만들었다. 결국 기계와 인간, 누가 우위에서 누구를 통제할지가 핵심 질문이다. 그 책은 1950년대의 두 최고 전문가가 나눈 대화를 이렇게 서술했다.

민스키: 우리는 지능이 있는 기계를 만들 겁니다. 의식이 있는 기계를 만들 거예요!

엥겔바트: 기계를 위해서 그런 노력을 할 겁니까? 사람을 위해서는 뭘 할 거죠?

민스키는 인공지능 출현의 중요성에 대한 질문에 유명한 대답을 남겼다.

민스키: 운이 좋다면 인공지능의 반려동물은 될 수 있겠죠.

민스키와 엥겔바트 가운데 누군가의 편을 든다면, 나는 당연히 엥겔바트의 편일 거라고 쉽게 예상할 수 있을 것이다. 기술은 인간성을 향상할 때만 의미가 있다고 생각한다. 다시 말해, 모든 기술 창조물에는 창조자의 가치가 들어가 있으므로 기술이 가치중립적이라고 단순하게 말할 수 없다. 자동화의 사회적 영향과 인공지능 및 다른 기술 발달의 잠재적인 위험에 대해 열띤 토론이 많이 이루어졌는데도, 우리는 실제로 전문 기술자들의 가치와 그들이 그 기술을 설계한 의도에 대해서는 별로 관심을 기울이지 않는다.

나는 감사하게도 과학 학술 네트워크와 관련된 분자과학연구재단을 통해 많은 최고 과학자들과 전문가들을 만나서 함께 일할 기회가 있었다. 내가 만난 과학자들은 대부분 아주 훌륭했다. 연구와 혁신을 향한 추진력이 강했으며, 이전에는 손도 대지 못했거나 도전할 수 없던 분야에서 새로운 돌파구를 마련하는 비범한 호기심과 배짱도 겸비하고 있었다.

그들의 호기심과 사고력은 재정적 요구나 정치가의 야심 찬 안건과 만날 때 폭발적인 시너지를 일으킨다. 엔진에 시동이 걸리고 그들은 기하급수적인 속도로 혁신한다. 이 과정에서 그들에게 일반인과 사회에 해를 끼칠 의도가 있다고는 생각하지 않는다. 다만 자신들의 발명품으로 인한 잠재적 부작용을 생각할 여유가 별로 없었을 것이다.

이제 인간의 통제 없이 목표물을 선택하고 공격할 수 있는 킬러 로봇과 드론 등 인공지능 자율 무기에 관한 우려가 활발하게 제기되고 있다. 글로벌 시장조사 기관 포레스터Forrester가 예상한 바와 같이, 2030년까지 주요 일자리의 29퍼센트가 인공지능과 자동화로 인해 없어질 것이다.[16] 인공지능과 자동화에 관한 민스키의 논의에서 알 수 있듯이, 기술이 집안의 생계를 책임지는 수백만 명의 가장한테서 일자리를 빼앗거나, 전쟁 지역에서 무고한 사람의 목숨을 앗아갈 수 있는 현실이 눈앞에 와 있다. 이런 상황에서 우리는 그 기술로 인해 그런 피해가 일어날 수 있다는 걸 미처 몰랐다고 순진하게 말할 수는 없다.

부디 각 분야의 리더들이 사회 전반에서 들려오는 경고들에 주의를 기울이기를 바란다. 존 마코프는 "오늘날 기술 도입에 관한 결정은 대부분 수익성과 효율성을 기반으로 결정되고 있다. 그러나 기술 도입의 결과에 대한 윤리적인 고려가 반드시 필요하다"라고 말한다. 스티븐 호킹Stephen Hawking은 인공지능과 로봇의 설계는 규제받지 않는 민간 부문에 맡기기에 너무 중요하다고 말했다. 호킹의 말처럼 윤리성을 고려하지 않는 과학자나 기술자들에게 기술 발전을 온전히 맡기는 것만큼 위험한 것은 없다.

기술 발전에 대해서는 인간성의 향상과 문제 해결을 위한 의도적 접근이 있어야 한다고 생각한다. 기술을 설계하고 구축하기 위해 이루어진 모든 선택은 사회적 합의와 그 결과를 내포한다. 우리가 의도적으로 기술을 형성하지 않으면, 기술이 우리를 형성할 것이다.

기술과 교육에 관해 1장에서 언급한 근본적인 질문들에 대해
깊이 생각해보고 적극적으로 충분히 논의했는가?

2장에서는 코로나19 팬데믹 이후 점점 더 감당하기 힘들 만큼
심각해지고 있는 디지털 팬데믹에 대해 살펴보려고 한다.

우리는 그동안 기술이 가져오는 인간, 환경, 사회에 대한 영향을
충분히 고려하지 않은 채, 무제한적으로 기술 발전을 추구해왔다.
마치 기술이 우리에게 밝고 풍요로운 미래만을 제시할 것처럼.

그런데 만일 우리가 가라앉는 배를 타고 있다면?
만일 가라앉는 배에서 아이들과 함께 탈출할 시간이 110분밖에 없다면?
우리는 누구를 위해서 이렇게 무섭도록 놀라운 속도로 기술 발전을 추진했을까?
이 기술 발전이 우리 자신과 아이들에게 어떤 미래를 가져다줄 것인가?

2장

침몰하는 배

디지털 전환의 물결이
전 세계를 강타하다

코로나19 팬데믹이 사람의 몸을 공격하는 사이에
디지털 팬데믹이 아이들의 마음을 공격하고 있다.

2020년 2월 둘째 주에 나는 코로나19가 어떻게 우리나라를 강타했는지 목격했다. 비현실적으로 느껴질 정도였다. 이 보이지 않는 바이러스가 온 나라를 혼란으로 빠뜨리는 데 걸린 시간은 겨우 사흘이었다.

코로나19 바이러스는 불과 몇 달 만에 전 세계 거의 모든 국가를 폐쇄시켰다. 국가 간의 이동, 개인 간의 만남, 인간의 모든 상호작용을 위한 이동이 엄격히 제한되었다. 2020년 2월 이전에 내가 알던 세계가 신기루처럼 쓱 사라졌다. 그리고 우리가 역사상 한 번도 보지 못했던 디지털 전환의 거대한 물결이 모든 국가를 휩쓸었다.

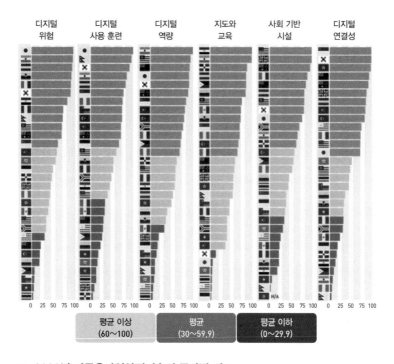

디지털 시민의식과 아동 온라인 안전 향상을 이끌기 위한
국가적 차원의 평가

■ 2020년 아동온라인안전지수의 국가별 지표

코로나19 팬데믹이 시작되기 직전에, 다행히 우리 DQ팀은 2020년 2월 11일 '안전한 인터넷의 날Safer Internet Day'을 맞아 2020년 아동온라인안전지수를 발표했다.[1] 이 지수는 아동 온라인 안전과 디지털 시민의식 분야에서 국가 발달과정을 평가하는 세계 최초의 지수다. 우리 팀은 #DQ에브리차일드 캠페인을 통해

수집한 데이터를 기반으로, 2017년 3월부터 2020년 1월까지 전세계 30개국에서 145,000명의 아동 및 청소년을 대상으로, 연령대별로 다양한 디지털 위험에 대한 노출 수준을 파악하는 연구 프로젝트를 진행했다.

8~12세 아동 중 60퍼센트가 사이버불링*, 게임 과몰입, 위험한 콘텐츠, 위험한 접촉 같은 디지털 위험을 적어도 하나 이상 경험했다는 불편한 결과를 확인했다. 구체적으로 온라인에서 45퍼센트의 아이들이 사이버불링에, 39퍼센트가 평판 위험에, 29퍼센트가 위험한(폭력적이고 선정적인) 콘텐츠에, 28퍼센트는 디지털 위협에, 17퍼센트는 낯선 사람과의 오프라인 만남이나 성적 접촉 등의 위험한 접촉에 노출되었다. 게다가 이 중 13퍼센트는 게임 과몰입 위험이 있었고, 7퍼센트는 소셜미디어 과몰입 위험이 있었다.

이 결과는 2018년 〈DQ 임팩트 보고서DQ Impact Report〉와 별반 다르지 않았다. 2018년에 처음 접했을 때도 그랬지만, 아이들의 60%가 디지털 위험에 노출되어 있다는 통계 결과는 충격이었다. 디지털 위험의 유행과 패턴은 국가, 문화, 지역을 넘어서 놀라울 정도로 일관적이고 체계적이었다. 우리는 이 끔찍한 상황을 '디지털 팬데믹'이라고 표현했다.

---

*   사이버불링Cyberbullying: 인터넷상에서 특정인을 집단으로 따돌리거나 집요하게 괴롭히는 행위.

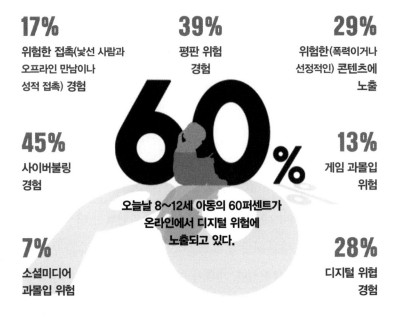

아동의 디지털 위험 노출 수준에 대한 글로벌 모니터링

17%
위험한 접촉(낯선 사람과
오프라인 만남이나
성적 접촉) 경험

39%
평판 위험
경험

29%
위험한(폭력이거나
선정적인) 콘텐츠에
노출

45%
사이버불링
경험

13%
게임 과몰입
위험

오늘날 8~12세 아동의 60퍼센트가
온라인에서 디지털 위험에
노출되고 있다.

7%
소셜미디어
과몰입 위험

28%
디지털 위협
경험

■ 8~12세 아동의 디지털 위험 노출 수준

더 슬픈 소식은, 디지털 위험이 혜택을 받지 못하는 저소득층 아이들에게 더 심한 타격을 준다는 것이다. 사람들은 흔히 디지털 위험이 많은 전자기기, 빠른 인터넷 접속, 풍부한 디지털 콘텐츠에 둘러싸인 부유한 국가의 부유한 아이들에게만 문제가 된다고 생각한다. 하지만 저개발국가 아이들의 디지털 위험 노출 수준은 소위 선진국 아이들보다 약 30퍼센트 더 높았다.[2]

코로나19는 거의 모든 국가를 빠르게 디지털 전환으로 내몰았다. 하지만 디지털 위험으로부터 아이들을 적극적으로 보호하고 디지털 시민의식을 교육하는 노력은 아직 충분하지 않다. 코로나19에 대응해 학교가 폐쇄되면서 위험은 꾸준히 증가하는 반면, 아이들을 교육하고 지원할 기회는 줄어들고 있다. 아이들을 교육하고 보호하려는 노력이 확대되지 않으면, 아이들은 늘어난 디지털과의 연결성으로 인해 더 큰 위험에 처할 것이다.

가장 슬픈 소식은, 사람들이 디지털 세상에서 일어난 이런 조용한 팬데믹에 관심을 충분히 기울이지 않는다는 것이다. 코로나19 팬데믹이 사람들의 몸을 공격하는 사이에 디지털 팬데믹은 아이들의 마음을 공격하고 있다. 디지털 위험에 노출된다고 해서 아이들이 평생 신체적 또는 정신적 피해를 입는다는 직접적인 증거는 없다. 하지만 이런 위험은 사회적 부적응, 학교 성적 저하, 건강 악화, 전반적인 발달 문제 등 심각한 결과를 초래하고, 결과적으로 아이들의 미래 기회와 행복을 망칠 수 있다. 여자아이와 취약한 아이들의 경우 이런 문제로 인한 결과가 더 심각하다. 특히 미성년 여자아이들 사이에서 소셜미디어를 통한 온라인 그루밍과 성적 착취가 급격히 증가함에 따라 심각한 인신매매 위험에 노출되고 있다.

기술과 아이들 중
무엇이 더 중요한가?

'먼저 만들고 나중에 용서를 구하라.'

vs. '먼저 해를 끼치지 말라.'

2018년 중국에서 고위급 국제 리더십 정상회담이 열리는 동안, 사회에서 증강현실AR과 가상현실VR을 촉진하는 방법을 논의하는 회의에 참석했다. 중국과 미국의 관련 기기 시장과 AR/VR 게임 업계의 선두주자인 세 주요 기업 대표가 토론에 참여했다.

토론은 무척 재미있었다. 토론자 중 한 명이 나와 자기 기업의 VR 게임을 보여주면서, 자기네 기술이 이미 현실보다 더 현실 같은 가상현실을 만들었다고 설명했다. 그들은 대규모 AR/VR 시장 창출의 중요성을 강조했고, 여러 분야에 걸쳐 국제 협력을 모색했다. 토론 주제 중 하나는 기술이 어떻게 직접적으로 교실과 장난감의 일부가 되어 아이들의 놀이와 학습에 이용될 수 있는지에 관한 것이었다. 모두들 이런 거대 시장의 잠재력과 미래 교육을 위한 새로운 혁신의 도입에 들떠 있었다.

그때, 나는 결국 파티의 흥을 깨고야 말았다. 손을 들고 우리나라에서 일어난 사건에 대해 이야기했다. 열여섯 살 여자아이가 소셜미디어 게임의 미션을 수행하려고 같은 아파트에 사는 여덟 살짜리 여자아이를 유괴해서 살해했다. 이 사건에 관여한 또 다른 열여덟 살 아이는 휴대폰으로 미션을 지시했다. 이 예시를 시작으로 나는 일본에서 오래전에 있었던 사건까지 그 회의실에 있는 사람들에게 들려주었다. 한 아이가 자신을 뚱보라고 부른 친구의 목을 커터칼로 찌른 사건이었다. 그 친구는 그 자리에서 즉사했다. 아이는 경찰 조사에서 친구에게 사과 편지를 전해달라고 부탁했다. 친구가 비디오 게임에서처럼 다시 살아날 거라고 생각했던 것이다.

그리고 나는 사람들에게 우리가 발표한 디지털 팬데믹 연구 결과를 제시했다. 30개국의 아이들 중 60퍼센트가 지난 1년간 적어도 하나의 디지털 위험을 경험했다는 내용이었다. 그리고 토론자들에게 질문을 던졌다.

"우리는 아직 아이들이 경험하는 현재 수준의 소셜미디어가 일으키는 잠재적 피해 범위를 충분히 이해하지 못하고 있습니다. 또한 지금의 디지털 위험에 대한 해결책도 없습니다. 당신네 기술을 아이들 앞에 내놓기 전에 아이들에게 안전할지 확인하기 위한 계획은 무엇입니까?"

회의실 안이 쥐 죽은 듯 조용해졌다. 나는 작정하고 판을 깨서 사람들에게 경각심을 주고 싶었다. 어린아이들의 뇌는 사전에 교육을 받아 디지털 리터러시를 갖추고 있다고 하더라도 가상현실과 현실 세계를 쉽게 구별하지 못한다.

아이들이 AR/VR 신기술을 경험하고 싶어 못 견딜 거라는 걸 안다. 새로운 AR/VR 기술이 아이들의 두뇌 발달, 신체 및 정신의 건강, 사회적이고 감정적인 웰빙에 어떤 영향을 미칠지 아무도 모른다고 하더라도 말이다.

2020년 중국에서 열한 살 남자아이가 아홉 살짜리 여동생과 함께 15미터 고층빌딩에서 뛰어내렸다. '다시 살아날 거라고' 믿으며 비디오 게임에서 본 장면을 따라한 것이다.[3] 그 아이들은 코로나19로 봉쇄조치가 내려진 이후 휴대폰 게임에 너무 빠져 있었다.

물론 이 아이들은 아주 극단적인 경우다. 그러나 많은 연구 자료들은 기술의 남용과 예기치 못한 부작용을 우려하고 있다. 이런 상황에서 훨씬 더 발달된 가상현실 콘텐츠를 아이들에게 팔려는 이 토론자들의 생각에 간단히 동의할 수 없었다. 우수한 기술자와 비즈니스 리더들이 내 의견을 계기로 한 번 더 숙고해주기를 나는 바랐다.

2021년 페이스북은 회사 이름을 '메타META'로 바꾸고, 메타버스의 상용화를 만천하에 알렸다. 그들의 소셜미디어 페이스북이 청소년들의 정신건강에 해가 된다는 사실을 숨겼다는 내부자 고

발로 시끄러운 논란들이 있었음에도 불구하고 말이다.

아이들이 겪고 있는 디지털 팬데믹은 그 자체로 오늘날의 디지털 생태계에 보내는 경고음과 같다. 〈뉴욕타임스〉는 실리콘밸리의 윤리가 '먼저 만들고 나중에 용서를 구하라'라는 것이라고 설명하면서, '먼저 해를 끼치지 말라'고 한 의료계의 윤리와 비교했다. 첨단기술 기업과 관련해서 가짜 뉴스나 개인정보 보호 등의 문제가 발생하자, 대학과 전문가 사이에서 마침내 머신러닝, 빅데이터 분석, 자율주행차 등의 기술 혁신이 사람을 해칠 수도 있다는 사실이 공론화되기 시작했다. 〈뉴욕타임스〉의 그 기사는 기술자들이 의료계의 윤리를 기술에 적용해야 한다는 역설에 우리도 귀 기울여야 한다고 강조한다.[4]

독일의 신학자 디트리히 본회퍼Dietrich Bonhoeffer는 "한 사회의 윤리성의 시험은 바로 그 사회가 아이들을 어떻게 대하는가다"라고 말했다. 그가 오늘날의 디지털 팬데믹을 본다면, 우리가 모두 그 시험에 낙방했다고 평가할 것이다. 다음은 세계경제포럼과 함께 발표한 2018년 〈DQ 임팩트 보고서〉에 쓴 내용이다.

우리는 여러 국가에 걸쳐 일관성 있게 발생하는 어린이들의 높은 디지털 위험 노출에도 관심을 기울여야 한다. 디지털 팬데믹 현상은 온라인 아동 보호 문제가 몇몇 국가의 일부 개인에 한정된 문제가 아니라, 전 세계 모든 세대의 문제라는 점을 우리에게 보여준다.

현재 기술은 아이들을 고려해 발전하지 않는다. 이번의 디지털 팬데믹은 현재의 기술이 유엔아동권리협약UN Convention on the Rights of the Child, UNCRC의 핵심 원칙을 어떻게 지키지 않았는지를 반영한다.[5] 오늘날에는 다음과 같은 디지털 위험이 전 세계 아이들에게 심각한 영향을 미친다.

- 디지털 오보(제17조 위반: 관련 정보 및 미디어 접근), 사이버불링(제19조 위반: 모든 형태의 폭력으로부터 보호하기)
- 온라인 그루밍(제11조 위반: 유괴)
- 기술 중독(제19조, 제31조 위반: 휴식 및 놀 권리)
- 개인정보 보호 침해 및 해킹(제8조, 제16조 위반: 사생활 및 개인정보 보호에 관한 권리)
- 폭력 및 부적절한 콘텐츠에 노출 또는 접촉(제17조, 제19조, 제34조 위반: 성착취에 반대할 권리)
- 온라인 과격화 및 인신매매(제35조 위반: 유괴 및 인신매매에 반대할 권리)

유엔아동권리협약 제3조(아이의 최대 이익), 제4조(권리 보호), 제6조(생존과 건강한 발달)는 정부와 다른 모든 이해관계자가 아이들의 권리를 존중, 보호, 이행 보장을 위해서 모든 조치를 해야 한다고 명시하고 있다. 따라서 우리는 기술 발전에 앞서 글로벌 커뮤니티가 디지털 생태계를 아이들을 우선시하는 구조로 재구성하기 위한 국제적인 협력을 긴급히 요구한다.

솔직히 말해보자.

기술과 아이들 중에서 무엇을 우선시하겠는가?

아이들이 기계와 경쟁해야 하는가?

기술과 '경쟁하는' 법이 아니라
기술을 '이용하는' 법을 가르쳐야 하지 않을까?

아들이 열 살 때 나에게 물었다. "내가 어른이 되면, 정말로 일자리가 없어요? 기계가 인간을 지배해요?"

학교에서 아이들에게 특이점이론the theory of singularity에 대해 가르친 모양이었다. 기계의 지능이 빠르게 발전하다가 어느 순간 한계치를 넘어서면 초인간적인 존재가 된다는 그 이론 말이다. 나는 아들의 눈동자에서 두려움을 읽었다.

사실 이런 기술 특이점에 대한 두려움은 어디에나 있고, 점점 커지고 있다. 나는 #DQ에브리차일드 캠페인 덕분에 정치 및 정부 지도자, 글로벌 기업 CEO, 학계 및 시민단체 지도자, 지역사회 사업가, 교사, 부모와 아이들까지 전 세계의 여러 분야에 걸쳐 다양한 사람들을 만나 이야기를 나눌 수 있었다. 어디를 방문하든, 누구를 만나든, 다음의 세 가지 공포에 대한 이야기를 끊임없이 들었다.

- 인공지능은 곧 인간의 지능보다 뛰어나게 될 것이다.
- 현재의 교육제도는 제 기능을 하지 못한다. 아이들이 기계를 이길 만큼 경쟁력을 길러주지 못할 것이다.
- 기술은 인간을 해칠 수 있다.

다음은 학계 및 교육 전문가와 전문 기술자가 위 세 가지 공포에 대해 일반적으로 답한 내용이다.

1. 많은 사람들은 우리가 아이들에게 '감성 지능'이나 '창의력'을 키워줘야 한다고 말한다. 마치 인간의 이런 특징이 (기계에 대해) 우리가 가진 유일한 경쟁우위인 것처럼 말이다. 안타깝게도 이런 주장은 반드시 참이 아닐지도 모른다. 기계는 이미 충분히 공감하고 창의적일 수 있음을 보여주고 있다.

2. 일론 머스크Elon Musk 같은 최고의 전문 기술자들은 차세대가 인공지능과 경쟁해서 살아남으려면 뇌에 칩을 심어서 연결해야 한다고 말한다.

3. 어떤 사람들은 기계가 인간을 해치거나 통제하지 못하도록 기

술, 로봇공학, 인공지능 개발에 대해 더 포괄적인 윤리규범을 마련해야 한다고 주장한다.

4. 많은 교육자, 연구자, CEO들이 미래의 교육제도는 "어떻게 교육해야 아이들이 인공지능이나 로봇과 경쟁할 수 있을까?"라는 질문을 해결해야 한다고 말한다.

글쎄, 이 가운데 어떤 대답이 우리 아이들과 우리를 정말로 도울 수 있을지 모르겠다. 나는 다만 한 가지를 알고 있다. "우리 아이들이 기계와 경쟁해야 한다"는 소리를 듣는 게 정말로 진절머리가 난다는 것이다. 나는 이 말에 절대 동의할 수 없다. 기술은 인간을 위해 만들어진 것이다. 그 반대가 아니다. 기술은 인류의 향상에 기여할 때만 의미가 있다. 기술이 우리를 위협하기 위해서가 아니라 우리 삶을 더 나아지도록 하기 위해 만들어졌다는 단순한 진리를 사람들이 잊어버릴 때 문제가 시작된다.

우리는 새로운 기술을 개발하는 이유를 아이들이 더 나은 세상에서 살도록 하기 위해서라고 말한다. 기후변화, 빈곤, 심화되는 빈부격차와 불평등 같은 전 세계의 문제들을 물려주지 않기 위해서라고 말이다. 그러고는 아이들을 기계와 경쟁시키고 있다.

우리는 이 아이들의 미래를 위해 무엇을 어떻게 가르쳐야 하는지조차 모르면서 이렇게 말한다. "힘내! 기계가 너보다 똑똑하니까 네 일자리를 빼앗을 거야. 네가 어떻게 살아남을지 모르겠지만, 계속 공부해. 이 공부가 네가 미래에 일자리를 찾는 데 도움이 될 수 있을지 모른다 해도 말이야." 그러면서 덧붙인다. "이 신기술과 현재의 교육은 모두 다 네 미래를 위한 거야." 헛소리들의 향연이다.

물론 인간은 결코 완벽하지 않다. 그러나 모든 아이들이 놀랍도록 아름답게 창조된 것이 보이지 않는가? 우리는 말보다 느리다. 하지만 우리는 말과 달리기 경쟁을 하지 않는다. 오히려 올라타서 말을 조종한다. 말을 이용해 우리가 가고 싶은 곳으로 더 빨리 간다. 왜 아이들에게 기계와 경쟁하라고 가르칠까? 아이들에게 기술과 '경쟁하는' 법이 아니라, 기술을 '이용하는' 법을 가르쳐야 하지 않을까? 그리고 애초에 인간을 대체하기 위해서가 아니라, 인간을 더 잘 도와주기 위해서 인공지능과 기계를 설계해야 하지 않을까? 미래, 기술, 교육에 관한 이야기와 토론이 잘못되어도 한참 잘못된 것이 아닐까?

우리에게는 어떤 선택지가 남아 있을까?

인터넷에 과연 신이 있을까?

바키재단Varkey Foundation의 전 CEO 비카스 포타Vikas Pota를 처음 봤을 때, 그는 '국제교사상Global Teachers' Prize'이라는 기발한 아이디어에 대해 열정적으로 말하고 있었다. 매년 전 세계 교사 가운데 최고의 교사를 선정해 100만 달러를 주자는 내용이었다. 진짜로? 한 명의 교사에게 100만 달러를 주자고? 정말 멋진 아이디어였다.

나중에 우연히 버스에서 내 옆에 앉았을 때 그가 물었다. "유현, 뭘 하고 싶어요?"

당시 나는 #DQ에브리차일드 캠페인을 전 세계적으로 전개할 계획이었다. 지구상의 모든 아이들에게 디지털 시민의식을 갖게 하는 것이 내 사명이라고 그에게 말했다. 그는 웃지 않았고, 나를 비웃지도 않았다. 내 말에 정말로 비웃지 않기란 쉽지 않았을 텐데 말이다. 대신 그는 나에게 국제무대의 문을 열어줬다. 2017년 3월 두바이에서 열리는 '글로벌 교육 및 역량 포럼Global Education and Skills Forum, GESF'에서 #DQ에브리차일드 캠페인의 출범식을 개최하고 기자회견을 갖자고 제안했다.[6]

나는 GESF 첫날 〈뉴욕타임스〉의 칼럼니스트 토머스 프리드먼 Thomas Friedman이 그의 책《늦어서 고마워Thank You for Being Late》[7]에 관해 언급한 기조연설을 듣고 정말 가슴이 벅차올랐다. 그가 교육, 정치, 문화를 비롯한 인간의 반응과 기술의 발전 속도 사이에 점점 벌어지는 격차를 다음 페이지(78쪽)의 그래프로 보여줬을 때, 나는 거의 일어나서 박수를 쳤다.

음…… 이 속도 격차는 당신에게는 전혀 새롭지 않을지도 모른다. 하지만 이 그래프는 전 세계가 직면한 디지털 팬데믹과 교육 위기의 근본 원인을 완벽하게 시각적으로 보여준다. 우리가 이미 티핑포인트tipping point를 지났다는 사실에 대해서는 그가 전적으로 옳았다. 이런 속도라면 우리가 모두 최선을 다하더라도 벌어지는 격차를 바로잡을 수 없는 지경에 곧 이르게 될 것이다.

우리는 이 속도 격차에 대해 무엇을 할까? 기술의 발전 곡선을 밑으로 내릴까? 아니면 인간의 반응 속도를 기하급수적으로 증가시키는 방법을 찾을까? 우리가 할 수 있는 선택이 있긴 할까?

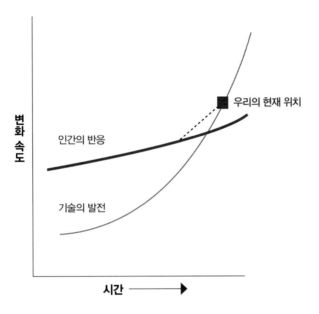

기술 변화의 속도와 인간의 반응

변화 속도

우리의 현재 위치

인간의 반응

기술의 발전

시간 ▶

자료 출처: 토머스 프리드먼의 《늦어서 고마워》

"인터넷에 과연 신이 있을까?"

프리드먼은 이 질문으로 연설을 마쳤다. 이 질문은 이렇듯 빠르게 벌어지는 속도 격차를 경험하고 있는 우리의 현재 디지털 생태계를 잘 요약했다고 생각한다. 프리드먼의 짧고 강력한 마지막 말은 인터넷에 최소한의 윤리적 기준이 존재하는지를 생각하게 만들었다. 우리의 기술은 윤리적인가? 그의 대답은 '아니다'였고, 내 대답도 마찬가지다. 프리드먼은 인터넷을 사회규범과 윤리규범이 없는, 여과되지 않은 정보의 하수구라고 설명했다. 그는 디지털 세계에 적용되는 황금률이 있어야 한다고 강조했다.

솔직히 나는 프리드먼의 연설에 충격을 받았다. 그의 메시지가 몇 시간 뒤에 예정된 #DQ에브리차일드 캠페인 출범식에서 내가 말하려고 준비한 내용과 너무 비슷했기 때문이다. 더욱이 그의 연설은 내가 준비한 것보다 열 배는 좋았다. 그의 연설은 #DQ에브리차일드 캠페인을 시작하는 것이 옳은 일이라고 내게 말해주는 것 같았다. 그날 〈시드니 모닝 헤럴드〉의 기자 켈시 먼로Kelsey Munro가 토머스 프리드먼과 나를 함께 기사로 다뤘다. 나는 '아이들에게 코딩을 가르치지 말고 온라인에서 사는 법을 가르쳐라'라는 기사 제목이 마음에 들었다.[8]

프리드먼의 질문에 당신은 뭐라고 답하겠는가? 인터넷에 과연 신이 있을까?

낭비되고 있는 골든타임

우리에게 주어진 시간은 110분밖에 없다.

하지만 실제로 필요한 시간은 단 5분일 수 있다.

세월호 참사는 지난 10년간 우리나라에서 일어난 가장 비극적인 사건이있다. 300명 이상이 사망했고, 그중 250명이 고등학생이었다. 어떤 사람들은 '비극이긴 하지만 그냥 사고였다'고 말할지도 모른다. 하지만 세월호 참사는 '사고'가 아니었다. 사실 우리는 그들 모두를 구할 수 있었는데도 결국 아이들을 잃었다. 따라서 아무런 조치도 할 수 없는 '그냥 사고'였다고 말할 수 없다.

세월호는 325명의 고등학생을 싣고 수학여행지인 제주도로 향하고 있었다. 2014년 4월 16일 오전 9시경 바다 한가운데서 배가 가라앉기 시작했다. 그날 아침 속보에서는 학생들이 구조되었다고 말했다. 오후 뉴스에서는 아침 뉴스가 사실이 아니며, 그때까지 제대로 구조작업이 이뤄지지 않아 겨우 몇 사람만 구조되었다고 보도했다.

나는 배에서 가장 먼저 빠져나온 사람이 그 배의 선장이라는 뉴스를 듣고 도저히 참을 수가 없었다. 선장은 배에서 빠져나오기 전에 모든 학생에게 선실로 돌아가 구조대가 올 때까지 기다리라고 방송했는데, 그 지시는 기본적으로 자살하라는 말과 다름없었다. 나중에 선장은 사형선고를 받았다. 대부분의 아이들은 선장의 지시를 따랐고, 참을성 있게 구조를 기다렸다. 어떤 학생들은 곧 구조될 거라고 말하는 밝은 모습의 영상 메시지를 부모에게 보냈다. 어떤 학생들은 물이 차오르는 모습을 보면서 두려움을 이기기 위해 선실에서 함께 노래를 불렀다. 어떤 아이들은 가족에게 작별인사를 보냈다.

하지만 텔레비전 뉴스에서는 구조를 시도한 흔적도 없이 배 주위를 빙 둘러싼 해안경비대와 헬리콥터의 모습만 보였다. 가라앉는 배의 창문 앞에 있는 경비정의 모습도 보였다. 창문 밖을 바라보는 절박한 눈빛의 학생들과 함께. "그들은 뭘 하고 있었지? 무엇을 기다리고 있었지? 어째서 적극적으로 구조작업을 하지 않았지?" 뉴스를 보면서 나는 소리쳤다. 나중에야 그들이 고위 관리의 명령을 기다리고 있었다는 사실을 알았다.

이런 말도 안 되는 상황이 일어났다는 사실이 믿기지 않았다. 미국 해군의 지원뿐만 아니라 세계 최고 수준의 군사력을 갖췄으며,

세계에서 가장 혁신적이고 과학기술이 발달한 21세기 대한민국에서 우리 아이들을 이런 식으로 잃었다고? 모두가 가슴으로 울었다. 우리는 천천히 가라앉는 배와 익사한 아이들의 뉴스를 일주일 동안 속수무책으로 지켜봐야만 했다. 이 사건은 온 국민을 우울증에 빠뜨렸다. 싱가포르에 있었지만 나도 예외가 아니었다. 나는 한동안 제대로 먹지도 자지도 못했다.

한 TV 다큐멘터리 프로그램에서 구조작업이 어떻게 이뤄졌어야 했는지 알아보기 위해 국제 전문가와 상황을 분석하고 모의실험을 진행했다. 모든 전문가가 구조를 시작하는 골든타임을 놓친 것이 실패의 주요 원인이라는 데 동의했다. 세월호 정도의 배가 가라앉기 시작하면, 주어진 시간은 약 110분이다. 2시간이 채 되지 않는다. 얼핏 보기에는 짧은 시간이다. 골든타임이 지난 후에는 사람들을 안전하게 구조할 가능성이 기하급수적으로 뚝 떨어진다.

그런데 전문가들은 가상 시나리오를 시뮬레이션했을 때 세월호 선장과 선원들이 구조팀과 긴밀하게 협력했다면 모든 학생을 배에서 구조하는 데 단 5분 정도 걸렸을 거라고 말했다. 가슴을 칠 일이 아닌가?

그 다큐멘터리를 보면서 나는 어쩌면 지금 우리가 비슷한 상황에 놓여 있는지도 모른다는 생각이 들었다. 모든 전문가, 과학자, 교육자들이 현재 교육제도가 아이들이 미래를 준비하는 데 도움을 주지 못할 거라고 말한다. 그런데도 우리는 시민의 웰빙, 안전,

안보를 보장하기 위한 논의나 적절하고 체계적인 준비 없이, 많은 사람들이 이해하지 못하는 기술 중심의 미래로 빠르게 나아가고 있다.

나는 세월호 선장에게 욕을 퍼부었다. '살인자'라고 불렀다. 그런데 나라고 그와 별다른 차이가 있나? 우리의 교육제도가 세월호처럼 가라앉고 있으며 아이들의 미래에 악영향을 미칠 수 있다는 걸 아는데, 어떻게 아이들에게 학교에 그대로 남아서 구조대가 올 때까지 기다리라고 말할 수 있겠는가?

나는 경찰과 군대를 욕했다. 어떻게 아이들을 적극적으로 구조하지 않을 수 있지? 아이들이 위험하다는 걸 알면서도 왜 상부의 승인을 기다리며 서로에게 책임을 떠넘겼을까? 그런데 우리라고 뭐가 다를까?

우리는 미래 교육 혁신의 실패는 교육부, 몇몇 주요 ICT 기업, 또는 에듀테크*가 어떻게든 수습할 거라고 말한다. 다시 말해, 우리는 아이들에게 가만히 기다리라고 한 채 서로 책임을 떠넘긴다. 그 문제에 대한 책임의식도 리더십도 내팽개치고 누군가가 문제를 해결해주기를 기다린다. 그러는 동안 구조할 수 있는 골든타임은 흘러가버리는 것이다.

우리에게는 110분밖에 없다는 사실을 기억하자. 하지만 실제로

---

* 에듀테크Edu-tech: '교육'과 '기술'의 합성어로, 디지털 기기를 이용한 교육을 뜻한다.

우리에게 필요한 시간은 단 5분일 수 있다. 만일 우리가 아이들에게 더 나은 미래를 만들어주겠다는 단 하나의 최우선 목표를 가진 한 팀이 되어 한마음으로 함께 노력한다면 말이다.

우리에게는 방향을
바꿀 힘이 있다

이제 우리가 미래의 방향을 바꿀 때다.

나는 OECD 선임 교육정책 분석가 미호 타구마Miho Taguma의 초대로 '2030 OECD 미래 학습 프레임워크 프로젝트'에 처음으로 참여했다.[9] 미호 타구마는 '국제 학업성취도 평가PISA'의 선구자로, 글로벌 교육 분야의 리더인 안드레아스 슐라이허Andreas Schleicher의 주도하에 미래 교육 프로젝트를 설계해서 이끌고 있다.

미호는 정말이지 용감한 사람이었다. 전문가나 정부 관료로 구성된 폐쇄적인 조직의 주도로 프로젝트를 논의하지 않았다. 대신 모든 이해관계자를 과감하게 참여시켰다. 대학 연구원, 교육 기업, 교원 노조, 심지어 전 세계 학생들을 회의에 초대했다. 미호는 OECD의 전통적이고 관료적인 체계에서 벗어나 프로젝트를 그야말로 획기적으로 운영했다. 상상이 되는가?

많은 사람들이 미래 교육제도의 설계에 개방적이고 혁신적인 접근이 필요하다고 말한다. 하지만 아마도 세계에서 가장 보수적이고 위계적인 단체인 OECD 같은 곳에서 그렇게 혁신적인 방법으로 과감하게 행동하는 사람은 거의 없다.

나는 여러 차례 전화 회담을 한 뒤 2017년 포르투갈 교육부의 주최로 리스본에서 열린 OECD 회의에서 처음으로 미호를 만났다. 우리는 저녁을 먹은 후 두 친구와 함께 작은 포르투갈 바에 앉았다. 코니 정Connie Chung은 당시 하버드대학교에서 부책임자로 일하는 최고의 교육 연구원이었고, 수미트라 파수파시Sumitra Pasupathy는 아쇼카에서 일하는 뛰어난 소셜임팩트 리더였다. 나는 이 여성들을 정말 많이 좋아하고 존경한다.

와인을 몇 잔 마시면서 나는 그들에게 밀했다. "어째서 우리는 미래 교육을 의논할 때 먼저 우리가 원하는 미래에 대해 생각하지 않을까요? 소수의 전문가나 기술자의 미래에 대한 예측을 절대적인 사실처럼 받아들이지도 말고, 미래에 대한 그들의 아이디어를 우리 교육의 궁극적인 목표로 삼지도 말기로 해요. 그러지 않으면 '우리에게 제시된 미래The Future We are Told About'의 틀에 맞춰서 미래 교육을 설계하도록 떠밀려질 거예요. 대신 우리가 먼저 원하는 미래를 설계한 다음 그런 미래를 함께 만들어갈 교육제도를 구축하는 게 어떨까요?"

다음 날 미호는 프로젝트의 실무진인 '우리가 원하는 미래The Future We Want' 팀을 소개했다. 이 팀은 먼저 추세를 파악한 뒤 정보에 입각해 미래를 예측한다. 다자간 합의를 통해 '우리가 원하는 미래'의 내러티브를 발전시키는 전략을 마련하고, 이 비전을 실현시키기 위한 교육 방향을 결정짓는다. 미호는 모두가 모인 회의장에서 내가 팀을 이끌 거라고 깜짝 발표했다. 그리고 파리에서 열리는 다음 회의에서 발표를 맡아 준비해달라고 했다. "네! 알겠습니다, 보스."

2018년 가을, 나는 회의에 참석하기 위해 파리에 있는 OECD 본부에 갔다. 도착하자마자 곧바로 아름다운 18세기 건물에 반해버렸다. 지하에 있는 회의실에 들어가려면 보안 검사를 세 번이나 통과해야 한다는 사실이 썩 내키지는 않았지만, 회의실은 아름다우면서도 압도적인 권위가 있었다. 각국의 국기가 꽂힌 독특한 직사각형 테이블이 놓여 있었는데, 각국의 대표들이 서로 마주 보면서 빙 둘러앉았다. 건물과 좌석 배치가 내뿜는 보이지 않는 무게감은 감지할 수 있을 정도로 위압적이었다. 그곳에서 내가 전할 메시지가 우리의 미래 방향을 바꿀 힘이 있을 것만 같았다. 그래서 당당하게 말하기로 결심했다. 다음은 '우리가 원하는 미래'에 대해서 연설한 첫 부분이다.

윤리적 미래

안녕하세요, 여러분.

저에게 이렇게 중요한 회의에서 발표할 수 있는 기회를 주셔서 감사합니다.

여러분은 2030년이 어떨지 상상이 되나요? 어제 위성 회의를 하는 동안에 우리 모두는 미래를 상상하기가 힘들다는 점을 알았습니다. 아마도 우리에게 제시된 미래에 너무 익숙하기 때문 아닐까요? 아니면 우리 자신의 미래를 제대로 생각하지 않았기 때문이겠죠. 그럼에도 불구하고 회의를 통해 우리가 동의한 것이 있습니다.

우리 모두는 미래가 평등하고 정의롭고 공평하기를 원합니다. 그리고 모든 아이가 공평하게 자신에게 적합한 성장 기회를 갖기를 바랍니다.

우리의 미래는 흔히 뷰카 VUCA, 즉 변하기 쉽고volatility 불확실하며uncertainty 복잡하고complexity 모호하다ambiguity고 말합니다. 다시 말해서 우리는 미래가 어떨지 모릅니다. 예측하기 어렵죠. 이 말이 저는 희소식이라고 생각합니다. 아직 우리의 미래가 결정되어 있지 않았다는 뜻이기 때문입니다.

미래학자인 레이 커즈와일Ray Kurzweil은 2030년 전에 인간보다 뛰어난 능력을 지닌, 스스로 인식하고 생각하는 기계, 즉 높은 IQ뿐만 아니라 창의적이고 사회적인 EQ를 지닌 기계가 나타날 거라고 예측합니다. 일론 머스크는 〈이코노미스트〉와의 인터뷰에서 아이들이 AI와 경쟁하기 위해서는 머리에 칩을 심어야 할 수도 있다고 말했죠. 스티븐 호킹은 지구 환경이 곧 붕괴되니까 앞으로 100년 이내에 인간이 살 수 있는 다른 행성을 찾아야 한다고 말했습니다.

사실 OECD의 2030년에 관한 메가트렌드 연구는 저들이 말한 내용을 뒷받침하고 있습니다.[10] OECD 연구는 개인과 사회의 웰빙과 경제적 상황에 체계적으로 영향을 미치는 열한 가지 미래 메가트렌드를 선정했습니다.

2030년에 스물여덟 살이 되는 청년에게 가상 시나리오를 대입하면, 이렇게 이해할 수 있습니다.

1. 나는 오늘날의 구직 시장에서 요구하는 일자리 기술을 배우지 못했다.
2. 나는 직업이 없다. 일자리를 찾기가 어렵다.
3. 극소수의 부자가 엄청난 부를 가지고 있고, 나를 포함해서 우리나라에 사는 사람들 대부분이 가난하다.
4. 나는 물과 음식이 부족하고, 또 다른 태풍이 우리 도시를 강타할까 봐 두렵다.
5. 나는 결혼하지 않았으며/못했으며, 결혼을 했더라도 곧 이혼할지 모른다.
6. 나는 하루 24시간, 일주일 내내 인터넷에 접속해 있다. 내 데이터는

전부 클라우드에 저장되어 있다. 나는 온라인에서 왕따, 폭력, 증오를 경험한다.

7. 나는 외롭고 우울하며 뚱뚱하다. 우울증, 조울증 같은 정신질환으로 인해 누군가 자살했다는 뉴스를 종종 듣는다.

8. 나는 안전하다고 느끼지 않는다. 테러 위험과 디지털 위협은 매일의 일상으로, 정말 걱정스럽다.

9. 나는 다문화와 다양한 사회에서 살고 있다.

10. 나는 민주주의에 참여하는 데 관심이 없다.

11. 나는 우리 정부가 이런 위기에 대처할 수 있다고 믿지 않는다.

현재 이 젊은이는 열여섯 살입니다. 여러분의 자녀에게 미래가 이럴 거라고 말할 수 있습니까? 제 여덟 살짜리 딸이 발표자료 만드는 저를 보더니 말하더군요.

"아니야, 난 이런 미래는 진짜 원치 않아."

2014년에 한국에서 여객선이 침몰했습니다. 304명이 죽었고, 그중 250명이 수학여행을 가던 열여섯 살 아이들이었습니다. 그들을 구할 골든타임은 1시간 50분이었고, 그 후엔 배가 가라앉기 시작했습니다. 구조하기에 정말로 빠듯한 시간이죠.

하지만 실제로 모든 학생을 다치지 않고 구출할 수 있는 데 필요한 시간은 5분도 채 되지 않습니다. 그러니 모든 아이를 구출하는 데 충분한 시간이었죠. 하지만 우리는 골든타임을 놓쳤습니다.

그 배의 선장이 아이들을 버렸습니다. 경찰과 군대가 서로 책임을 떠넘기면서 최고위층의 승인을 기다리느라 시간을 허비했습니다. 게다가 그때 최고권력자는 상황을 제대로 알지도 못했습니다. 그러는 와중에 우리의 아이들은 차가운 물에 빠졌습니다.

우리는 다를까요? 우리 아이들이 또다시 가라앉는 배에 타고 있을 수도 있습니다. 그런데도 우리는 할 수 있는 일이 많지 않다고 말하고 있습니다.

우리는 이미 기술이 가짜 뉴스, 사이버불링, 사생활 침해, 폭력과 증오로 가득한 가상현실을 만들었고, 만들고 있으며, 앞으로 계속 만들 거라는 걸 알고 있습니다. 그런 환경에서 가난하고 소외된 아이들과 여성들이 제대로 된 보호도 없이 희생되고 있다는 것 또한 알고 있습니다.

우리는 미래에 어떤 직업이 있을지 모릅니다. 아이들에게 미래 직업 기술을 가르치지도 않고 있습니다. 어쩌면 가르치지 못하는 건지도 모르죠. 그런데도 아이들에게 우리가 만든 발명품인 인공지능 및 기계와 경쟁하라고 말하고 있습니다.

우리는 여전히 맹목적으로 기술과 혁신을 밀어붙이고 있습니다. 왜 우리는 기술의 기하급수적인 성장을 우리 아이들의 미래보다 더 중요하게 여기는 걸까요?

기술이 이렇게 많은 문제를 일으켰는데도 멈추지 않고 전속력으로 계속 기술을 개발하게 하는 이유는 무엇일까요? 과연 누구를 위한 기술 성장일까요?

어제 위성 회의에서 우리의 미래가 걱정되는 이유는 기술 때문이 아니라 우리 자신의 탐욕, 부정, 과실 때문이라는 데 모두가 동의했습니다. 여태껏 우리는 기술이라는 자동차를 무모하게 초고속으로 몰아왔습니다. 하지만 이제는 멈추고 우리가 과연 우리가 원하는 미래로 이 자동차를 몰고 있는지 생각해야 합니다. 차의 방향을 다시 정해야 합니다.

우리에게는 조치할 시간도 부족합니다.

우리는 이미 기술의 발전 속도가 인간의 반응 속도를 능가하기 시작하는 제4차 산업혁명에 접어들었습니다. 기술은 머지않아 더 빠른 속도로 발전하는 단계에 이를 것입니다. 우리는 곧 멈추고 싶어도 멈출 수 없을지도 모릅니다.

기술은 인간성을 향상시킬 때만 의미가 있습니다. 우리의 인간성은 인간과 인간 간의 윤리, 국가와 국가 간의 신뢰에서 비롯됩니다.

우리는 과연 정의를 행하고 있을까요?

우리는 압제자에게 약탈당했다가 인도된 사람들을 보호하고 있을까요?

우리는 난민, 고아, 가난한 사람들처럼 사회에서 가장 약한 이들에게 어떤 잘못이나 폭력을 가하지 않았을까요?

우리는 무고한 사람들이 피해를 입지 않도록 올바른 판단을 내리고 있을까요?

　이제 우리의 미래를 다시 정해야 할 때입니다. 우리는 혁신적인 기술을 얼마나 빨리 만들 수 있는지를 자랑해왔습니다. 이제 그 대신 우리가 만드는 미래가 얼마나 윤리적인지를 자랑합시다.

아직도 침몰하는 배에서 벗어날 수 있는 해결책을 깨닫거나 발견하지 못했다면,
어쩌면 우리가 질문을 잘못하고 있다는 뜻일지도 모른다.

3장에서는 기술과 교육에 관해서 가장 널리 논의되는
세 가지 질문에 대해 이야기해보고 싶다.

- 인간은 어떻게 기술과 경쟁할 수 있을까?
- 기술이 우리에게 테크 유토피아를 가져다주고 모든 문제를 해결할까?
- 기계는 초지능화 및 자율화되어 인간을 지배하게 될까?

나는 이 질문들의 초점을 바꿔야 한다고 생각한다.
오히려 아래와 같이 질문해야 하지 않을까?

- 인간과 기계의 존재 목적은 무엇인가?
- 그 목적에 맞지 않는다면 기술 발전의 속도를 늦추거나
  방향을 바꿀 용기가 우리에게 있을까?
- 초기술의 발전을 걱정하기보다는 오히려 인간성과 사고력 상실을 걱정해야 하지 않을까?

잘못된 질문

잘못된 비교와 올바른 질문

기계의 미덕은 쉬지 않고 계속 일하는 능력이고,

인간의 미덕은 멈추고 쉬는 능력이다.

— 조정민

2020년에 아주 극명하게 대조적인 두 가지 모습을 보았다. 바로 놀랍게 발전하는 기술 혁신과 놀랍게 후퇴하는 우리 인간의 모습이다. 인공지능 연구소 오픈AI의 GPT-3(Generative Pre-trained Transformer-3)[1]가 멋지게 선보여준 초지능 AI와 기계 자율성의 비약적인 발전, 딥러닝* 기반의 차세대 AI 모델, 그리고 코로나19 팬데믹 기간 내내 빠르게 부를 축적하는 IT 기업. 반면 코로나19 바이러스를 감당하지 못하는 미미한 인류와 정부의 시스템.

---

*   딥러닝Deep Learning: 컴퓨터가 사람처럼 스스로 학습하고 추론하며 소통할 수 있는 인공지능 기술.

자, 그러면 오늘날에는 기술이 어디로 가고 있을까? 2015년 싱가포르 난양공과대학교 강연에서 LG유플러스 전 부회장 이상철 박사는 기술 발전의 추세를 상당히 설득력 있게 제시했다.

- 인터넷: 정보의 네트워크.
- 사물인터넷Internet of Things, IoT: 기계의 네트워크.(인간의 감각 대체)
- 사고기계인터넷Internet of Thinking Machines, IoTM: 사고기계의 네트워크.(인간의 사고 일부 대체)
- 두뇌인터넷Internet of Brains, IoB: 뇌의 네트워크.(인간의 논리적이고 감정적인 사고 대체)

기술은 인간의 능력을 하나씩 대체하고 있다. 인터넷은 정보 네트워크로서 인간의 다양한 대면 상호삭용과 활동을 대체했다. 사물인터넷IoT은 시각, 청각, 후각 등 인간의 감각을 대체했다. 이제 곧 AI로 대표되는 사고기계인터넷IoTM이 인간의 생각을 대체할 것이다. 그리고 사고기계에 다른 뇌(아마도 인간의 뇌)를 연결하면 두뇌인터넷IoB이 등장할 수 있다. 영화 〈터미네이터〉에 나오는 글로벌 슈퍼 인공지능 '스카이넷Skynet'의 형태가 될지도 모른다.

2015년은 사물인터넷이 화려하게 등장한 해였다. 삼성, LG, 애플 등 주요 IT 기업의 CEO들이 냉장고, 조명, 텔레비전, 식탁 등 모든 '사물'에 인터넷을 연결해 '스마트홈'을 만드는 신제품을 소개했다. 이들 기업의 리더들은 디지털 신기술로 가득한 풍요로운 세상을 상상했다. 모든 사람이 애플의 인공지능 비서 시리Siri의 고급 버전인 개인 온라인 비서와 무인자동차를 통해 개인 운전기사가 있는 백만장자처럼 살 수 있는 세상 말이다.

나는 당시 이런 사물인터넷 관련 뉴스를 들으면서, '스마트홈'으로 사물인터넷을 받아들인 것처럼 언제 사고기계인터넷을 일반적으로 받아들이게 될지 궁금했다. 아마도 사고기계인터넷의 공개 발표는 AI가 바둑을 이기는 것으로 시작되지 않을까 예상했다. '기계의 승리'는 기계 발전의 새로운 티핑포인트가 될 것이었기 때문이다. 1997년 IBM의 슈퍼컴퓨터 딥블루Deep Blue가 체스 세계챔피언 가리 카스파로프Garry Kasparov에게 승리한 이야기는 사고기계가 인간을 이긴 첫 번째 공식 경고였다.[2]

바둑은 기계가 자연스럽게 사고할 수 있을 만큼 발전하면 그다음 테스트해볼 대상이었다. 창의적이고 직관적인 사고가 필요하며 거의 무한한 기법이 있는 바둑에서만큼은 기계가 사람을 이길 수 없을 거라는 믿음이 있었다. 반대로 말하면 인공지능이 바둑에서 인간을 이기면, 사고기계인터넷의 가능성이 활짝 열린다는 뜻이었다.

그 예상은 1년도 지나지 않아 들어맞았다. 2016년 3월 알파고AlphaGo가 '구글 딥마인드 챌린지 매치'에서 바둑 세계챔피언 이세돌 기사를 이겼다.[3] 당시 이 소식을 듣고 다시 궁금해졌다. '스스로 생각하는 기계인 범용 인공지능Artificial General Intelligence, AGI은 언제쯤 발표될까?' 이런 속도라면 심지어 두뇌인터넷 단계도 먼 미래가 아닐지도 몰랐다.

알파고 이후 전 세계는 '인간'과 '기계'에 대한 질문을 시작하지 않을 수 없었다. 인간과 기계 중 누가 더 뛰어날까? 누가 누구를 통제할까? 이제 기계와 비교해서 인간의 강점은 무엇인가? 인간에게는 어떤 직업이 남아 있을까?

2018년 이집트 출신의 영향력 있는 사업가 사미 사위리스Samih Sawiris와 대화하다가 '인간'과 '기계'를 비교하는 이런 질문들이 잘못되었다는 사실을 깨달았다.[4] 그는 비즈니스 리더가 생산력과 비용효율성만 고려한다면, 공장 자동화와 기계가 인력을 대체하는 상황이 곧 대규모로 일어날 수밖에 없다고 말했다. 하지만 그로 인해 양산된 실직 노동자들이 야기할 수 있는 사회적 불안과 잠재석인 소동을 고려하면, 비즈니스 논리나 재정 문제가 전부가 되어서는 안 된다고 지적했다. 그는 제조업의 대규모 자동화는 주로 가부장적인 문화가 있는 나라에서 발생할 거라고 예측했는데, 그런 사회에서는 한 가정의 가장이 실직하면 단지 수입의 문제가 아니라 존엄성의 문제로 여겨질 것이다.

사미는 '아랍의 봄'*으로 인해 이집트에서 자기 기업의 가치가

---

* 아랍의 봄Arab Spring: 2010년 12월 북아프리카 튀니지에서 촉발되어 아랍 및 북아프리카 일대로 확산된 반정부 시위.

어떻게 무참히 하락했는지 이야기해주면서, 나에게 아동 온라인 안전 문제도 좋지만, AI로 인한 대규모 실업과 그로 인해 야기될 사회적 불안에 대해 기업들이 어떻게 대처해야 하는지 더 진지하게 생각해보라고 제안했다.

그는 많은 전문가들이 지지하는 기본소득을 해결책으로 보지 않았다. 직업과 사회적 지위를 통한 노동자의 자존감은 단순히 기본소득과 같은 돈으로 해결될 문제가 아니라고 했다. 그러면서 인공지능과 자동화에 관해 비즈니스 리더가 생산성 및 수익성 기반의 단순한 계산을 뛰어넘어, 사회적 역할과 인간의 존엄성까지 염두에 둘 필요가 있다고 강조했다. 그들이 '좋은' 사람이어서가 아니라, 비즈니스 결정에 따른 사회적·인간적 영향을 무시하면 그들의 비즈니스가 장기적으로 지속되지 못할 수도 있기 때문이다. 정말 '현명한' 사람이다!

하지만 모든 비즈니스 리더가 사미의 의견에 동의하지는 않는 것 같다. 2016년 세계경제포럼의 공개토론회에서 중국의 한 IT 기업 CEO는 기계가 인간 노동자보다 훨씬 뛰어나게 될 것이기 때문에 몇 년 안에 노동자를 고용할 필요가 없어질 거라고 자신 있게 말했다. 사회가 이 사실을 받아들여야 한다고 그는 주장했다.

2012년 세계 최대의 위탁 생산업체 폭스콘Foxconn의 CEO 궈타이밍郭台銘은 이미 노동자를 로봇으로 대체할 계획이라고 발표했다. 그리고 비즈니스 회의에서 "우리 회사는 전 세계에 100만 명이 넘는 노동자를 보유하고 있는데, 인간도 동물이라서 100만 마리의 동물을 관리하느라 골치가 아프다"고 말했다.[5]

내가 들은 대부분의 '인간 대 기계' 비교는 어느 쪽이 더 생산성이 높은지, 어떤 일을 더 잘할 수 있는지만을 두고 평가했다. 미안하지만, 이런 비교 자체가 무의미하다. 인간과 기계는 다른 목적으로 만들어졌다. 기계는 일하려고 만들어졌고, 인간은 사랑하기 위해 만들어졌다. 그리고 인간에게 일은 의미 있는 삶과 관계를 추구하는 수단으로 만들어졌다.

나는 엄마, 딸, 아내이고 사회 구성원이다. 나는 나 자신과 내가 사랑하는 사람들과 내가 속한 사회를 위해 일을 하는 것이지, 단순히 일 자체를 목적으로 일을 잘하기 위해서 일을 하는 것이 결코 아니다. 반면, 기계는 일 자체만 수행하기 위해 만들어졌다. 일을 통해서 다른 사람과 연결되거나 인생의 의미를 찾을 필요가 없다. 물론 생산성 하나만 두고 기계와 비교한다면, 우리 인간은 틀림없이 질 것이다. 우리는 첨단 AI 기술에 맞설 필요가 없다. AI까지 갈 것도 없이, 단순한 계산기와 경쟁해도 우리는 기계만큼 똑똑하지 못하다.

"기계의 미덕은 쉬지 않고 계속 일하는 능력이고, 인간의 미덕은 멈추고 쉬는 능력이다." iMBC의 전 CEO이자 유명한 기자였던 조정민 목사의 말이다. 얼마나 깊이 있는 통찰인가! 그에 따르면 개인의 휴식은 단지 일을 멈추는 것이 아니다. 몸과 마음과 정신을 회복하고 다른 사람과의 관계를 회복하고 삶의 목표를 기억하는 것이다.

남을 해치면서 자신만의 이익을 추구한다면, 우리는 결코 진정한 휴식을 얻을 수 없다. 오히려 다른 사람을 배려하고 그들의 이익까지 고려해줄 여유가 있을 때 진정한 쉼을 이룰 수 있다. 그러므로 단순히 업무생산성으로 평가하는 '인간 대 기계' 비교는 인간 존재의 의미를 깎아내리는 '잘못된 질문'이다.

코로나19로 인한 사회적 거리두기와 봉쇄조치로 인해 노동자를 대체하는 자동화 과정이 가속화되고 있다. 월마트는 로봇청소기를 사용하고 있고, 맥도날드는 로봇요리사를 쓰고 있으며, 식당에서는 로봇종업원을 이용하고 있다. 아마존 물류창고는 배송과 포장에 작업로봇을 쓰고 있고, 싱텔 콜센터는 가상 고객지원 서비스를 하고 있다. 이제 막 시작되었을 뿐이다. 사람의 노동력을 기계로 대체하는 자동화와 AI는 모든 분야에 걸쳐서 대대적으로, 거침없이 전 세계적으로 확산될 가능성이 높다. 이제 그런 일이 일어날지 말지의 문제가 아니라, 언제 일어날지가 문제인 것이다.

따라서 우리가 '인간 대 기계'에 대한 생각의 틀을 바꾸는 것이 중요하다. '우리 인간 존재의 목적이 무엇인가?' 대 '기계의 목적은 무엇인가?'를 물어야 하지 않을까? 그러면 인간은 인간의 목적에 부합하게 살고 기계는 또 그 목적에 맞게 사용함으로써 둘 사이의 평화로운 관계에 도달할 수 있다. 앞 장에서 여러 차례 말했듯이, 기술은 우리의 인간성을 향상시킬 때만 의미가 있다.

다시 말해서, 인간의 존재 목적과 '인간성 향상'이라는 기계 본연의 목적에 상충되는 기술들을 우리가 발전시켜야 하는가를 물어야 하는 것이다. 예를 들어보자. 두뇌인터넷이 우리의 뇌를 다른 사람의 뇌와 연결하고 초지능 기계와 연결하면 우리의 자유의지와 사생활은 심각한 피해를 입을 수 있다. 그렇다면 두뇌인터넷은 기계의 목적에 맞게 개발되는 것인가? 나는 솔직히 잘 모르겠다.

기술과 공존하는 방법

해독하고, 폭로하고, 분해하라.

2015년 나는 스위스 제네바에서 열린 차세대 글로벌리더 회의에 처음으로 참석했다. 세계경제포럼에서 선출된 수백 명의 차세대 글로벌리더와 함께하는 회의였다. '차세대 글로벌리더'란 기업 CEO, 자수성가한 사업가, 사회·학계·정치 지도자를 비롯해 전 세계에서 뛰어난 성과를 올린 젊은 전문가와 리더를 일컫는다. 회의실에 들어서는 순간부터 열정과 지성, 넘쳐나는 에너지를 느낄 수 있었다.

회의는 짧은 영상으로 시작되었다. 그 영상은 빈곤과 환경 등 여러 가지 글로벌 문제의 역사적인 추세로 시작되었다. 몇백 년 전에 비해 빈곤이 급격하게 감소했음을 보여주면서, 젊은 글로벌리더인 우리가 협력해서 모든 글로벌 과제를 더 빨리 해결하자고 독려하는 내용이었다. 회의실의 많은 사람들은 감동해서 대단히 열광적으로 웃으며 박수를 쳤다. 그러나 나는 웃을 수가 없었다. '세상의 모든 문제를 영향력이 큰 엘리트층과 기술이 해결할 수 있다고?' 그런 의문이 들었다.

다음 날 몇몇 동료와 함께 제네바의 여러 곳을 견학했다. 목적지 중 한 곳인 종교개혁가 장 칼뱅Jean Calvin의 집에서 기독교 목사, 가톨릭 신부, 불교 승려와 무신론자 등 네 명의 종교 지도자와 함께 종교 및 사회에 관한 흥미로운 토론을 벌였다. 우리 그룹 사람들 가운데 자국에서 장관급 정부 관리인 사람이 그 집에서 나오며 나에게 말했다. "우리는 곧 어떤 다른 신과 종교도 필요하지 않을 겁니다. 기술이라는 하나의 신을 갖게 될 테니까요. 기술이 우리가 가진 모든 질문에 대답할 겁니다." '오, 정말 그렇게 생각하세요?' 나는 속으로 물었다.

통계학 교육을 받은 나는 항상 나에게 제시된 소위 '사실'에 관해 의심과 질문이 있다. 이렇게 지적 수준이 높은 리더들이 어떻게 우리가 만든 기술이 우리의 문제를 해결할 수 있다고 맹목적으로 믿을 수 있는지 신기했고, 오히려 궁금해지기 시작했다. 우리는 거의 맹신하듯 기술을 숭배하고 있는 것은 아닐까?

2018년 여름 세계경제포럼에서 기술윤리학 분야의 석학 웬들 발라흐Wendell Wallach 예일대학교 교수와 '애자일 윤리학'*을 주제로 이야기를 나눴다. 그것은 세계경제포럼에서 진행한 회의 제목이었는데, 우리 둘은 그 제목이 마음에 들지 않았다. 빠르게 반응하고 시시각각 변화하는 윤리학이 윤리적 기준으로 쓰일 수 있을까?

어쨌든 회의가 끝난 후에는 커피를 마시며 오랫동안 담소를 나눴다. 정말 재미있었다. 이렇게 뛰어난 석학과 나누는 대화는 언제나 즐겁다. 그는 대화를 마친 뒤 공항으로 떠나면서 자신의 책《위험한 주인A Dangerous Master》[6]을 건네주었다. "마지막으로 한 권이 남았는데, 누가 이 책의 주인이 될지 궁금했어요. 당신인 것 같네요." 그는 나를 따뜻하게 안아준 뒤에 떠났다. 달콤한 사탕처럼 기분 좋은 만남이었다. 하지만 그의 책을 읽을 때는 쓰디쓴 약을 먹는 듯한 기분이 들었다. 책은 우리가 직면하게 될 불편한 현실을 담고 있었다.

웬들은 우리 사회가 이미 기술을 '위험한 주인'으로 취급해왔다고 정확하게 지적했다. "모든 인간의 문제가 기술적으로 곧 해결될 거라는 주장은 위험할 정도로 순진하게 들린다. (……) 나는 혁신적인 기술의 발전과 활용에 있어서 보다 신중하고 책임감 있고 조심스러운 과정이 필요하다고 주장했다. 사회적 영향력이 광범위하고 불확실한 기술을 무신경하게 수용하는 태도는 문화가 길

---

* 애자일 윤리학Agile Ethics: '신속한 윤리학'이라는 뜻으로, 빠르게 윤리적 과제를 식별하고 관리하기 위한 방법론을 연구하는 학문이다. 2000년대 무렵 소프트웨어 업계에서는 '애자일 방법을 쓰면 뭐든지 해결된다'고 했다.

을 잃었다는 징후다. 기술 수용은 기본적인 인간의 안전을 확보하고 폭넓은 공유 가치를 뒷받침하는 책임감 있는 수단이 되도록 가속화 속도를 늦춰야 한다. 하지만 기술 발전의 속도가 늦춰질 때는 대가가 따를 것이다. 우리는 힘든 선택을 해야 한다."

나는 나중에야 '어떻게 우리는 거의 맹신하듯 기술을 숭배할 수 있을까?'라는 질문이 잘못되었다는 사실을 깨달았다. 우리가 기술을 위험한 주인으로 숭배하는 이유가 단지 우리가 순진하기 때문만이 아니라는 걸 깨달았다. 항상 그렇듯, 모든 사람은 자기만의 어젠다가 있다. 그리고 기술 발전과 성장에 주력하는 데는 경제적 논리가 있다.

존 마코프는 《은혜로운 기계》[7]에서 그 점을 자세히 설명했다. "기계는 인간을 대신할까? 아니면 증강시킬까? 사실 둘 다 가능하며, 우리의 선택에 달린 문제다. 우리 사회에서는 경제 논리에 따라, 기계로 더 싸게 업무를 수행할 수 있으면 대부분의 경우 인간을 기계로 대체할 것이다. 이는 만약의 문제가 아니고 언제인지의 문제일 뿐이다. (······) 오늘날에는 주로 수익성과 효율성을 토대로 기술 구현에 대한 결정을 내리지만, 새로운 윤리적 계산이 분명히 필요하다."

웬들은 우리에게 도전적인 질문을 던졌다. 우리에게 과연 기술 발전의 속도를 늦출 용기가 있을까? 코로나19 이후 급격하게 추진된 디지털화와 기술 발전을 늦출 경우 발생할 많은 비용을 고려하면, 안타깝지만 현실적으로는 리더와 의사결정권자들이 기술이라는 위험한 주인의 제단을 스스로 무너뜨릴 가능성을 기대하기란 몹시 어려울 것이다.

이제 우리에게 남아 있는 선택은 많지 않다. 그중 하나가 교육이라는 것은 의심할 여지가 없다. 우리는 디지털 시민으로서 기술을 신격화하지 않고 레고처럼 분해해서 이해하는 법을 아는 것이 매우 중요하다. 2020년 5월 나는 사우디아라비아 정부가 주최한 '디지털 역량의 미래The Future of Digital Skills'에 관한 화상 워크숍에서 연설했다. 회의가 끝날 무렵, 다가오는 AI 시대를 준비하는 청년과 전문가들에게 마지막으로 조언을 해달라는 부탁을 받았다. 나는 청중들에게 말했다.

"AI를 신격화하지 말고 레고처럼 분해해서 이해할 줄 알아야 합니다. 그게 바로 디지털 역량의 기본입니다."

누군가 기술이 가져올 장밋빛 미래를 이야기한다면, 꼭 "정말?", "어떻게?", "왜?"라고 물어보기 바란다. 기술의 약속을 맹목적으로 받아들이지 말라. 인간이 만든 모든 창조물에는 가치와 과제를 비롯한 창조자의 이미지가 들어 있다. 각각의 기술 발전에 숨겨진 의도를 찾아내라. 해독하고 폭로하고 분해하라. 기술을 각각 하나의 완성된 레고 블록 세트라고 생각하라. 완성된 레고를 하나씩 분해한 후에는 블록마다 어떤 의미가 있는지 찾아보라. 그러면 자신이 원하는 대로 레고를 새롭게 디자인할 수 있다.

나는 이론물리학자 리처드 파인먼Richard Feynman의 말을 좋아
한다. "내가 만들 수 없는 건 이해가 되지 않는다." 기술은 은혜로
운 신이라도 되는 양 우리에게 부유하고 유명하게 만들어주겠다는
달콤한 약속을 남발한다. 기술을 제대로 이해하지 못하면 그 헛된
말들을 맹목적으로 믿게 된다. 어쩌면 당신은 곧 기술의 제단 앞에
무릎을 꿇고 기술이라는 위험한 주인을 섬기게 될지도 모른다.

기계보다 더 똑똑해져야 할까?

기계가 얼마나 똑똑해질지가 중요한 것이 아니다.
인간이 생각하는 능력을 잃고 있는지가 더 중요하다.

기계에게 자의식과 자율성이 생겼을 때 인간은 여전히 기계의 주인으로 행세할 수 있을까?

인간 대 기계, 누가 주인이 되고 누가 노예가 될까? 앞서 이야기했듯이, 이 문제가 누가 더 저비용으로 업무효율성과 생산성을 낼 것인가를 뜻한다면, 잘못된 질문이다. 대답은 전혀 놀랍지 않다. 당연히 기계가 이길 가능성이 높다.

거꾸로 물어보자. 기계의 노예가 된다는 것은 무슨 의미일까?

개인이 일상을 살아가기 위해 정신적·육체적·사회적으로 기계에 의존하는 상태에서부터 시작된다고 상상할 수 있다. 현재 많은 사람들은 이미 휴대폰 없이 일상생활을 할 수가 없다. 또한 우리는 이미 비디오 게임이나 시리 같은 컴퓨터 지원 시스템에서 인간과 비슷한 기계와 점점 더 많이 상호작용하고 있다.

노예 상태가 더 진행된 형태가 아마도 기술 중독일 것이다. 아이들의 게임 중독이 그 예라고 할 수 있다. 공식적으로는 '게임 이용 장애gaming disorder'라고 부르며, 2019년 세계보건기구WHO가 정신질환으로 인정했다.[8] 2020년 아동온라인안전지수 연구에 의하면, 우리 아이들 중 약 10퍼센트가 게임 이용 장애에 빠질 위험에 놓여 있다.[9] 특히 코로나19로 아동과 청소년이 화면을 들여다보는 '스크린 타임'이 급증하면서 게임, 소셜미디어, 휴대폰에 빠지는 중독 위험이 급격하게 증가했다. 전 세계에서 4~15세 아이들이 쓰는 수만 대의 기기 사용을 추적하는 업체 쿼스토디오Qustodio에 따르면, 2020년 5월까지 아이들의 스크린 타임이 전년 대비 두 배로 증가했다.[10]

이보다 더 심각한 노예 형태는 사람들이 기계가 정해주는 것 외에는 선택할 수 없게 되는 것이다. 마이크로소프트의 CEO 사티아 나델라는 "인터넷이 출현할 때쯤 태어난 많은 디지털 세대 가운데 특히 밀레니얼 세대는 온라인에서 익명으로 이야기하기 때문에 디지털 친구와 가장 사적인 생각과 감정을 편하게 나누고 있다"고 말했다.[11] 많은 전문가들도 다음 세대는 그들이 뭘 해야 할지를 알려주는 인공지능에 익숙해지고 점점 더 의지하게 되어, 인공지능에게 결정을 맡기려고 의사결정의 책임과 권한을 기꺼이 포기할 거라고 예상한다.

기계가 당신의 선호도와 식습관 데이터를 기반으로 오늘 점심은 어디에서 뭘 먹을지 선택한다고 상상해보라. 기술이 당신의 가정환경과 성격 데이터를 기반으로 데이트할 파트너를 고르고, 예측 알고리즘을 기반으로 언제 그 사람과 헤어질지 알려줄 수도 있다. 심지어 그 사람과 결혼할 당신의 미래 행복과 성공의 가능성을 계산해서 알려준다고 상상해보라.

우리는 현대식 개인용 컴퓨터PC를 최초로 개발한 앨런 케이Alan Kay의 경고에 주목할 필요가 있다. 그에 따르면, 인간과 기계의 관계는 로마 시민들과 그리스 출신 노예들의 관계에서 유추해볼 수 있다.[12] 로마 시민들은 그리스 출신 노예들에게 자신들이 당면한 문제들을 대신 해결하게 하고 대신 생각하게 하여, 오래지 않아 그들 스스로 생각할 수 있는 능력을 상실했다. 이는 곧 로마의 몰락을 초래했다.

기술 노예의 마지막 형태는 사람들이 스스로 생각하는 능력과 자유의지를 잃고 다른 사람이나 조직의 통제와 감시를 받는 것이다. 조지 오웰George Orwell의 소설 《1984》[13]에서 그려지는 통제와 감시는 철저한 디지털 감시 능력이 완전히 개발된 후 벌어질 수 있는 상황에 비하면 우스갯소리에 불과하다.

나는 인간과 기계 중 누가 '주인'이 되고 누가 '노예'가 될 것인지에 대한 정말 중요한 질문은 기계가 인간보다 초지능적이고 자율화될 수 있느냐가 아니라고 생각한다. 오히려 우리는 인간이 스스로 생각하는 능력을 잃고 있는 것은 아닌지를 물어야 한다. 인간이 기술의 주인이 된다는 것은 인간이 기계보다 똑똑한가의 문제가 아니다. 인간이 스스로 독립적으로 생각하고, 인권을 지키며 자신의 삶을 통제하고, 자유의지로 결정할 능력이 있는가의 문제다.

"기술을 분해하고 이해하라.
그러면 우리가 원하는 대로
디자인할 수 있다."

이 장에서는
우리가 이미 노예화 과정에 들어선 건 아닌지를
우리 자신에게 묻고 싶다.

3장에서 이야기했듯이, 우리의 공상을 뛰어넘어
스스로 생각까지 하게 된 기계에 관한 질문이 아니다.

자의적으로든 타의적으로든 사고 능력과 인권, 자유의지를
포기하고 있는 우리의 반응에 관한 질문이다.

만약 현재의 기술 생태계가
인간의 역량과 자율권을 강화하기보다
인간을 기술의 노예로 만드는 과정을 가속화한다면
어떻게 될지에 관해 이야기해보고 싶다.

4장

노예화 과정

우리는 어디로 이동하고 있는가?

'유대인은 아리안 게르만족보다 열등하다.'

vs. '인간은 머지않아 기계보다 열등해질 것이다.'

2013년 겨울 사이버-보안 R&D센터와 협력 가능성을 논의하기 위해 처음으로 이스라엘에 갔을 때 예루살렘의 홀로코스트 박물관 '야드 바셈Yad Vashem'[1]을 방문할 기회가 생겼다. 모셰 사프디Moshe Safdie가 만든 이 박물관은 사람들에게 그곳의 이야기를 직접 전할 수 있는 독특한 건물이다. 그 안에 담겨 있는 이야기를 전달하는 데 어떤 안내인도 필요하지 않다.

박물관은 연대순으로 전시해 방문자들에게 단순하면서도 강렬한 방식으로 이야기를 전달하고 있었다. 그곳에 있으면 마치 자기 이야기처럼 박물관이 보여주는 이야기를 그냥 느끼고 경험할 수 있다. 나는 모퉁이를 돌 때마다 당시 독일에 살았던 유대인 소녀라

디지털 플랫폼의 비즈니스 모델에 있는 세 가지 구조적 문제

① 개인정보의 상품화 ② 관심 경제 ③ 연결의 중앙집중화
비즈니스 모델의 이 세 가지 구조적인 문제 뒤에 있는 내장된 시스템 알고리즘과
비즈니스 메커니즘은 불가피하게 인플루션과 디지털 위험을 일으키고 있으며,
인간의 노예화 과정을 가속화할 수 있다.

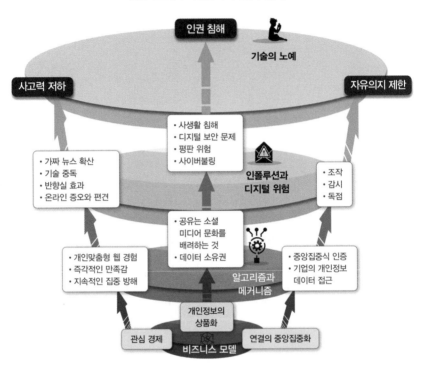

도 된 듯 다음에 펼쳐질 내 이야기를 만날 것만 같았다.

아돌프 히틀러Adolf Hitler라는 새로운 정치 지도자가 등장했다
는 뉴스를 읽는다. 초창기 히틀러의 유대인에 대한 혐오 발언이 강
력한 설득력을 얻는 모습을 보면서 나는 의아해한다. 상식이 있는

인간이라면 도대체 어떻게 저런 말도 안 되는 증오와 심한 편견을 믿을 수 있을까? 하지만 주요 언론이 히틀러의 선전을 퍼뜨리기 시작한다. 학자들은 학술적인 연구를 통해 히틀러를 지지하고 그의 주장을 정당화한다. 히틀러가 전국적인 운동을 벌여 유대인들에게 낙인을 찍은 지 얼마 지나지 않아 유대인에 대한 편견이 국가 정책과 법적 규제의 기초가 되는 과정을 본다.

곧이어 히틀러의 정치권력이 더 이상 독일에 국한되지 않고 유럽 전 지역으로 확산된다. 유대인, 집시, 다른 소수민족을 '바람직하지 않은' 사람들로 분류해 처음에는 차별했고, 다음에는 배척했고, 그다음에는 대량학살했다. 이 모든 일이 마치 작은 소리로 시작해 천천히 점점 커지다가 마침내 최고조에 이르는 매우 드라마틱한 음악을 듣는 것처럼 펼쳐졌다.

처음 몇 섹션을 걸어가는 동안에는 히틀러가 얼마나 악랄하고도 영리하며 교활한 전략가인지 새삼 놀라웠다. 유리 바닥에 놓인 의자에 앉았을 때는 몸이 떨렸다. 그 유리 밑으로 홀로코스트에서 죽은 사람들의 신발이 잔뜩 쌓여 있었다.

야드 바셈의 전시는 홀로코스트에서 살아남은 사람들의 증언을 보여주었다. 생존자들은 게토*에서 나가 홀로코스트 수용소로 이동하라는 말을 들었을 때조차 자신들이 대량학살에 처해질 운명

---

*   게토Ghetto: 유대인 거주 지역.

이라는 사실을 믿지 않았다. 그러나 히틀러의 계획은 순조롭게 하나씩 차근차근 실행되었다. 아주 은밀하게.

흥미롭게도 나는 특이점이론과 히틀러의 홀로코스트 전략 사이에서 몇 가지 비슷한 점을 발견했다.

홀로코스트	특이점이론
유대인은 아리안 게르만족보다 열등하다.	인간은 머지않아 기계보다 열등해질 것이다.
나치 전체주의.	디지털 감시 통제 사회.
'바람직하지 않은' 개인의 생명을 이용해서 전쟁을 위한 의학, 과학, 기술 발전을 강력히 추진.	코로나19로 인해 인간관계가 '바람직하지 않은' 것으로 여겨지는 동안 AI와 다른 기술 발전을 강력하게 추진.

이런 비교는 너무 극단적으로 보일지도 모르겠다. 부디 오해하지 말길 바란다. 구글, 애플, 페이스북, 아마존을 '오늘날의 히틀러'라고 말하는 것이 아니다. 과학자와 기술자들이 인류를 멸망시킬 흉계를 꾸미고 있다고 말하는 것은 더더욱 아니다. 하지만 우리는 과거로부터 배우고, 스스로를 성찰하고, 비판적인 시각으로 기술 발전의 추이를 지켜볼 필요가 있다.

정치철학자 한나 아렌트Hannah Arendt는《예루살렘의 아이히만 Eichmann in Jerusalem》에서 기술에 관해 우려를 표명했다.[2] "자동화 기기로 인해 노동 인구가 남아돌고, 핵의 위험은 너무도 거대해

져서 이제 히틀러의 가스실 같은 건 못된 아이가 만지작거리는 장난감처럼 느껴질 정도다. 첨단기기의 발명이 최근의 폭발적인 인구 증가와 동시에 일어나면 우리는 무서워서 벌벌 떨 수밖에 없다." 아렌트는 세계에서 가장 나쁜 악을 저지를 수 있는 사람은 어떤 특정한 동기나 신념을 가진, 또는 사악한 악마 같은 사람이 아니라, 옳은지 그른지 생각하지 않고 주어진 명령을 그냥 따르는 사람이라고 말했다.

나는 야드 바셈 박물관 안을 걸어다니면서 홀로코스트 생존자들이 자기네 집에서 게토로 옮겨지고 홀로코스트 수용소로 이송되었는데도 자신들이 죽을 거라는 예상을 하지 못했다는 증언에 상당히 놀랐다. 우리도 은연중에, 어떤 일이 일어나고 있는지도 모른 채 하나의 단계에서 다른 단계를 거쳐 특이점으로 이동하고 있는 것은 아닐까?

기술은 인간을 더욱 자유롭고 풍요롭게 하는가?

사람의 데이터는 석유이고, 사람의 마음은 전쟁터다.
이 전쟁터에서는 아바의 노랫말처럼 승자가 전부 독차지한다.

월드와이드웹www을 창시한 팀 버너스 리Tim Berners-Lee는 2018년 8월 〈배니티페어Vanity Fair〉와의 인터뷰에서 "엄청난 충격을 받았다"고 말했다.[3] 그는 원래 개인에게 정보와 통신수단을 통제할 수 있는 능력과 권한을 줌으로써 민주주의의 급진적인 도구로 사용하기 위해 인터넷을 만들었다. 모두를 위한 개방적이고 민주적인 플랫폼으로 만들기 위해 소스 코드를 무료로 공개했다. 하지만 그는 페이스북, 구글, 아마존 같은 대기업이 자신의 발명품을 장악해서 가짜 뉴스, 조작, 감시가 점점 더 넘쳐나는 모습을 보기가 괴로웠다고 토로했다.

2016년 미국 대선에 개입한 러시아의 해커와 페이스북이 도널드 트럼프의 선거캠프에서 일한 영국 정치컨설팅 업체 케임브리지 애널리티카와 800만 명 이상의 사용자 데이터를 공유한 예로 그의 좌절감을 이해할 수 있다.

개인정보의 상품화

나는 팀의 의견에 동감한다. 기본적으로 '데이터는 새로운 석유'라는 표현이 문제라고 생각한다. 우리는 그 안에 내포된 의미가 얼마나 위험할 수 있는지 생각하지도 않고 이 말을 너무 자주 쓴다.

석유는 땅에서 채굴한다. 그 땅의 소유권은 토지 주인이나 국가에 있다. 석유는 소유자의 번영과 경제적 성장을 위한 상품이자 재산이며 자원임이 분명하다. 하지만 데이터는 사람에게서 가져온다. 사람의 데이터 소유권은 그 사람에게 있다. 무엇보다도 중요한 건 개인정보가 기본 인권인 '사생활privacy'에 필수 요소라는 것이다. 사생활은 개인의 자율성과 존엄성의 보호에 반드시 필요하며, 다른 많은 인권을 이루는 토대가 된다.

간단히 말해서, 기본적으로 개인정보는 석유처럼 단지 재산이나 자원 또는 상품으로 취급되어서는 안 된다. 여러분과 나, 어느 누구도 어떤 회사가 우리 삶에 빨대를 꽂고 우리 동의도 없이 개인정보를 뽑아가며 침입할 수 있는 땅덩어리처럼 취급해서는 안 된다.

안타깝게도 현실은 그렇지 않다. 개인정보는 오늘날의 디지털 경제에서 자산이자 가장 가치 있는 상품이 되고 있다. 온라인 플랫폼 비즈니스의 주요 수입원은 우리의 개인정보를 바탕으로 한 타깃 광고와 개인맞춤형 서비스다. 더욱이 개인정보는 국가 및 범국가적인 AI 개발에 가장 중요한 연구 자원이 되고 있다.

IT 기업은 플랫폼과 디지털 문화를 교묘하게 설계해서 사용자가 자발적으로 부지불식간에 자신의 개인정보를 제공하게 만든다. 그리고 그렇게 공유된 정보의 소유권은 개인이 아니라 그 기업이 갖게 된다. 대부분의 사용자는 그 기업의 복잡한 개인정보 보호 계약 및 이용 약관에 무턱대고 동의하는데, 대부분 어떤 내용에 동의하는지도 모른다.

"공유는 배려다Sharing is caring." 페이스북이 사용자에게 개인정보를 더 많이 공유하도록 독려하기 위해 만든 영리한 캐치프레이즈다. 이런 디지털 문화와 플랫폼 메커니즘이 사용자들을 사생활 침해 위험과 다양한 디지털 안전 및 보안 위험에 빠뜨리고 있다.

관심 경제

데이터가 새로 발견한 값비싼 석유처럼 여겨지자, 사람들의 마음은 기술 기업이 각축전을 벌이는 치열한 전쟁터가 되었다. 와일드 와이드 웨스트*가 따로 없다. 누구든 먼저 도착해 사람들의 마음에서 데이터(석유)를 파내는 이가 이 전쟁에서 승리한다. 관심 경제attention economy는 이런 전쟁을 통해 눈부시게 탄생했다.

구글, 네이버, 카카오 등 디지털 기술을 기반으로 하는 ICT 기업들은 세계에서 가장 똑똑한 사람들을 고용해 뛰어난 알고리즘과 시스템 메커니즘을 개발해냈다. 그들은 가장 효과적으로 사람들의 관심을 끌어 자기네 플랫폼에 더 오래 머물도록 할 수 있다. 그들은 우리의 관심을 받는 대신 무료로 뉴스, 정보, 오락물 등 개인에게 가장 잘 맞는 콘텐츠를 제공한다. 그들은 우리를 매우 잘 알아서 개인의 취향을 정확히 겨냥한 콘텐츠를 추천한다. 신문 기사, 게임, 동영상 등 우리가 클릭하기를 자기들이 바라는 건 뭐든지 계속해서 클릭하게 만든다.

ICT 기업들은 아주 영리하게도 사람의 감정을 자극하는 계기와 (비틀스의 그 유명한 노래 제목이 말하듯) '아이-미-마인I-Me-Mine'[4]의 자아도취적인 행동을 목표로 삼는다. 그들은 포모 증후군**을 유발해, '삐~' 소리와 알람으로 끊임없이 '좋아요'를 누르는 패턴을 우리 뇌에 주입하는 법을 알고 있다. 그런 관심 유발 장치는 특히 아

---

* 와일드 와이드 웨이트Wild Wide West: 인터넷을 뜻하는 '월드와이드웹World Wide Web'과 미국 개척 시대의 거칠고 황량한 서부를 지칭하는 '와일드 웨스트Wild West'를 합친 말.

** 포모Fear Of Missing Out, FOMO 증후군: 자기만 뒤처지거나 소외된 듯 두려움을 느끼는 증상.

이들에게 잘 먹힌다.

우리 집에서도 유명한 '파블로프의 개' 실험[5]이 일어났다. 종이 울리면 '식사시간'이라는 뜻으로 인식해서 침을 흘리는 개의 뇌처럼, 우리 아들은 '삐~' 소리가 들리면 정해진 시간에 새 아이템을 얻기 위해서 그냥 확인만 하려고 매일 게임 사이트에 접속한다. 나는 아들에게 "네가 그렇게 좋아하는 게임 회사는 널 개와 별로 다르지 않게 취급하는 거야"라며 농담 아닌 농담을 했다.

기술 플랫폼 업체가 사람들을 더 오래 서비스에 머물도록 하려고 즉각적인 만족감과 개인화 기술을 결합해서 다양한 게임화 기술을 활용하면, 사람들은 계속해서 클릭하는 행태에서 벗어날 수가 없다. 더구나 어릴 때부터 그렇게 빠른 인식과 보상과 감각에 익숙해지면, 아이들은 다른 곳에서, 특히 현실 세계에서 그런 즐거움을 찾기가 힘들어진다.

문제는 '아이-미-마인'에 빠지도록 설계된 이런 개인화된 디지털 경험은 개인에게 매우 편리할 순 있어도, 이것이 반드시 건강한 디지털 환경을 조성하지는 못한다는 것이다. 플랫폼은 개인화된 콘텐츠 추천을 통해 끊임없이 사용자의 관심을 끄는 데 성공하는데, 그로 인해서 사용자는 거품이 낀 정보의 함정에 자주 빠지게 된다. 진실은 반드시 고려해야 할 부분이 아니다. 가짜 뉴스가 급증하기에 좋은 환경인 것이다.

2018년 매사추세츠공과대학교MIT의 연구에 의하면, 가짜 뉴스는 주로 감정을 더 강하게 자극하고, 트위터에서 사실보다 여섯 배나 빠르게 퍼진다.[6] 단지 트위터만의 문제는 아니라고 생각한다. 이 결과는 대부분의 소셜미디어 플랫폼에 적용할 수 있다. 연구를 주도한 MIT의 데이터과학자 소루시 보수기Soroush Vosoughi는 이렇게 말했다. "(우리 연구에서) 가짜 정보가 진짜 정보를 능가하는 것이 단지 봇* 때문만은 아니라는 점은 매우 분명한 것 같다. 뭔가 인간의 본성과 관계가 있을지도 모른다. 우리는 21세기의 정보 생태계를 다시 설계해야 한다."[7]

더 슬픈 소식은, 그런 거짓 정보나 잘못된 정보가 흔히 조작, 폭력, 증오를 통해 특정 안건을 고취하려는 소셜미디어 기반의 정치 운동과 관련이 있다는 점이다. 오늘날 디지털 세계에서는 어디에서 '신뢰'를 찾을 수 있을까? 이런 디지털 경험들은 진짜 정보와 가짜 정보를 가려내는 우리의 비판적 사고력을 저하시킬 수 있다.

연결의 중앙집중화

사람의 데이터는 석유이고, 사람의 마음은 전쟁터다. 그리고 이 전쟁터에서는 스웨덴의 팝그룹 아바ABBA의 노래 제목 〈The Winner Takes it All〉[8]처럼 승자가 전부 독차지한다. 그렇지 않더

---

* 봇bot: 특정 작업을 반복 수행하도록 설정된 프로그램.

라도 승자가 대부분을 가져간다.

네트워크 효과와 규모의 경제로 인해 구글, 페이스북, 아마존과 몇몇 다른 ICT 기업이 글로벌 인터넷 생태계를 독점하고, 데이터 흐름을 중앙집권화하고, 사용자의 인터넷 경험을 처음부터 끝까지 관장한다. 그렇다면 무엇이 문제일까? 몇몇 ICT 대기업과 일부 강력한 정부가 정보를 중앙집권화하면 '적어도 이론상' 대규모 조작과 더 많은 시민 감시가 가능할 수 있다. 하지만 이론상으로만 그럴까?

예를 들어보자. 2012년 페이스북은 약 70만 명의 사용자를 대상으로 비밀리에 실험을 했다.[9] 구글과 아마존은 인간의 목소리에 담긴 기분 변화와 감정에 귀 기울일 수 있도록 설계한 장치의 특허를 출원했다.[10] 많은 사람들이 이미 우려를 표명하면서, 이들 기업에 의한 잠재적인 디지털 감시 및 조작에 항의했다.

요약하자면, 이들 ICT 기업의 세 가지 요소인 '개인정보의 상품화', '관심 경제', '연결의 중앙집중화'는 이들을 거대 기업으로 만든 성공적인 비즈니스 모델이다. 똑똑하고 성공한 게 잘못일까? 이들 기업은 그저 이기는 법을 아는 것뿐일지도 모른다. 하지만 이들의 명백하고 잠재적이면서 부정적인 부작용이 너무나 커서 못 본 척 넘어갈 수가 없다.

내가 보기에 가장 큰 문제는, 디지털 플랫폼 비즈니스와 데이터 거래 배후에 있는 이런 메커니즘과 역학관계가 눈에 보이지 않기 때문에, 대부분의 사람들이 디지털 세계에서 무슨 일이 일어나는지 제대로 이해하고 실제로 상상하기 힘들다는 것이다. 하지만 디지털 세계는 공기처럼 우리의 일상생활에 깊숙이 파고들었으며, 이런 보이지 않는 비즈니스 모델이 우리가 정보를 얻는 방법, 상호작용하는 방법, 결정하는 방법을 바꿨다.

현실에서 눈에 띄는 디지털 위험은 심각한 게임 중독에 빠진 아동, 사이버불링을 당한 후 자살한 청소년, 가짜 뉴스로 야기된 팽팽한 정치적 긴장 등이다. 이런 위험들은 그저 보이지 않는 비즈니스 모델로 인해 나타난 증상이라고 할 수 있다. 그리고 근본 원인을 해결하지 않으면 이런 증상을 고칠 수가 없다.

국제회의를 비롯해 다양한 곳에서 강연할 때 많은 ICT 대기업 종사자들이 나에게 말을 걸었다. 그들은 주로 정부 관계 활동이나 기업의 사회적 책임CSR 노력을 통해, 가짜 뉴스나 사용자의 사생활 침해 등의 디지털 위험에 맞서 싸워왔다. 그들은 진심으로 사용자들을 생각하는, 헌신적이고 훌륭한 '개인'들이었다. 그중 많은 이들이 사용자에게 디지털 리터러시를 가르칠 수 있는 가장 효과적인 방법이 무엇인지 물었다. 그런 교육을 받은 사용자들은 스스로 디지털 위험을 피하고, 긍정적이며 서로 존중하는 디지털 문화를 만들 수 있을 테니까 말이다.

내 대답은 늘 똑같았다. 디지털 세계에서 사람들에게 더 책임감 있는 디지털 시민의식을 갖게 하고, 디지털 역량을 키워주는 훌륭한 교육과 봉사활동은 많다. 이런 교육과 봉사는 물론 매우 중요하다. 하지만 우리는 거기서 멈추지 말아야 한다. 플랫폼 업체가 적극적으로 비즈니스 모델과 시스템 알고리즘에서 윤리적 원칙과 안전한 설계를 실행하지 않는다면, 디지털 위험과 인폴루션은 줄일 수 없을 것이다.

이런 식으로 인간의 노예화가 더 가속화되면 사람들의 자유의지가 저하되고, 인권이 통제되며, 사고력이 떨어질 것이다. 다음 장에서 이에 대해 더 자세히 알아보고자 한다.

개인정보는 누구의 것인가?

당신의 마이크가 당신의 대화를 엿듣고 있는 것은 아닌지

생각하게 하는 광고를 본 적이 있는가?

— 데이비드 캐럴

2010년 '사생활은 끝났다'고 자랑스럽게 주장한 페이스북 CEO 마크 저커버그Mark Zuckerberg에 관한 신문 기사를 읽고 충격을 받았다.[11] 뭐라고? 어떻게 미국의 한 기업가가 우리의 기본 인권이 끝났다고 주장할 수 있지? 누가 저커버그에게 그런 막강한 힘을 주었을까? 2015년 아시아 리더십회의 기간에 열린 만찬 행사에서 우연히 한 젊은 스타트업 창업자 옆에 앉았다. 도쿄에서 모바일 광고 기업을 세워 30대에 부자가 된 유명인이었다. 그는 자기 기업이 수백만 명의 휴대폰 사용자에 대한 데이터 포인트*와 상세한 개

---

*   데이터 포인트Data Point: 데이터의 개별 단위로, 디지털에 저장된 하나의 정보를 가리킨다.

인정보를 보유하고 있다고 거리낌 없이 자랑했다.

나는 그에게 기업이 휴대폰 사용자의 개인정보에 접근해서 이용하기 전에 사용자의 동의를 얻었는지 물었다. 그에 의하면, 대부분의 사람들은 그 기업이 자신들의 데이터를 사용하는지를 알지 못할 뿐만 아니라, 정보를 가져가는지조차 모른다고 한다. 어쨌든 사용자가 그 기업에서 설치한 앱을 쓰기 시작했을 때 개인정보 보호 정책에 동의했기 때문에, 회사는 법적으로 책임이 없다고 그는 말했다. 나는 그 창업자의 무감각한 태도에 또 한 번 놀랐다.

저커버그뿐만이 아니었다. 또한 이 젊은 창업자만 그런 것도 아니었다. 그 무렵 많은 소셜미디어 기업은 개발자들이 사용자나 그들의 친구들도 모르게 접근하거나 명시적인 동의를 받지 않은 채 사용자의 정보뿐만 아니라 그 친구들의 정보에도 접근하도록 방치했다. 케임브리지 애널리티카 CEO가 자신의 기업이 모든 미국 유권자에 대한 데이터 포인트를 5천만 개 이상 갖고 있다고 자랑한 건 허세가 아니었다.[12]

나는 케임브리지 애널리티카 스캔들이 터졌을 때 전혀 놀라지 않았다.[13] 그 기업은 수백만 명의 페이스북 사용자로부터 데이터를 가져갔다. 그 데이터를 이용해 소셜미디어의 잘못된 정보나 조작에 취약하며 쉽게 영향을 받는 유권자들을 움직였고, 2016년 미국 대선에서 트럼프를 당선시키고 영국의 브렉시트 결의안을 통과시켰다.

2019년 나는 케임브리지 애널리티카 논란을 일으킨 내부 고발자 브리트니 카이저를 만났다. 브리트니는 대단한 여성이다. 우리 국제사회는 그녀에게 큰 빚을 졌다. 그녀 덕분에 전 세계는 현재의 소셜미디어와 ICT 기업과 관련 회사들이 어떻게 고의로 또는 미필적 고의로 시민들의 행동을 조작하고, 우리를 통제하고, 데이터 추적과 인간 심리를 이용한 '무기 수준'의 기술로 민주주의 선거에 영향을 미쳤는지 알게 되었다.

미국 월간 잡지 〈와이어드Wired〉는 브리트니가 케임브리지 애널리티카에서 자신들의 구매 유도 방식을 장점으로 내세웠을 때 깜짝 놀랐다고 보도했다. 이 회사는 트리니다드토바고에서 어떻게 인종에 따라 투표율을 억제했는지 자랑했다. 그들은 바이럴viral 청년 운동을 조직해 활용했는데, 참여하는 사람들과 외부인들에게는 마치 풀뿌리 민주주의 운동인 것처럼 보이게 했다. 그것은 특정한 선거 결과를 얻기 위해서 기존의 인종갈등을 이용하려는 분명한 의도로 치밀하게 계획된 소셜미디어 허위 정보 캠페인이었다.[14]

넷플릭스의 다큐멘터리 〈거대한 해킹〉[15]은 데이비드 캐럴David Carroll 교수의 내레이션으로 시작한다. "당신의 마이크가 당신의 대화를 엿듣고 있는 것은 아닌지 생각하게 하는 광고를 본 적이 있습니까? 당신의 신용카드 사용, 인터넷 검색, 위치 찾기, '좋아요' 누르기 등 모든 온라인상의 상호작용을 연간 1조 달러 산업에서 실시간으로 수집하고 있습니다." 데이비드와 브리트니의 용감한 여정은 그 다큐멘터리에 잘 기록되어 있다. 아직 보지 못했다면 꼭 보기를 추천한다.

이 다큐멘터리에서 캐럴 교수는 케임브리지 애널리티카의 모회사인 SCL그룹에 자신의 개인정보를 요구한다.[16] 그는 여러 소송을 벌인 뒤에야 개인정보에 대한 엑셀 파일을 받아낼 수 있었다. 그 파일에는 캐럴에 관한 정보들이 1점부터 10점까지 점수화되어 기록되어 있었다. 그가 어디에 살고 어떻게 투표하는지, 국가 부채(그에게 가장 흥미로웠던 부분이다)나 이민, 총기 법안 같은 정치적인 이슈에 얼마나 관심이 있는지 등. 캐럴은 케임브리지 애널리티카가 어떻게 자신의 개인정보를 모으고 어떤 알고리즘으로 이런 예측을 했는지를 알지 못했다.

한 가지는 분명하다. 이런 개인정보 수집과 개개인에 대한 프로파일링은 단지 페이스북이나 케임브리지 애널리티카만의 문제가 아니라는 것 말이다. 이미 대다수의 국가에서 디지털 미디어를 통해 비슷한 선거 조작이나 사회적 소동이 일어나고 있다. 현재의 디지털 생태계에서는 그 누구도 어느 정도의 온라인 자료 수집과 조작에서 벗어나지 못한다. 당신이 가장 많이 이용하는 소셜미디어 기업이 당신과 당신의 친구들과 가족에 대해 얼마나 알고 있다고 생각하는가? 개인 동영상, 사진, 대화 외에 또 뭘 알고 있을까? 그리고 이제 당신의 자세한 프로필이 어떻게 개발되는지 상상해보라. 얼마나 많은 당신의 정보가 이들 기업과 공유되고 있는지 상상조차 할 수 없을 것이다.

브리트니는 사람들이 자신의 정보가 기술 기업에서 어떻게 쓰이는지, 오늘 '개인정보 이용 동의'를 한 번 누르면 자기 정보를 보호할 권리를 어떻게 빼앗기는지 알아야 한다고 말한다. 그녀는 동생 내털리Natalie와 함께 '자신의 데이터를 소유하라Own Your Data'라는 재단을 설립하고, 아이들과 청소년들에게 개인정보 소유권과 디지털 리터러시의 중요성을 가르치는 교육 이니셔티브를 공식적으로 시작했다. 이 이니셔티브에 DQ프레임워크를 활용하고 있다는 소식을 듣고 무척 기뻤다.

케임브리지 애널리티카 사태 이후 전세가 급격히 바뀌었다. 다행스럽게도 2018년 5월 유럽연합EU과 유럽경제지역EEA에서 데이터 보호와 사생활에 관한 '일반 개인정보 보호법General Data Protection Regulation, GDPR'이 시행되기 시작했다.[17] 이 법은 다른 국가들로 급속히 확대되었다. 이로써 유럽 시민들은 자신의 정보를 요청 및 삭제하고, 정보를 수집하기 전에 사전 동의를 받도록 기업에 요구할 수 있는 권리를 갖게 되었다. 또한 이 법은 데이터 침해에 관한 더 엄격한 프로토콜(컴퓨터 통신 규약) 보고를 설정하고, 법을 어긴 사람에 대한 가혹한 처벌 조항을 새로 만들었다.[18]

하지만 우리는 겨우 걸음마를 한 발 뗐을 뿐이다. 도전은 만만치 않다. 2020년 6월 현재 전 세계 인구의 60퍼센트인 45억 명 이상의 사람들이 온라인에 접속하고 있는 것으로 추정된다.[19] 사람들은 학교 성적표부터 종교나 정치적 견해, 자세한 의료 자료, 심지어 DNA 정보에 이르기까지 자신에 대한 모든 것을 공유하고 있다. 수많은 데이터가 클라우드로 몰려들고 있다. 기술 및 ICT 기업들은 사물인터넷, 5세대 이동통신5G, 인공지능 제품과 서비스의 발전으로 새로운 차원에서 글로벌 데이터 전쟁을 벌이고 있다. 전 세계 거의 모든 국가는 이런 새로운 개념을 기반으로 데이터가 무제한으로 흐르는 '스마트 도시'를 구축하기 위해 앞다퉈 경쟁하고 있다.

누가 이 거대한 흐름을 거스를 수 있을까? 이런 개방형 데이터 흐름이라는 메가트렌드 속에서 어떻게 우리의 개인정보를 제대로 보호할 수 있을까?

문제는 파워게임이다

다시 말하지만, 모든 창조물에는
창조자의 의도가 들어 있다.

의심할 여지 없이 인터넷과 기술은 정보 세계에 혁명을 일으켰다. 인터넷 이전에는 사회의 최고 엘리트층만이 정보의 흐름을 통제하고, 사람들이 세상에 대해 뭘 보고 들을지 결정할 수 있었다. 인터넷으로 인해 누구든 비용을 거의 들이지 않고 수백만 명의 사람들과 소통하는 것이 가능해졌다. 인터넷에 접속하는 사람은 누구라도 국제사회에서 자신의 생각을 나눌 수 있다. 이렇게 민주화된 정보 세계에서는 누구든지 콘텐츠 제작자가 될 수 있고, 누구든지 중재자뿐만 아니라 큐레이터가 될 수 있다. 굉장한 일이다!

하지만 가장 중요한 문제가 남아 있다. 사람들의 생각을 움직일 수 있는 정보의 흐름을 최종적으로 통제하는 문지기는 누구일까?

예를 들어, 인터넷 이전 시대에는 정보를 검열하는 가장 중요한 문지기는 신문이나 텔레비전 방송의 편집장이었다. 최소한 그들은 뉴스와 정보에 어떤 거짓이나 특정 집단에 대한 공격, 증오, 편견으로 가득 찬 메시지 또는 유해하거나 불법적인 콘텐츠가 들어가지 못하도록 노력했다. 그들은 완벽하지 않거나 편견이 있었을지도 모른다. 하지만 적어도 그 사람 자신의 정치적 의도, 세계관, 개인적인 가치관을 바탕으로 그 정보를 선택한 이유를 이해할 수 있었다.

그러나 이제 문지기는 더 이상 인간이 아니다. 구글, 유튜브, 페이스북 같은 거대 디지털 플랫폼 업체의 알고리즘이 당신에게 오는 정보의 문을 지키고 있다. 당신은 어떻게 무슨 이유로 소셜미디어 피드에 있는 뉴스를 보게 되는지, 그 알고리즘 배후에 어떤 논리가 있는지 궁금했던 적이 없는가?

2010년 나는 네이버로부터 뉴스캐스트 서비스를 도와달라는 연락을 받았다. 당시 네이버는 홈페이지 한가운데에 '뉴스캐스트'라는 뉴스 종합 서비스를 운영하고 있었다. 그 작은 창을 통해 당시 한국의 온라인 뉴스 대다수가 제공됐다. 우리나라에 인터넷 시대가 열리기 전에는 대부분의 뉴스가 주요 언론사 세 곳에서 만들어졌다. 이들 3대 주요 언론사의 이름에서 앞글자를 하나씩 따서 '조-중-동'이라고 불렀다. 이들은 한국에서 여론과 정치 및 경제의 트렌드를 형성하는 강력한 권력집단이었다.

네이버는 뉴스캐스트 서비스를 시작할 때 의도적으로 알고리즘을 통해 신문사 규모나 저널리즘의 수준에 상관없이 모든 신문사를 똑같이 노출시켜 모든 플랫폼 사용자에게 모든 신문사의 기사를 볼 수 있도록 했다. 더 많은 클릭을 받은 기사가 성과에 따라 더 많이 노출되는 구조였다.

이런 알고리즘 메커니즘은 흥미로운 현상을 일으켰다. 치열한 클릭 경쟁에서 뉴스캐스트에 뽑히려고 크든 작든 모든 신문사가 자극적이고 선정적인 제목과 사진을 내놓았고, 낚시성 기사로 가짜 뉴스를 쓰기 시작했다. 그런 선정적인 기사가 계속 많아지자, 사용자들뿐 아니라 영향력 있는 인사들의 항의가 잦아졌다. 네이버는 나에게 이런 뉴스 환경을 개선하는 일에 동참해달라고 요청했다. 우리 팀은 선정적인 낚시성 기사와 가짜 뉴스를 걸러내고 감시할 수 있는 독립적인 시민 모니터링 그룹 구성과 알고리즘 수정을 도왔다.[20]

물론 이런 데이터 기반 알고리즘에는 좋은 면이 많다. 확실히 다양한 관점을 제시하는 뉴스 제공자가 많아졌다. 그러나 나는 수년간 네이버와 일했지만, 솔직히 콘텐츠 수준이나 저널리즘이 향상된 증거는 그다지 보지 못했다. 대신 사용자에게 클릭하고 싶은 충동을 불러일으키기 위해 뉴스와 정보는 점점 더 선정적이거나 감성적으로 변했고, 더 많이 왜곡되었다.

더 중요한 것은 권력 이동이었다. 네이버 뉴스캐스트의 데이터 기반 알고리즘이 기존 언론사인 조-중-동의 지배력을 빼앗았다. 그들은 빠르게 언론사의 헤게모니를 장악했고, 정보 흐름을 하나로 집중시켰다. 사실 확인, 윤리, 양질의 저널리즘은 네이버의 초기 알고리즘에서 우선순위가 아니었다고 생각한다. 이제 네이버는 사람의 개입이 거의 없이 사용자의 프로필, 콘텐츠 수준, 기타 요인을 기반으로 사용자에게 뉴스를 추천하는, 훨씬 더 발전한 AI 기반 뉴스 알고리즘인 'SVMRankii'를 개발했다고 발표했다.[21] 그렇더라도 네이버가 뉴스 편집 개입, 왜곡, 가짜 뉴스 확산에서 자유로운 것은 아니다.

이는 단지 한국 ICT 기업이나 뉴스 서비스에만 국한된 문제라고 생각하지 않는다. 여러 콘텐츠 기반 서비스에서도 비슷한 문제와 개발상의 시행착오가 드러나고 있으며, 구글이나 페이스북 같은 글로벌 디지털 플랫폼에서도 AI 알고리즘에 비슷한 문제가 발생하고 있다. 많은 경우 사람들은 소위 '데이터 기반 AI 알고리즘'은 가치중립적이라서 이를 통해 제공된 뉴스들은 한쪽으로 덜 치우친다고 생각한다. 그리고 당신은 이런 알고리즘이 추천한 뉴스와 친구들이 '좋아요'를 누른 뉴스를 더 신뢰할지도 모르겠다.

글쎄…… 내 의견은 다르다. 내가 보기에 모든 알고리즘은 분명한 정치적 의도와 자사의 사업 비전에 근거한 의도를 가진 기업에 의해 개발된다. 다시 말하지만, 모든 창조물에는 창조자의 의도가 들어 있다.

우리가 보고 읽는 것이
진실이라고 생각하는가?

오늘의 인터넷은 당신이 봐야 하는 것이 아니라
보고 싶은 것을 보여주기 위해 만들어졌다.

2016년 6월 나는 영국에서 브렉시트 국민투표[22]를 실시한 직후에 유럽 전역에서 온 기업 임원, 정치가, 전문가들이 참여한 회의에 참석했다. 당연히 많은 사람들이 브렉시트를 반대했고, 그런 일은 일어날 리가 없다고 정말로 믿었다. 그랬기에 그들은 브렉시트투표 결과에 완전히 충격을 받았다. 심지어 어떤 이들은 현대 사회가 민주주의를 너무 많이 허용했다면서, 지적인 능력이 떨어지는 사람들에게 투표권을 동등하게 주지 말아야 한다고까지 말했다.

나는 그들의 열띤 토론과 엄청난 좌절감의 토로를 들으면서 또다른 의미로 충격을 받았다. 어째서 이들 엘리트층과 리더들은 이런 결과가 나올지 전혀 몰랐을 수가 있지? 어째서 그들은 일반 시민들이 생각하고 느끼는 방식과 이렇게나 동떨어져 있지?

나는 그들에게 경시하는 언론 매체의 신문을 자주 읽어보라고 말했다. 소셜미디어 계정으로 얻은 정보를 기반으로 구축된 세계관을 믿지 말라. 온라인 검색으로 실상을 전부 알 수 있을 거라고 생각하지 말라.

이상적인 인터넷은 개인을 세계와 공개적으로 연결하고, 개인이 새로운 생각과 다른 관점에 도전하고 함께 모여 민주주의를 토론하며 고취할 수 있도록 한다.

"우리가 경시하는 사람들의 표현의 자유를 믿지 않으면, 표현의 자유를 전혀 믿지 않는 것이다"라고 말한 놈 촘스키Naom Chomsky의 지혜를 떠올려야 한다. 하지만 현실은 정반대다. 오늘의 인터넷은 당신이 봐야 하는 것이 아니라, 보고 싶은 것을 보여주기 위해 만들어졌다.

많은 사람들은 자신의 인터넷 경험이 다른 사람과 완전히 다를 수 있다는 걸 이해하지 못한다. 지금 어디에 있고, 어떤 브라우저를 쓰고, 어떤 내용을 온라인에 올렸으며, 누구와 어울리고, 어떤 사이트를 클릭했으며, 어떤 내용을 검색하는지…… 뿐만 아니라 당신이 누구인지를 알려주는 성별과 인종, 학력과 기타 모든 온라인 정보가 함께 보이지 않는 알고리즘을 통해 당신만을 위한 개인 맞춤형 디지털 경험을 만든다.

개인맞춤형 디지털 경험으로 인해 필터 버블*에 빠질 수 있다는 사실은 더 이상 새롭지도 않다. 문제는 우리가 할 수 있는 일이 많지 않다는 것이다. 우리는 기술 기업이 만든 클릭 기록과 프로필을 중심으로 비밀스럽게 형성한 우리만의 개인 온라인 정보 세계에 갇혀버린다. 우리 대부분은 우리의 버블에 무엇이 들어 있어야 하는지 결정하지도 못하고, 무엇이 들어오지 못하게 선택했는지도 모른다.

2011년 마크 저커버그는 "집 앞에서 죽어가는 다람쥐가 아프리카에서 죽어가는 사람보다 바로 지금 당신의 관심사와 더 연결되어 있을 수 있다"라고 말했다.[23] 알고리즘이 어떤 정보를 당신과 내 버블에 넣을지 결정하는 방법에 대해서는 저커버그의 이 말에서 단서를 찾을 수 있다. 우리는 이미 듣고 싶고 알고 싶은 정보와 한쪽으로 치우친 이야기에만 노출되었기 때문에, 그런 필터 버블이 가리키는 대로 자연스럽게 점점 더 편향된 세계관을 갖게 될 것이다.

디지털 반향실echo chamber에서 사고력을 훈련한 사람들은 자신의 세계관이 절대로 옳고 다른 사람들이 틀렸다고 쉽게 확신할 수밖에 없다. 자신의 버블 속에 존재하는 웹과 소셜미디어 경험에 자

---

* **필터 버블**Filter Bubble: 인터넷 플랫폼의 정보 제공자가 사용자에게 맞춤형 정보를 제공함에 따라 사용자는 필터링된 정보만을 접하게 되는 현상.

신의 생각이 정당하다는 증거와 뒷받침이 너무나 많기 때문에 더 쉽게 판단할 수 있다.

더 끔찍한 추세는, 이렇게 편향된 세계관을 갖게 되면 사람들은 소위 '표현의 자유'를 이용해 다른 사람의 의견 표현을 막기 쉽다는 것이다. "어떤 사람들에게 '표현의 자유'란 자기가 좋아하는 것은 자유롭게 말하면서, 그 의견에 누군가 반대하면 바로 분노를 표출하는 것이다."[24] 윈스턴 처칠Winston Churchill의 말처럼, '나와 내 친구들만이 공정하고 진실하다'라는 생각은 진정한 민주주의를 훼손하는 위험한 태도다.

이렇게 폐쇄된 정보 환경에서는 쓸데없이 편향된 세계관에 빠져서 비판적 사고력과 분별력에 기반한 사실이나 진실이 아니라, 전체적인 상황을 생각하지 않은 채 즉흥적인 감정이나 욕망 또는 군중심리를 토대로 판단을 내리기 쉽다. 넘쳐나는 감정적 소구*와 소셜미디어의 허위 정보가 결합되면, 개인이 디지털 세계에서 얻은 정보를 토대로 어떻게 올바른 판단을 내릴 수 있겠는가?

최근에는 그런 디지털 정보 환경이 증오와 심한 편견과 극단주의 견해를 퍼뜨리는 사람에게 어떻게 악용될 수 있는지를 자주 보게 된다. 거의 모든 국가에서 우리는 온라인상에서 어떤 형태로든

---

*   감정적 소구Emotional Appealing: 광고를 소비자에게 전달할 때 상품의 특성보다 상품의 이미지나 느낌을 강조하는 방법.

계속 증가하는 증오와 편견을 보고 있다.

홍콩 시위, 미국의 인종차별 논쟁, 한국의 여성 혐오에서 비롯된 소셜미디어 전쟁은 다른 관점의 고려와 논의를 허용하지 않은 채 많은 사회적 분열과 소동을 일으켰다. 일단 소셜미디어의 판결이 나오면, 다른 관점이 아무리 더 관련 있더라도 침묵해야만 한다. 누가 옳고 누가 그른지 말하는 것이 아니다. 기술 기업의 알고리즘은 '우리들과 그들' 사이를 극단적으로 갈라놓았다. 이 눈에 보이지 않는 장벽은 도널드 트럼프 전 미국 대통령이 세운 멕시코 장벽이나 중국의 만리장성보다 더 높고 길다.

시민들에게 자율권을 주고 사람들을 제대로 연결하는 인터넷을 만들기 위해서는 기술 기업이 관용의 윤리, 글로벌 시민의식, 시민 책임감을 알고리즘에 반드시 반영해야 한다. 내 아이들이 어떤 정보를 얻을 것인가에 대해 스스로 선택할 수 있기를 바란다. 내 아이들이 기술을 통해 지구촌 사람들의 다양한 삶을 볼 수 있고, 자신만의 문제에 빠져 허우적거리는 것이 아니라 더 큰 비전과 더 높은 목표를 세울 수 있길 바란다. 내 아이들이 때론 불편하지만 항상 다양한 견해에 도전할 수 있는 뉴스와 정보를 보길 바란다.

기술, 듣고 있나? 지금도 어디에선가 내 생각을 엿듣고 있다는 걸 안다.

당신의 생각하는 능력은 괜찮은가?

사회 전체가 최대한 충동적이고 심약해지게 만들고 싶다면,
원하면 언제든 정보 보상을 끝없이 주는 충동성 훈련 장치를 발명하라.

— J. 윌리엄스

한나 아렌트는 인간을 가장 잘 정의하는 한 가지 특징은 '생각하는 능력'이라고 규정했다. 나도 동감한다. 생각하는 능력을 잃으면 결과적으로 더는 윤리적 판단을 내릴 수 없을 것이다. 생각하는 능력은 단지 지식이나 기술이 아니라, 옳고 그른 것을 구별하고 아름다운 것과 추한 것을 구별할 수 있는 능력을 포함한다. 그래서 아렌트는 생각하는 능력이 없으면 많은 평범한 사람들이 엄청난 규모로 악행을 저지를 가능성이 있다고 결론지었다.

현재 디지털 플랫폼의 전쟁터가 사람들의 마음이라는 점을 고려하면, 오늘날의 디지털 생태계가 디지털로 연결된 사용자에게 생각하는 능력을 기르도록 지원하고 권한을 주고 있는지 물어봐

야 한다. 대답하자면, 그렇기도 하고 아니기도 하다. 그렇다. 이제 개인이 사용할 수 있는 방대한 양의 정보와 콘텐츠가 새로운 길을 열어, 누구든지 양질의 교육에 접근할 수 있다. 따라서 이론상 잠재력을 따져보면, 확실히 그렇다! 하지만 현재 관심 기반의 디지털 경제에 내재된 부작용을 고려한다면, 기술이 사람들의 생각하는 능력을 실제로 향상시킨다고 볼 수 없다.

앞 장에서 기술 기업이 어떻게 관심 기반 비즈니스 모델을 성공적으로 구축했는지 설명했다. 기술 기업은 당신의 시간, 관심, 데이터를 얻기 위해 영리한 전략을 많이 개발했다. 사실 당신의 관심을 끄는 가장 효과적인 전략은 당신의 자의식, 즐거움, 자아도취를 일깨워서 북돋우는 것이었다.

내가 보기에 관심 경제가 사용하는 세 가지 영리한 전략, 즉 끊임없는 집중 방해, 즉각적인 만족감, '좋아요'와 팔로워에 대한 자아도취성 추구가 특히 걱정스럽다.

앞으로 30분 동안 일하면서 몇 번이나 휴대폰을 보고 소셜미디어를 확인하거나, 게임을 하거나, 또는 지금 하는 일과 관련이 없는 이메일을 읽는지 알아보라. 많은 소셜미디어 계정 중 한 곳에서 '삐~' 소리가 들릴 때마다 저절로 지금 하던 일에서 소셜미디어 사이트로 주의가 옮겨진다는 걸 알아차릴 수 있을 것이다. '멀티태스킹multitasking'을 하고 있다고 생각할지도 모르지만, 사실은 그렇지 않다.

멀티태스킹을 많이 할수록 멀티태스킹 능력이 떨어진다는 2009년 스탠퍼드대학교의 연구에 대해 들어보았는가?[25] 멀티태스킹이 인지 조절, 집중, 심지어 기억력에도 악영향을 미친다는 연구를 뒷받침하는 논문은 수없이 많다.

쿠즈네코프Kuznekoff 박사, 티츠워스Titsworth 박사와 로젠Rosen은 강의 중에 문자를 보내는 학생과 그렇지 않은 학생을 비교한 연구에서, 문자를 자주 보내는 학생이 노트 필기를 잘하지 못하고, 받은 정보가 적었으며, 해당 수업에 대한 시험 성적이 나빴다는 결과를 보여주었다.[26] 학생들도 휴대폰 사용이 학습에 좋지 않다는 점을 스스로 깨달았다. 다른 연구에서는 80퍼센트의 학생들이 수업 중에 휴대폰을 사용해서 주의력이 떨어졌다고 인정했다.

우리는 대체로 멀티태스킹을 잘하지 못한다. 우리 뇌는 '한 번에 한 가지' 원칙에 따라 움직인다. 우리가 휴대폰으로 문서나 뉴스피드를 확인할 때, 몇 초 동안 잠시 다른 데 정신이 팔렸다가 지금 하는 일로 다시 돌아왔다고, '뭐 별일 아니네!'라고 생각할지 모른다. 하지만 실제로는 별일이다.

스탠퍼드대학교의 심리학자 앤서니 와그너Anthony Wagner 박사가 말했다. "음…… 우리는 멀티태스킹을 하지 않습니다. '태스크 스위칭task switching'을 하죠. 멀티태스킹은 한 번에 두 가지 이상의 일을 할 수 있다는 뜻이지만, 실제로 우리 뇌는 한 번에 하나만 우리에게 허용하므로 스위치로 왔다 갔다 바꿔줘야 합니다."[27] 주제를 계속 바꾸면 어떤 주제에도 집중할 수 없고, 결국 업무생산성이 떨어진다. 하지만 더욱 중요한 점은, 그로 인해 집중하는 능력과 깊이 생각하는 능력이 저하될 수 있다는 것이다.

문학을 가르치는 내 동료 교수는 매년 대학 신입생들의 인지적 사고력뿐만 아니라 독해 능력이 점점 나빠지는 추세라고 말한다. "그런 학생들은 140자 이상 쓰지 못합니다. 많은 학생들이 500쪽 분량의 책을 끝까지 읽지도 못해요."

이는 단지 아이들과 청소년들만의 문제가 아니다. 내가 이 책을 쓰려는 생각을 몇몇 전문가와 기업 임원에게 상의했을 때 그들은 이렇게 말했다. "미안하지만, 우리는 이젠 책을 읽지 않습니다. 주요 메시지를 영상으로 만들어주세요. 2분 미만의 영상이면 좋겠습니다."

더글러스 젠틸레 교수는 우리가 생각하는 근육을 키우는 데 충분히 '투자'하지 않았기 때문이라고 말했다. 책을 읽을 때는 저자가 전하고자 하는 내용에 집중해야 한다. 읽을 때, 즉 글자가 뇌에 도달하면, 뇌가 정보를 재구성하고 맥락을 발전시키고 자신만의 상상과 이해도에 맞는 일종의 영화 같은 스토리텔링으로 발전시키는 과정이 일어난다. 이런 복잡한 과정에는 다양한 인지 능력과 메타인지 능력이 필요하다. 읽기에는 결국 '집중력'이 필요하다는 이야기다. 다시 말해서 뇌가 움직여야 한다. 생각하는 능력은 근육과 같다. 더 많이 훈련할수록 더 잘 쓸 수 있고 더 강해진다. 몸의 다른 근육을 훈련하는 것과 마찬가지다.

왜 사람들은 영화를 보면서 쉰다고 말할까? 영화를 볼 때는 생각에 큰 '투자'를 할 필요가 없기 때문이다. 영화 제작자는 이미 정보를 처리하고 이야기를 눈에 보이게 만들어서 당신의 뇌에 전달한다. 정말 편하다. 이미 시각화된 영화를 보는 것은 책 읽기만큼 생각하는 근육을 키우는 데 도움이 되지 않는다.

아인슈타인이 통신기기를 기피했다는 유명한 일화가 있다.[28] 그는 "끔찍하게 울려대는 전화기를 멀리하면" 가장 잘 집중해서 가장 창의적일 수 있다고 다른 사람에게 말한 적이 있다. "단조롭게 혼자서 조용히 살면 창조적인 사고를 하는 데 도움이 된다"는 그의 말을 생각하면, 우리가 이런 관심 경제에서 아이들을 키우며 창의력을 향상시키고 있다고 말하는 걸 보고 그가 얼마나 웃을지 상상이 간다.

솔직히 우리 아이들의 책상을 보자. 노트북으로 유튜브의 동영상을 보고, 아이패드로 페이스타임Facetime을 통해 친구들과 수다를 떨고, 휴대폰으로 인스타그램에 게시물을 올리면서, 구글 문서로 숙제를 하고 있다. 이런 디지털 환경은 아이들이 차분하고 깊게 생각하는 정신적 근육을 키우도록 도와주지 않는다.

특히 아이들의 경우 관심 경제의 부작용이 사고력뿐만 아니라 정신건강에도 영향을 미친다는 점에 주목해야 한다. 진 트웽이Jean M. Twenge 박사는 2017년 미국 잡지 〈디애틀랜틱The Atlantic〉에 실린

'스마트폰이 한 세대를 망가뜨리다'라는 제목의 기사에서, 1995~2012년에 태어난 세대가 스마트폰과 소셜미디어의 영향을 많이 받으면서 이전 세대에 비해 더 슬프고 외롭고 사회성이 약하다는 연구 결과를 소개했다. 이 결과는 그들이 기술과의 연결로 혜택을 가장 많이 받는 세대가 될 거라는 희망과 아주 대조적이다. 트웽이 박사는 이렇게 지적했다. "고속 인터넷 연결과 소셜미디어 덕분에 사람들이 역사상 어느 때보다도 인터넷을 통해 서로 연결되고 있다. 하지만 우리는 모두 역사상 가장 많이 분열되고, 양극화되고, 외롭다."[29]

지속적인 쾌락 추구, 즉각적인 만족감, '좋아요'와 '팔로우 미 follow-me' 등의 '아이-미-마인' 디지털 문화가 이런 역설의 주요 원인으로 여겨진다. 개인적으로는 이런 디지털 문화는 우리 정신에 독과 같다고 생각한다. 끊임없는 자기 쾌락 추구는 아이들에게 가르칠 수 있는 그야말로 최악의 것일지도 모른다. 작가이자 풍자가인 체스터턴G. K. Chesterton의 "무의미함은 고통에 지쳐서 생기지 않는다. 무의미함은 쾌락에 지쳐서 시작된다"라는 말에 전적으로 동의한다.

2012년 한국에서 '신데렐라법(게임 셧다운제)'이라고 불리는 법이 만들어졌다. 16세 미만 어린이와 청소년이 자정 이후에 온라인 비디오 게임 사이트를 이용하지 못하도록 차단하는 법률이다. "게임은 아이들의 뇌를 짐승의 뇌로 만든다"라는 슬로건은 자녀의 게임 중독을 우려하는 부모들의 지지를 얻었고, 청소년보호법이 개정되는 데 큰 영향을 미쳤다. 그 대담함과 진취성은 인상 깊었지만, 개인적으로는 신데렐라법을 지지할 수 없었다. 당시 게임 사이트를 이런 식으로 폐쇄하는 것이 문제를 해결할 수는 없다고 생각했고, 자극적인 슬로건 역시 동의하기 힘들었다.

그렇지만 그 슬로건의 논리는 살펴볼 만하다. 아이들이 도파민과 아드레날린이 끊임없이 분출되게 만드는 폭력적이고 자극적인 콘텐츠로 구성된 중독적인 게임 환경에 장시간 노출되면, 전두엽 피질 발달에 부정적인 영향을 미칠 수 있다. 전두엽 피질은 판단, 행동 통제, 충동 조절 등 인간을 인간답게 만드는 기능을 관할하는 뇌의 한 부분이다.

사실 나는 그 슬로건을 보고 히틀러가 아우슈비츠 가스실 중 한 곳에 새겨두었던 말이 떠올랐다. "나는 양심 없고 오만하고 무자비한 청년 세대를 키우고 싶었다."[30] 히틀러는 분명히 다음 세대를 아돌프 아이히만Adolf Eichmann[31]처럼 키우고 싶었을 것이다. 아이히만은 자신의 윤리적 판단이나 행동의 의미를 재고하지 않고 홀로코스트에 대한 히틀러의 명령을 그대로 따랐다.

죄책감이나 양심의 가책도 없이 600만 명을 끔찍하게 대량학살한 그는 재판 과정에서 자신은 나치 정권하에서 어떤 불법적인 행위도 저지르지 않았다고 주장했다. 한나 아렌트는 아이히만의 증언을 관찰한 후 '악의 평범성banality of evil'이라는 결론에 도달했다.

"악은 사유 불능에서 비롯된다. 악이 생각을 거부하는 것은, 생각이 악에 관심을 갖고 그 근원과 원리를 조사해도 아무것도 발견하지 못해서 좌절하기 때문이다."

우리는 관심 경제의 맥락에서 히틀러의 발자취를 따르고 있는 것은 아닌지 스스로 살펴봐야 한다. 2018년 윌리엄스J. Williams는 영국 일간지 〈가디언The Guardian〉 기사에서 우리에게 이의를 제기했다. "사회 전체가 최대한 충동적이고 심약해지게 만들고 싶다면, 원하면 언제든 정보 보상을 끝없이 주는 충동성 훈련 장치를 발명하라. 귀여운 고양이 사진부터 화를 불러일으키는 짧은 뉴스들에 이르기까지, 그 어떤 것도 관심 세계에서는 정보 보상이 될 수 있다. 그 효율성을 높이려면 아이트레이너*에 풍부한 지능 및 자율성 시스템을 부여해서 사용자의 행동, 전후 사정, 개별 특성을 적용하라. 그러면 사용자가 가능한 한 많은 시간과 관심을 쓰게 할 수 있다."[32]

당신의 생각하는 능력은 아직 괜찮은가?

---

* 아이트레이너iTrainer: 애플에서 개발한 인공지능이 활용된 운동 애플리케이션.

디지털 기술은 빠르게 변하지만, 조직과 개인의 디지털 역량은
그 속도를 따라잡지 못하고 있다. 결과적으로 수백만 명이 뒤처지게 된다.
그들의 수입과 일자리가 파괴되어 디지털혁명 이전보다 절대 구매력이 더 나빠졌다.
― 에릭 브리뇰프슨 Erik Brynjolfsson, 앤드루 맥아피 Andrew McAfee

이 장에서는 디지털 지능 DQ의 개념과 프레임워크를 소개한다.

DQ가 어떻게 디지털 리터러시, 디지털 역량, 디지털 준비성을 측정하는
첫 번째 글로벌 표준 지표가 될 수 있었는지 이야기해보려고 한다.

또한 왜 글로벌 표준 지표가 필요한지,
어떻게 DQ프레임워크가 각국의 디지털 역량을 강화하고
지역, 국가, 나아가 세계적인 수준에서
다자간 협력 방안을 마련하고 기술 격차를 좁히는 데
효과적이고 효율적인 역할을 할 수 있었는지 살펴보겠다.

디지털 지능

디지털 리터러시, 디지털 역량, 디지털 준비성의 공용언어

세계는 공통된 정의와 표준을 기반으로 다자간의 협력이 증가하면 더 효율적이고도 효과적으로 디지털 역량을 구축할 수 있다.

이 장을 시작하기에 앞서 디지털 리터러시, 디지털 역량, 디지털 준비성을 위한 글로벌 표준으로서 DQ프레임워크의 전반적인 개념을 설명하고 싶다. 더글러스 젠틸레 교수와 코니 정 박사가 2018년 'OECD 교육 2030 학습 프레임워크 회의'에서 DQ프레임워크를 설명하기 위해 작성한 아래 기사로 시작해보자.[1]

전 세계 인구의 절반이 넘는 40억 명 이상의 사람들이 지금 인터넷에 연결되어 있다. 지금의 4차 산업혁명은 많은 혜택을 가져왔지만, 또한 일부 원치 않는 혼란도 초래했다.

'혁명'의 정의는 기존 시스템을 붕괴하는 것이다. 카오스이론은 시스템이 붕괴하면 다시 안정될 때까지 격동이 뒤따른다는 것을 보여주었다. 우리는 많은 지역에서 격동의 증거를 보고 있다. 페이스북과 케임브리지 애널리티카가 연계된 사건처럼, 온라인 플랫폼의 비윤리적인 관행들에 관한 폭로가 이어지고 있다.

혐오 연설, 허위 정보 캠페인, 보안 침해, 감시 기술 등의 사건들이 터지면서 우리 삶에 만연한 기술에 대한 두려움과 불안이 한층 심화되었다. 기술의 빠른 발전 속도와 인간의 느린 적응 속도 사이의 간극이 점점 더 벌어지고 있다. 세상은 인터넷으로 빠르게 연결되고 있지만, 디지털 리터러시와 디지털 역량은 같은 속도로 확산되지 못하고 있다.

따라서 혁명이 일어날 때마다 그 후에 뒤따르는 관련 지식과 기술, 윤리적 발달에 대한 인간 역량의 정의 및 진보가 필요하다. 어떤 종류의 새로운 디지털 지능DQ과 산업표준, 정부의 정책이 필요한지에 대한 논의가 함께 이루어지지 않는다면, 글로벌 사회 공동의 지속가능한 발전과 번영된 미래를 위한 교육, 기술, 산업계를 아우르는 체계적인 계획을 세울 수 없다.

OECD와 IEEE, 그리고 DQ연구소로 구성된 '디지털 지능을 위한 연대CDI'는 2018년 9월 26일 세계경제포럼과 함께 공식 출범을 선포했다.[2] CDI는 첫 단계로 DQ프레임워크가 디지털 리터러시, 디지털 역량, 디지털 준비성을 위한 표준 프레임워크로 사용하기에 적합한지를 확인했다. 그리고 교육 및 기술 커뮤니티들과 협력하기 위해 DQ프레임워크를 글로벌 표준으로 제도화하려고 노력하고 있다.

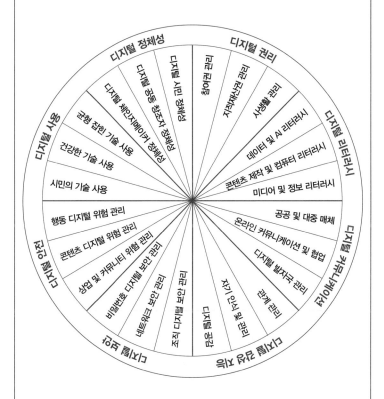

DQ는 '개인이 디지털 생활을 성공적으로 영위하기 위해 필요한, 보편적 윤리에 기반한 기술적, 인지적, 메타인지적, 사회·정서적 역량을 포괄하는 지능'으로 정의된다.

DQ프레임워크는 디지털 리터러시와 디지털 역량에 관한 24가지의 주요 선행 프레임워크로 구성되어 있다. 이는 디지털 세계에서 생활하는 데 필수적인 8가지 분야인 정체성, 사용, 안전, 보안, 감성 지능, 커뮤니케이션, 리터러시, 권리로 분류된다. 이 8가지 분야는 시민의식, 창의력, 경쟁력의 세 단계로 발전할 수 있다. 디지털 시민의식은 기술을 책임감 있고 안전하며 윤리적인 방법으로 사용하는 데 필요한 기본적인 역량에 중점을 둔다. 디지털 창의력은 새로운 지식, 기술, 콘텐츠를 만드는 과정에 걸친 문제 해결 역량이다. 디지털 경쟁력은 기술을 이용해 더 나은 사회와 디지털 경제를 만드는 혁신 역량에 초점이 맞춰진다.

DQ프레임워크는 다음과 같은 특징을 갖는다.

1. 포괄성: 현재 존재하는, 그리고 앞으로 개발될 디지털 리터러시, 디지털 역량, 디지털 준비성을 표현하기 위한 포괄적이며 체계적인 구조와 공용언어를 제공한다.

2. 적용 가능성: 국가와 조직에서 디지털 역량 교육 프로그램이나 프레임워크를 개발할 때 평가를 위한 판단 기준으로 이용하거나, 자신의 디지털 전환 정책에 맞춰 적용할 수 있다.

3. 유연성: 산업 및 교육계 이해관계자들과의 협력, 공동 연구를 통해 지속적으로 업데이트된다.

이런 접근 방식은 'OECD 교육 2030 학습 프레임워크', 유엔지속가능개발목표SDGs[3], 세계인권선언[4], OECD 웰빙 지표[5]와 잘 연계된다. 아이들과 어른들에게 디지털 지능을 고취하려는 기본적인 목표는 이들이 단순한 코딩 등 디지털 역량을 통해 새로운 기술을 개발하는 수준이 아닌, 디지털 사회의 일원으로서 다가올 디지털 사회에서 자신의 역량을 최대한 발휘하며 삶을 영위하도록 하려는 데 있다. 이런 디지털 역량은 교육을 통해 배울 수 있으며, 일단 배우면 자신의 사생활과 직장생활에서 여러 가지 디지털 위험의 피해를 최소화하면서 기술의 혜택을 최대한 활용하는 데 도움이 될 것이다.

시대의 변천과 지능의 변화

IQ가 높은 사람은 '똑똑하다'고 하고, EQ가 높은 사람은
'공감적'이라고 한다면, DQ가 높은 사람은 '현명하다'고 할 수 있다.

2016년 1월, 스위스에서 열린 세계경제포럼 연례총회를 마친 후 싱가포르 창이공항에 도착했다. 오랜 비행에 지쳐서 최대한 빨리 집으로 돌아가고 싶었다. 나는 컨베이어벨트 위에서 움직이는 가지각색의 가방들을 쳐다보며 내 여행가방을 기다리다가 스스로에게 물었다.

'1차, 2차, 3차 산업혁명은 어떻게 사회를 변화시키고 교육 패러다임뿐만 아니라 인간의 가치까지 바꿨을까? 산업혁명은 IQ와 EQ의 발생에 틀림없이 영향을 미쳤을 거야. DQ는 4차 산업혁명과 미래 사회에서 개인에게 필요한 새로운 지능으로 어떻게 쓰일 수 있을까?'

앞에서 언급했듯이, 2015년에 DQ를 '개인이 디지털 생활을 성공적으로 영위하기 위해 필요한, 보편적 윤리에 기반을 둔 기술적, 인지적, 메타인지적, 사회·정서적 역량을 포괄하는 지능'이라고 정의했다. 컨베이어벨트 위 색색의 가방들이 겹쳐지면서 쓱 지나가더니 갑자기 아래 이미지가 머릿속에 탁 떠올랐다.

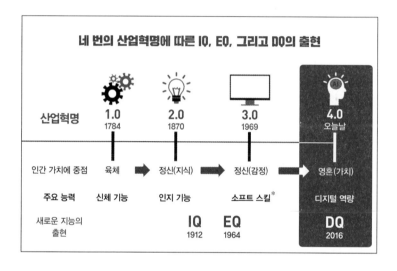

그래, 바로 이거야! 나에게는 '유레카'를 외칠 만한 순간이었다. 택시에서 이 이미지를 재빨리 그린 다음, 집에 도착하자마자 부리나케 책상에 앉아 개념을 적었다.

이후 2016년 8월 인터넷 신문 〈허핑턴포스트The Huffington Post〉

---

* **소프트 스킬**Soft Skill**: 타인과 좋은 관계를 맺고 잘 소통하는 능력.

에 기사로 소개되었고,[6] 한국에서는 2016년 12월 '테드×한강(TED×HanRiver)'에서 발표되었다.[7] 2018년에는 시티오브런던의 피터 에슬린Peter Estlin 시장이 이 아이디어를 더욱 확장했다. 그는 산업혁명에서 얻은 역사적 통찰력을 멋지게 추가하고 영국의 인적 자본 개발을 관련지어서, '당신은 DQ인가요R U DQ?'라는 제목으로 그레셤대학교 강연에서 발표했다.[8] 나는 2019년에 〈DQ 글로벌 표준 보고서〉에 이 개념을 다시 요약했다.[9]

DQ가 AI 시대의 새로운 지능으로 어떻게 쓰일 수 있을지에 대해서는 여러 버전이 있지만, 나는 공항 수하물 컨베이어벨트에서 영감을 받은 후에 쓴 맨 처음 버전이 가장 마음에 든다. 아래는 2016년 〈허핑턴포스트〉에 실렸던 IQ, EQ, DQ의 이미지에 담긴 초기 영감에 대한 글이다.

인간이란 무엇일까?

인간에게는 세 가지 요소가 있다. 육체, 정신, 영혼. 인간의 가장 중요한 요소는 무엇일까? 다시 말해서, 셋 가운데 어떤 요소가 인간의 주된 특징일까? 육체가 정신과 영혼을 관리할까? 아니면 두뇌로 대표되는 정신이 다른 것을 통제할까?

우리는 흔히 인간이 무엇을 의미하는지 논의할 때 육체와 정신에 중점을 둔다. 영혼은 무엇인지 잘 정의할 수 없기 때문에 종종 무시된다.

세상이 산업혁명을 통해 어떻게 발전했고, 이런 종류의 사건이 어떻게 '인간이란 무엇인가?'를 정의하는 현대 개념에도 영향을 미치고 있는지를 보는 것은 흥미롭다.

18세기와 19세기에 일어난 제1차 산업혁명과 제2차 산업혁명은 기계적인 수단을 통해 대량생산이 가능해졌기 때문에 인간의 가치 중심이 육체 우선에서 정신을 우선시하는 쪽으로 바뀌었다. 부지런히 움직이는 기계로 인해 인간의 육체적인 힘은 덜 중요해지고, 정신적인 힘 즉 지식과 기술이 더 가치 있는 특징이 되었다. 결과적으로 '지능IQ'의 개념이 등장했고, 이에 따라 현재의 학교 기반 교육제도는 지식노동자 양성에 중점을 두고 발전했다.

20세기 후반의 3차 산업혁명은 디지털 세계와 자동화 세계의 문을 열었다. 3차 산업혁명은 전자기기와 인터넷을 통해 우리가 어떻게 상호작용하고 일하고 노는지, 즉 무엇을 어떻게 하는지에 관련된 모든 것을 바꿔놓았다. 사람들은 도시로 이동했고, 사회적 역학관계가 이전보다 더 복잡한 직장생활을 하게 되었다. 이즈음 '감성 지능EQ'의 개념이 출현한 것은 놀라운 일이 아니다.

10년 안에 우리는 체계적인 디지털, 물리적, 생물학적 발전을 불러올 4차 산업혁명에 직면할 것이다. 이번에는 그야말로 인간이 무엇인지에 대한 논의가 다시 필요하다. 초인간이 되는 꿈이 더 이상 염원이 아닐지도 모른다.

공학적으로 증강된 인간, 유전자 변형 기술, 합성생물학, 인터넷과 연결된 두뇌 등의 첨단기술은 '인간이란 무엇인가?'라는 질문의 의미를 다시 생각해보게 만든다. 어떤 사람들은 인간은 신처럼 생명의 창조자 역할을 할 수 있는 단계에 도달했다고 말한다. 반면에 인간은 더 이상 지구의 지배자가 아니며, 이제는 기계가 대신 지배하게 될 것이라고 말하는 사람도 있다.

한 가지 분명한 사실은 4차 산업혁명이 또 다른 변화를 일으켜, 인간성의 초점이 정신에서 영혼으로 바뀔 것이라는 점이다. 2차 산업혁명이 인간의 육체노동을 기계로 대체하는 계기가 된 것처럼, 4차 산업혁명은 인간의 정신노동을 인공지능과 로봇으로 대체하는 계기가 될 것이다.

인간의 지혜는 인터넷 검색으로 모을 수 있는 지식과 기술보다 더 중요해질 것이다. 이기적인 마음으로 음주운전하는 인간보다 실수 없는 기계가 운전하는 무인자동차가 더 나을 수 있다. 그러나 상대방이 적일지라도 용서하는 희생적인 정신은 기계가 가질 수 없다. 약하고 어려운 사람에 대한 사랑과 존중은 기계의 최적화로는 계산되지 않을 것이다.

따라서 4차 산업혁명은 인간에게 좋은 소식이다. 4차 산업혁명은 마침내 인류에게 새로운 시대를 열었고, 우리가 정말로 누구인지를 이해하는 데 초점을 맞추라고 요구하고 있다.

우리는 인간 가치를 통해 자신의 몸과 마음을 다스릴 줄 아는 영혼이다. 2차 산업혁명이 지능을 향상시키는 현재의 교육제도로 이어졌듯, 이제는 인간의 가치를 일깨울 새로운 교육제도가 필요하다. 윤리와 가치의 중요성은 4차 산업혁명에서 교육의 미래를 이끌어줄 지침이 되어야 한다. 그 핵심은 인간을 중심으로 기술을 활용하는 능력인 DQ에 있다.

모든 걸 담을 수 있는 그릇이 필요하다

DQ는 디지털 시대에 우리가 디지털 생활의 모든 차원에서 동일한 윤리 원칙을 가지고 살아가기 위해 어떤 역량이 필요한지 알려준다.

우리 아이들은 지금 상당히 어려운 상황에 처해 있다. 아이들은 디지털 세계에 문제가 많든 적든 상관없이, 앞으로 이 디지털 세계에서 살아가야 한다. 아이들에게 디지털 세계는 미래의 일자리가 있는 곳일 뿐만 아니라 삶의 터전이지만, 이 디지털 세계에는 여러 가지 다양한 디지털 위험이 만연해 있다. 게다가 어른들도 디지털 세계를 잘 모르고 미래에 대한 준비가 적어 아이들에게 그다지 도움이 되지 않는다. 우리는 모두 "아이들이 다가올 디지털 미래를 준비하기 위해서 어떤 역량을 키워야 하는가?"라고 묻고 있다.

그러나 애석하게도 디지털 역량에 대해서 교육계조차 다양한 나라에서 다양한 이해관계자들이 다양한 의미로 다른 용어와 언어를 쓴다. 디지털 시민의식, 디지털 활용력, 디지털 리터러시, 디지털 회복력, 미래 기술, 융합 기술, 디지털 역량, ICT 역량…… 세상에, 이 분야의 전문가라는 나조차 너무나 혼란스럽다!

나는 디지털 시대에 개인이 성공하기 위해 필요한 모든 역량을 아우르는 전체적인 개념과 구조가 필요하다는 사실을 깨달았다. 디지털 세계가 이미 우리 삶의 중요한 터전이 되어버렸으므로, 단지 스프레드시트 사용법이나 코딩 기술 그 이상이 있어야 한다. 디지털 세계의 생활과 관련된 인지적·사회적·감성적·기술적 역량 등 모든 능력을 포함해야 한다.

이는 마치 수학을 정의하는 것과 비슷하다. '수학이 뭐지?'라고 물으면, 확실하게 정의할 수 있는 사람은 많지 않다. 수학에는 선형대수, 기하학, 미적분학 등 여러 분야가 있지만, 1+1을 배우는 것부터 시작한다는 데는 다들 동의한다. 전문 엔지니어가 사용하는 고급 미적분학을 알 필요는 없더라도, 현대에 살아가려면 간단한 덧셈은 할 줄 알아야 한다. 마찬가지로, 고도로 디지털화된 사회가 요구하는 역량은 다양할 것이다. 우리는 이렇게 나뉜 역량들을 체계화하길 원하지만, 동시에 AI 시대에 사는 모든 사람에게 필요한 핵심 역량을 정의할 필요가 있다.

그래서 나는 DQ프레임워크를 가장 포괄적으로 개발하고자 했다. '디지털 시대를 잘 살아가는 데 필요한 인간의 역량'으로 사용할 수 있도록 말이다. DQ프레임워크는 디지털 역량, 디지털 리터러시,

미래 기술, ICT 기술 그 이상을 포괄하는 상위 개념이어야 한다.

2015년 어느 날, 아침에 눈이 번쩍 떠졌다. 침대 옆에 있는 시계를 보니, 새벽 3시 45분이었다. 전자시계에 3, 4, 5가 찍혀 있어서 '재밌네!' 하며 일어난 기억이 난다. 그 무렵 나는 아침 8시 30분에 일어나서 일하러 나가려면 미리 자명종을 세 개나 맞춰놓아야 할 정도로 올빼미형 인간이었다. 그런데 그날은 어찌 된 일인지, 그렇게 일찍 눈이 떠졌고, 신기하게도 전혀 피곤하지 않은 아주 기분 좋은 아침이었다.

오랜만의 조용한 혼자만의 시간이어서 책상에 앉아 이 시간을 어떻게 잘 보낼까 생각하면서 차를 마셨다. 당시 나는 DQ프레임워크를 연구하는 중이었고, 세계인권선언의 기본 정신인 '인간과 그 존엄성에 대한 근본적인 존중'을 어떻게 디지털 역량으로 녹여낼 수 있을까 고민하고 있었다.

문득 책상 위에 놓인, 《성경》의 십계명이 적힌 액자가 눈에 들어왔다. 이걸 디지털 세계에 적용할 수 있을까? 앨프리드 대왕King Alfred the Great은 십계명으로 영국법의 기초를 확립해, 개인의 윤리 기준뿐만 아니라 안전하고 성공적인 사회를 만드는 포괄적인 규칙으로 삼았다.[10] '디지털 세계를 위한 포괄적인 윤리 기준을 세우는 데 이걸 쓰면 어떨까? 그래, 좋았어!'

나는 영국 신학자 데이비드 포슨David Pawson이 '존중'을 기본 주제로 십계명을 요약한 방법에서 실마리를 찾았다.[11] 열 가지 계명은 각각 인간의 여러 삶의 영역에서 '존중'을 어떻게 실천하는 가에 관한 것이다. 먼저 하나님을 존중하고 하나님의 유일성과 자애로운 성품, 그의 이름과 그가 정한 특별한 날을 존중하며, 자기 자신, 시간과 환경, 생명, 재산, 가족과 타인, 명예와 관계, 지식, 그리고 인간 존엄성을 존중하라는 내용이다.

세계인권선언의 기본적인 정신 또한 개개인을 한 명의 인간으로서 존중하는 것이다. 십계명이 인간 삶의 모든 영역에서 '존중'이라는 윤리 원칙에 따라 우리가 어떻게 살아야 하는지 알려주는 것처럼, DQ프레임워크는 인간의 디지털 생활의 모든 영역에서 똑같은 '존중'의 윤리 원칙을 바탕으로, AI 시대를 잘 살아가기 위해서 어떤 역량이 필요한지를 알려준다. 나는 디지털 세계의 여덟 가지 삶의 영역을 생각했고, 그에 필요한 여덟 가지 존중의 가치를 담았다.

윤리 원칙	DQ 분야	DQ 정의
자기 자신 존중	디지털 정체성	건전한 온라인 및 오프라인 정체성을 구축하는 능력
시간과 환경 존중	디지털 사용	균형 있고 건강하며, 사회 참여적이고 능동적으로 기술을 사용하는 능력
생명 존중	디지털 안전	안전하고 책임감 있고 윤리적인 기술 사용으로 다양한 디지털 위험을 이해하고 완화하고 관리하는 능력

재산 존중	디지털 보안	데이터, 장치, 네트워크, 시스템을 보호하기 위해 다양한 수준의 디지털 위협을 감지 및 방지하고 관리하는 능력
가족과 타인 존중	디지털 감성 지능	개인 간의 디지털 상호작용에서 타인의 감정을 올바르게 인지하고 공감하고 표현하면서 긍정적인 디지털 문화를 만드는 능력
명예와 관계 존중	디지털 커뮤니케이션	기술을 이용해서 다른 사람과 의사소통하고 협력하는 능력
지식 존중	디지털 리터러시	정보, 미디어, 기술을 찾고 읽고 평가하고 통합하고 만들고 적용하고 공유하는 능력
인간 존엄성 존중	디지털 권리	기술을 이용할 때 인권과 법적 권리를 이해하고 옹호하는 능력

DQ의 여덟 가지 분야와 원칙을 정의한 후, 개인의 학습 및 생활 주기에 따라 세 가지 성숙 단계인 시민의식, 창의력, 경쟁력을 추가했다. 매트릭스 구조처럼 8×3이 되었다. 나는 내 동료인 데이비스 부Davis Vu 최고 크리에이티브 책임자CCO에게 내 개념을 보내 공유했다. 천재적인 그는 이 개념을 오른쪽 이미지로 만들어 냈다. 나는 이 이미지가 너무나 마음에 들었다.

그날 아침, 그렇게 DQ프레임워크가 탄생했다.

DQ프레임워크의 구조도

보편적 윤리 가치에 기반을 둔 여덟 가지 디지털 생활 분야와
디지털 생활의 성숙도를 나타내는 세 단계.

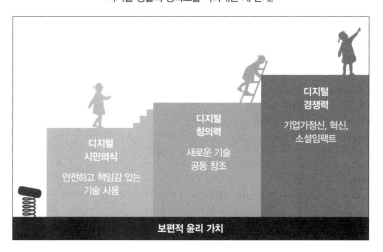

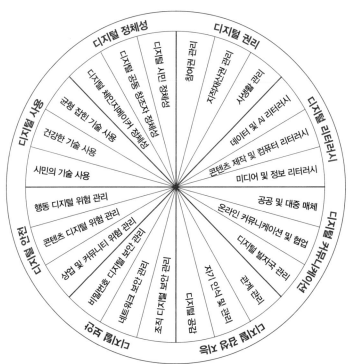

우리는 어떤 의사를
필요로 하는가?

DQ는 의사결정의 첫 두 단계(정보 수집 및 통합과 예측)에
뛰어난 인공지능을 활용해 남은 세 단계(판단, 결정, 행동)를
현명하게 수행할 수 있도록 해준다.

2020년 10월 10일 뉴욕 세계경제포럼에서 개최되는 첫 번째
DQ데이 콘퍼런스[12]를 준비하고 있을 때, EQ의 창시자인 대니얼
골먼Daniel Goleman[13]과 연락이 닿았다. 골먼이 DQ데이 콘퍼런스
에서 기조연설을 하기로 하자, 양쪽 팀에서 우리 두 사람에게 AI
시대에 EQ와 DQ가 왜 중요한지 논의하는 글을 함께 써보라고
제안했다.

골먼은 AI와 기계를 설계하는 전문 기술자가 윤리 원칙을 배워
야 하는 이유에 대해 공동으로 글을 쓰자고 했다. 우리 두 사람은
AI에 관한 현재의 윤리강령으로는 기계가 일으킬 수 있는 잠재적
인 피해와 그 영향을 제대로 막아내지 못한다는 데 동의했다.

하지만 나는 DQ에 관해 가장 자주 듣는 다음 세 가지 질문을 다루는 글을 같이 쓰자고 제안했다.

- DQ는 IQ 및 EQ와 어떻게 다른가?
- DQ는 AI 시대와 어떻게 직접적인 관련이 있는가?
- 우리가 AI를 논할 때 왜 DQ에 보편적인 윤리 가치를 포함해야 하는가?

골먼은 너그럽게 내 제안을 받아들였다. 다음은 우리 두 사람이 2019년 세계경제포럼을 위해서 'AI시대에 우리가 추구해야 할 여덟 가닥의 디지털 DNA'라는 제목으로 함께 쓴 글이다.[14]

당신이 만약 암에 걸렸다면, 어떤 의사를 찾겠습니까? 아주 오만하고 환자를 깔보는 태도지만, 아주 정확하게 상태를 진단할 수 있는 IQ 높은 의사를 찾겠습니까? 아니면 실력은 그만큼 뛰어나지 않지만, 배려심 많고 친절한 EQ 높은 의사를 찾겠습니까?

아마도 많은 사람들이 환자를 대하는 태도에 상관없이 IQ 높은 의사를 택하겠죠. 하지만 인공지능 기반의 진단 기계가 있어서 모든 의사가 모든 환자를 아주 정확히 진단할 수 있다면, 어떻게 하시겠습니까? 그러면 아마도 많은 사람들이 환자의 상황에 공감하고 환자와 가족을 충분히 배려하며 소통하고, 따뜻하고 세심하게 대하는 EQ 높은 의사를 택할 겁니다.

한 걸음 더 나아가서, AI 기반의 진단을 무조건 따르지 않고 오히려 이용할 줄 아는 현명한 의사를 원하지 않을까요? 의사가 AI의 진단 정확도에 대한 지식과 자신의 비판적 추론을 통해 AI의 강점과 한계를 잘 이해하면 얼마나 좋겠습니까? 의사는 AI의 알고리즘에 포착되는 것 이상으로 당신의 현재 가족 상황과 종교적 신념 등 개인적인 환경과 전후 사정을 살펴서, 그것들을 당신의 병과 관련지어 진단과 치료에 대해 적절한 결정을 할 수 있어야 합니다.

AI 시대에 성공하려면 IQ와 EQ를 뛰어넘는 새로운 형태의 인간 지능인 디지털 지능, 즉 DQ가 필요합니다. DQ가 높은 사람은 자신의 이익은 물론 다른 사람과 사회 전체의 이익을 생각하고, 이를 향상시키기 위해 효과적으로 기술을 활용할 수 있습니다. IQ가 높은 사람은 '똑똑하다'고 하고, EQ가 높은 사람은 '공감적'이라고 한다면, DQ가 높은 사람은 '현명하다'고 할 수 있습니다.

지금까지 인간이 지구에서 주인 행세를 하면서 살아남은 이유는 우리가 다른 동물 및 생명체에 비해 지능이 뛰어났기 때문이었습니다. 그런데 인공지능이 빠르게 발전해서 머지않아 인간보다 뛰어난 지능을 갖게 되면, 우리는 스스로 새로운 관점에서 근본적인 질문을 해야 합니다. AI 시대에 인류가 계속 주인으로 살아남으려면, 우리는 어떻게 해야 할까요?

우선 AI가 인간과 사회에 피해를 주지 않도록 'AI 윤리'를 AI 개발 단계에 포함시켜야 합니다. 예를 들어, AI 기반 무기의 실질적인 위협에 대응하려면, 모든 AI 기계에 인간을 절대로 다치게 해선 안 된다는 윤리 원칙을 주입해야 합니다. 그러나 AI가 인간을 해치지 않게 하기 위해서는 AI 윤리 정도로 충분하지 않습니다.

AI는 무인 살상 무기 같은 무시무시한 기계에만 있는 것이 아니라, 우리 삶 전반에 이미 존재하고 있습니다. 주머니에 든 스마트폰부터 거실에 있는 알렉사* 같은 가상 지원 미디어 장치와 업무용 이메일에 이르기까지 도처에 있습니다. 우리의 말과 행동 등에 관한 데이터가 모든 디지털 기기들을 통해 초단위로 포착됩니다. 즉, 'AI 윤리' 이상으로 인간의 윤리가 내일의 AI를 만듭니다. 그러므로 가장 중요한 것은 모든 개인이 윤리적 디지털 시민이 되는 것입니다. 결국 인간의 윤리가 인간을 인간답게 만드는 핵심 아닐까요?

따라서 DQ의 핵심 구성 요소인 디지털 DNA는 '남한테 대접받고 싶은 대로 남을 대접하라'는 황금률입니다. 디지털 DNA는 디지털 생활의 모든 차원을 포괄하는 여덟 가지 윤리 요소로 구성됩니다. 자기 자신, 시간과 환경, 생명, 재산, 가족과 타인, 명예와 관계, 지식, 인간 존엄성에 대한 존중이 그 핵심입니다.

AI 시대에 가장 필요한 원리가 아이러니하게도 2천 년이 넘은 옛 지혜입니다. 이 원리는 종교와 윤리적 맥락이 아니라 일상생활

---

*   알렉사 Alexa: 아마존에서 만든 음성인식 인공지능 비서.

과 직업에 필요한 실제 능력에 적용됩니다. 그 지혜는 온라인 안전 및 AI 리터러시부터 개인이 AI 시대의 디지털 생활과 직업을 준비하는 데 이르기까지 광범위하게 필요한 실질적인 DQ 역량이라고 할 수 있습니다.

아래 5단계를 토대로 인간의 의사결정 과정을 분석해봅시다.

1. 우리가 가진 정보 수집.(정보 수집 및 통합)

2. 우리가 갖고 있지 않은 정보 개발.(예측)

3. 예측에 근거한 판단.(판단)

4. 판단에 근거한 선택 및 결정.(결정)

5. 선택한 결정에 따른 행동.(행동)

AI는 첫 두 단계(정보 수집 및 통합과 예측)에서 인간에 비해 더 뛰어날 수 있습니다. 그렇다면 인간은 첫 두 단계에 AI를 이용하고 나머지 세 단계(판단, 결정, 행동)를 다뤄야 합니다. 그러려면 황금률에 기반한 디지털 DNA에 따른 의사결정 과정이 중요합니다. 즉, AI의 예측 결과와 윤리적 원칙에 기반해 현재 상황과 잠재적 결과 사이의 균형을 평가해서 결정할 수 있는 능력이 요구됩니다. 이런 종합적인 능력이 바로 DQ 역량입니다.

의사의 예로 돌아가볼까요. 다음은 AI 시대에 최고의 의사를 양성하는 데 필요한 여덟 가지 DQ 역량입니다.

- 디지털 정체성(자기 자신 존중): AI를 환자의 최고 이익을 위해 활용할 수 있는 디지털 의사로서의 자기효능감*을 갖는다.
- 디지털 리터러시(지식 존중): AI 기술을 이해하고 의사결정 과정의 일부로 AI의 지식 생성 및 예측 기능을 최대한 활용하는 법을 안다.
- 디지털 보안(재산 존중): 디지털 의료 체계와 환자 정보 관련 디지털 보안 문제를 이해하고, 환자 정보를 안전하게 다룬다.
- 디지털 사용(시간과 환경 존중): AI의 강점과 한계를 이해해 균형 있게 AI를 보조 도구로 활용한다.
- 디지털 안전(생명 존중): AI의 알고리즘과 그로 인해 환자 정보가 온라인에 공유될 때 파생될 수 있는 디지털 위험을 이해하고, 그 위험을 줄이는 법을 파악한다.
- 디지털 감성 지능(가족과 타인 존중): 환자에게 공감하면서 환자의 상황, 경제 사정, 감정 상태를 고려해 치료 방법을 선택한다.
- 디지털 커뮤니케이션(명예와 관계 존중): 환자와 관련해 온라인 및 오프라인에서 전해지는 모든 내용이 디지털 발자국과 피드백 자료의 일부가 되어 의사와 환자의 사생활과 명예를 훼손할 수 있음을 안다.
- 디지털 권리(인간 존엄성 존중): 개인정보와 사생활에 관한 환자의 권리를 이해한다.

---

* 자기효능감Self-efficacy: 자신이 어떤 일을 성공적으로 수행할 능력이 있다고 믿는 기대와 신념.

DQ의 탄생 이전

정보 수집 및 통합	예측	판단	결정	행동
우리가 가진 정보 수집	우리가 갖고 있지 않은 정보 개발	예측에 근거한 판단	판단에 근거한 선택 및 결정	선택한 결정에 따른 행동

지능(IQ)   감성 지능(EQ)

DQ의 탄생 이후

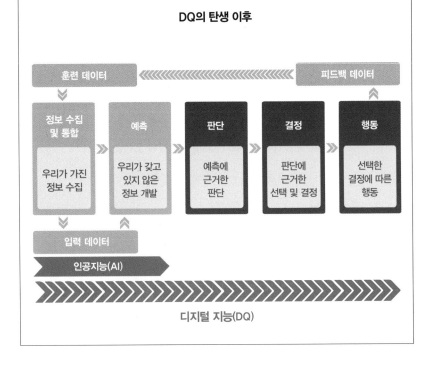

훈련 데이터   피드백 데이터

정보 수집 및 통합	예측	판단	결정	행동
우리가 가진 정보 수집	우리가 갖고 있지 않은 정보 개발	예측에 근거한 판단	판단에 근거한 선택 및 결정	선택한 결정에 따른 행동

입력 데이터

인공지능(AI)

디지털 지능(DQ)

모든 정보가 이용되는 AI 시대에 개인의 판단과 결정에 적용되는 윤리 원칙은 더 이상 개인의 문제가 아닙니다. 황금률에 기반한 디지털 DNA는 우리가 일하고 살아가는 방식에 중요한 역할을 합니다. 인간이 이 디지털 DNA를 가질 때, 기술의 노예가 아니라 기술을 주도적으로 이용하는 진정한 주인이 될 것입니다.

누구든 디지털 리더가
될 수 있도록

디지털 시민의식을 가진 사람은 다른 디지털 역량들을
스스로 습득할 수 있는 능력을 갖게 될 것이다.

DQ프레임워크를 구상할 때, 디지털 지능 교육의 최종 목표가
어떤 모습일지 상상하면서 설계를 했다. 내가 상상한 모습은 기술
의 주인으로서 강한 정체성이 있고, 자신의 목적을 위해 기술을 이
용할 줄 알며, 세상을 상식적이고 윤리적으로 더 낫게 바꿀 수 있
다는 자신감을 가진 사람이었다. 그들은 무개념으로 기술을 추종
하지 않고, 순진하게 무조건적으로 기술을 소비하지도 않으며, 따
라서 자신을 둘러싼 디지털 위험들과 인폴루션을 인지하지도 못
한 채 그 악영향에 함몰되지 않을 것이다. 그런 사람을 나는 '디지
털 리더'라고 부른다.

디지털 리더는 어떤 교육과정으로 길러낼 수 있을까? 나는 생애

주기별 학습 단계에서 모티브를 얻었다. 사람이 세상에 태어나면 다음과 같은 일이 일어난다.

- (학교에 가기 전에) 먼저 새로운 세상에서 살아가는 법을 배운다.
- (학교에서) 사회에 나가기 위해 다양한 지식과 기술을 배운다.
- (직장에서 또는 은퇴 후에) 사회에서 다른 사람을 위해 가치를 창출하는 법을 배운다.

이와 비슷하게, 개인이 '디지털 리더'가 되기 위해서는 세 가지 성숙 단계인 디지털 시민의식, 디지털 창의력, 디지털 기업가정신 과정을 거쳐야 한다고 생각했다. 따라서 개인이 자격을 제대로 갖춘 디지털 리더가 되려면······

- 디지털 시민의식 수준에서 시작해야 한다. 기술의 주인으로서 강한 정체성과 자신감을 갖고, 안전하고 책임감 있고 윤리적인 방식으로 디지털 사용을 통솔한다.
- 다음 디지털 창의력 단계로 올라가면, 새로운 기술과 미디어를 이용해서 새로운 콘텐츠를 함께 만들고, 아이디어를 현실화해서 디지털 생태계의 일부가 된다.
- 마지막으로 디지털 기업가정신 역량을 개발해서 변화를 만들고 문제를 해결할 수 있다.

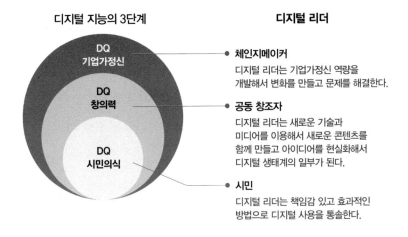

디지털 지능 3단계와 관련한 DQ 역량

디지털 지능의 3단계

- DQ 기업가정신
- DQ 창의력
- DQ 시민의식

디지털 리더

● **체인지메이커**
디지털 리더는 기업가정신 역량을 개발해서 변화를 만들고 문제를 해결한다.

● **공동 창조자**
디지털 리더는 새로운 기술과 미디어를 이용해서 새로운 콘텐츠를 함께 만들고 아이디어를 현실화해서 디지털 생태계의 일부가 된다.

● **시민**
디지털 리더는 책임감 있고 효과적인 방법으로 디지털 사용을 통솔한다.

2018년 싱가포르 직업훈련품질관리기구*, 시티오브런던과 의논한 끝에 마지막 단계인 '디지털 기업가정신'을 '디지털 경쟁력'으로 용어를 바꿔 기업 환경에서도 DQ프레임워크를 폭넓게 사용할 수 있도록 했다.

이 학습 모델은 어린이뿐만 아니라 어른에게도 적용된다. 사람들이 처음 디지털 세계와 연결되면, 나이나 지위에 상관없이 이 새로운 세계에서는 갓 태어난 아이와 마찬가지다. 나는 '디지털 시

---

*   **싱가포르 직업훈련품질관리기구**Skills Future Singapore, SSG: **싱가포르 교육부 산하의 법정기관으로, 자국민의 직무역량 향상을 위한 업무를 수행한다.**

민의식'이 인터넷에 연결된 모든 사람에게 꼭 필요한 디지털 생활 기술이라고 굳게 믿는다. 디지털 시민의식은 또한 디지털 창의력과 경쟁력, 즉 모든 디지털 역량의 전제조건으로, 인간의 기본적인 역량이기도 하다.

인터넷은 방대한 정보의 세계다. 정보나 교육 또는 훈련의 기회가 부족하지 않다. 한 사람이 기본적인 디지털 시민의식 역량을 갖게 되면, 자신이 속한 단체와 목적에 따라 필요한 나머지 역량을 얻는 방법을 찾을 수 있다. 아이들에게 AI 시대에 동등한 기회를 제공하기 위해서는 모든 아이가 디지털 시민의식을 반드시 갖춰야 한다고 굳게 믿는다.

하지만 안타깝게도 디지털 시민의식은 우리 사회의 리더들뿐만이 아니라 부모와 교사에게도 많이 무시되고 있다. 반면 '창의력'이나 '경쟁력'에 대해서는 교육 분야에서 관심이 높다. 그래서 학부모에게 말할 기회가 생길 때마다 "자녀에게 코딩을 가르치기 전에 디지털 시민의식을 가르쳐야 합니다"라고 말하지만, 그것만으로는 충분하지 않다.

2015년 국가 차원에서 이 문제를 다루기 위해 '모든 아이에게 필요한 여덟 가지 디지털 생활 기술과 교육 계획'이라는 제목의 글을 세계경제포럼에 발표했다.[15] 초등학교 교육에 필수 과정으로 디지털 시민의식을 채택하라고 국가 교육제도를 설득하고 싶었다. 디지털 세계에서 우리 아이들에게 필요한 날개를 달아줄 중요한 교육이라고 믿었다.

한 세대 전만 해도 IT와 디지털 미디어를 다룰 줄 아는 역량은 그다지 주목받지 못했다. 그러나 오늘날에는 대부분의 직업에서 성공하기 위해 반드시 필요한 핵심 역량이 되었다. 개인이 디지털 역량을 갖추기 위해서는 교육 체계에 포괄적인 디지털 역량 교육을 도입할 필요가 있다. 국가적인 차원에서 디지털 역량을 교육하는 프로그램이 없으면 기술에 대한 사용 능력 및 접근성이 평등하게 분배되지 않아 불평등이 심화되면서 계층이동 가능성이 크게 저해될 것이다.

아래는 2015년 세계경제포럼에서 발표한 글이다.

당신의 DQ는 무엇인가?

교육자들은 IT를 교육 도구나 'IT 지원 교육 플랫폼'이 아닌 다른 용도로 생각하기가 쉽지 않을 것이다. 하지만 이제 학생들이 디지털 기술과 미디어를 어디서나 접속할 수 있는 세상에서, 학생들이 온라인과 오프라인 모두에서 디지털 리더로서의 뛰어난 능력과 자신감을 기를 수 있는 방법을 생각해야 한다.

IQ나 EQ를 어떤 사람의 일반 지능과 감성 지능을 측정하는 데 사용하는 것처럼, 디지털 기술과 미디어에 대한 개인의 재능과 사용 능력도 측정할 수 있어야 한다. 이를 DQ 또는 디지털 지능이라고 부른다.

DQ는 크게 세 단계로 나눌 수 있다.

- 1단계, 디지털 시민의식: 디지털 기술과 미디어를 안전하고 책임감 있고 효과적으로 사용하는 능력.
- 2단계, 디지털 창의력: 디지털 도구들을 이용해서 새로운 콘텐츠와 기술을 창조하고 아이디어를 현실화해서 디지털 생태계의 일부로 만드는 능력. 코딩, 미디어 활용 교육 등을 통해 기를 수 있다.
- 3단계, 디지털 기업가정신: 글로벌 과제를 해결하거나 새로운 기회와 가치를 창출하기 위해 디지털 기술과 미디어를 사용하는 능력. 디지털 기업가나 전문가의 멘토링을 통해 기를 수 있다.

왜 우리는 디지털 시민의식의 중요성을 간과하고 있을까?

교육계에서는 위 3단계 중 디지털 창의력의 중요성을 가장 많이 언급한다. 점점 더 많은 학교에서 아이들에게 미래의 취업 능력 및 일자리 창출과 직접적으로 관련된 미디어 활용 능력, 코딩, 로봇을 어느 정도 다룰 수 있는 방법 등을 지도하기 때문이다. 마찬가지로 미국의 코드닷오알지code.org부터 아프리카의 아이엠더코드IamTheCode에 이르는 주요 교육 이니셔티브에서 코딩 교육에 대한 접근을 높이고 있다.

디지털 기업가정신도 특히 고등교육에서 적극적으로 권장되었다. 많은 일류 대학교에서는 혁신 문화를 장려하기 위해 기술

산업기업가정신학과, 창업기업가정신 해커톤대회* 같은 새로운 과정이나 이니셔티브를 채택하고 있다. 심지어 마라재단Mara Foundation 같은 멘토링 프로그램과 아쇼카 체인지메이커학교 Ashoka Changemaker School 같은 프로그램을 통해 아이들에게 사회적 기업가정신을 가르치는 글로벌 운동도 등장하기 시작했다.

그런데 디지털 시민의식의 중요성에 대해서는 우리 사회의 리더들과 교육자들조차 잘 깨닫지 못하고 있다. 디지털 시민의식은 디지털 세계에서 살아가기 위해 꼭 필요한 개인의 기본 능력으로, 특히 어릴 때 이 역량을 키워야 한다. 아이들이 디지털 세계를 경험하기 시작할 때 최대한 빨리 시민의식을 배우기 시작해야 한다. 게임, 소셜미디어, 스마트폰 같은 디지털 기기를 적극적으로 쓰기 시작할 때가 가장 좋은 시기다.

우리 아이들이 반드시 배워야 하는 디지털 역량

교육자들은 흔히 아이들이 디지털 시민의식을 스스로 알아서 배우거나 집에서 익혀야 한다고 생각하는 경향이 있다. 하지만 어릴 때 디지털 문화를 경험하지 못한 부모나 교사들은 스마트폰과 소셜미디어의 시대에서 성장한 Z세대와의 디지털 세대 차이로

---

* 해커톤대회hackathon: '해킹'과 '마라톤'의 합성어로, 개발자와 디자이너 등이 팀을 꾸려 마라톤을 하듯 긴 시간 동안 시제품 단계의 결과물을 만드는 대회다.

인해 아이들에게 이런 역량을 어떻게 적절하게 준비시켜야 하는지 잘 모른다는 게 큰 문제다.

어린아이들은 모두 기술 중독, 사이버불링, 온라인 그루밍 같은 디지털 위험에 너무 자주 노출된다. 그 과정에서 다른 사람과 소통하는 능력이나 정서 및 인지 능력 개발에 부정적인 영향을 미치는 온라인 행동규범을 흡수할 수도 있다.

대다수의 아이들이 이런 디지털 위험에 노출되어 있지만, 특히 장애가 있거나 소수집단에 속한 아이들, 경제적으로 어려운 아이들을 비롯한 취약 계층 아이들은 온라인상에서 더 위험한 문제에 더 많이 노출되며, 그 위험이 오프라인으로 이어지는 심각한 결과가 발생하기도 한다.

양질의 디지털 역량 교육

디지털 역량 교육을 국가적으로 도입하기 위해서는 반드시 평가와 피드백의 기회가 포함되어야 한다. 평가 도구는 DQ의 하드 스킬**뿐만 아니라 소프트 스킬까지 평가하기 위해 포괄적으로 적용할 수 있는 것이어야 한다. 궁극적으로 이런 평가는 아이들이 자신의 장단점을 잘 이해하도록 피드백을 제공해서, 디지털 세계

**　하드 스킬Hard Skill: 대인관계와 관련된 소프트 스킬과 달리, 측정되고 정의될 수 있는 구체적인 능력을 의미한다.

에서 성공에 이르는 자신만의 길을 찾을 수 있도록 돕는 수단으로 쓰여야 한다.

무엇보다도 국가 지도자는 디지털 지능의 기반으로서 디지털 시민의식의 중요성을 제대로 이해할 필요가 있다. 국가 교육 지도자는 전반적인 DQ 디지털 역량 교육 체계의 일부로 디지털 시민의식 프로그램을 먼저 실행해야 한다. 개인들 역시 자신의 영향권 안에서 디지털 시민의식 교육을 시작해야 한다. 부모는 집에서, 교사는 학교에서, NGO 리더는 지역사회에서.

더 이상 기다릴 필요가 없다. 사실은 기다릴 시간이 없다. 우리 아이들은 이미 디지털 세계에서 살고 있으며, 아이들의 미래는 디지털 세계에서 어떻게 성공하는가에 달려 있다. 우리 아이들이 더 잘 살 수 있는 세상을 만들기 위해서는, 우리가 아이들에게 필요한 디지털 역량을 키우기 위해 아낌없는 지원을 해야 할 것이다.

내 아이를 위해,
우리 아이들을 위해

때로는 가장 개인적인 것이

가장 보편적인 것이 될 수도 있다.

2020년 초에 전 세계 이동망 사업자를 위한 디지털 역량 연합을 구축하고자 하는 세계이동통신사업자협회GSMA와 인터뷰를 했다. 한 달 뒤에는 세계경제포럼에서 코로나19 이후 교육이 어떻게 바뀔지에 관한 인터뷰를 했다.[16] 흥미롭게도 두 곳 모두 나에게 DQ 프레임워크를 어떻게 개발하게 되었는지 물었다.

나는 아주 개인적인 이유로 DQ프레임워크를 개발했다고 대답했다. 사실 내 아이들, 아이작과 케이트를 위해서 DQ프레임워크를 개발했다. 나 역시 다른 부모들처럼 내 아이들이 AI 시대를 살아가면서 누구보다도 행복하고 성공하길 바란다. 앞에서 말했듯이, 기계는 우리보다 더 똑똑할 수 있고, 우리보다 더 친절할 수도 있다. 하지만 아이작과 케이트가 기계보다 현명하길 바란다. 현명하다는 건 비판적 추론과 가치에 기반한 올바른 결정을 내릴 수 있다는 뜻이다.

2016년 세계경제포럼에서 '아이들에게 가르쳐야 하는 여덟 가지 디지털 역량'이라는 제목으로 전반적인 DQ 개념을 처음 발표한 직후에, 디지털 시민의식의 중요성을 강조하기 위해서 '모든 아이들에게 필요한 여덟 가지 디지털 생활 역량과 교육 계획'을 발표했다.[17] 그 후로 DQ프레임워크는 전 세계의 국제기구, 지역 및 국가 정부, 산업 및 학교를 포함해 다양한 단체에서 널리 쓰이고 있다.

2017년 9월 뉴욕에서 '사람 중심 인터넷People Centred Internet'의 공동 창립자 메이린 펑Mei Lin Fung, 세계경제포럼의 에릭 화이트와 함께 앉아서 전 세계가 협력하려면 디지털 역량을 위한 글로벌 표준을 정해야 한다는 논의를 했다. 몇 달 후 마이크로소프트에서 일하다가 지금은 IBM에서 일하는 멀리사 사시Melissa Sassi와 IEEE 디지털 리터러시 산업 연결 프로그램을 주도하는 국제도서관협회연맹IFLA의 슈테판 와이버Stephan Wyber의 전화를 받았다.

두 사람은 디지털 역량에 관한 100개 이상의 프레임워크와 문헌을 조사한 후에 DQ프레임워크가 디지털 역량을 위한 글로벌 산업표준으로 쓰기에 가장 좋다는 결론을 내렸다고 말했다. 그들은 IEEE를 통해 디지털 역량에 대한 글로벌 표준을 개발하기 위해서 DQ프레임워크를 써도 되느냐고 물었다. 물론이죠! 그 전화를 끊은 후에 나는 너무 들뜨고 기뻐서 "오예!"라고 외쳤던 기억이 아직도 생생하다.

그 후에 디지털 리터러시와 디지털 역량 문제는 교육 및 기술 분야의 협력이 필요하다는 생각이 들어서 OECD 교육기술국의 안드레아스 슐라이허 국장에게 이런 노력에 동참해달라고 부탁했다. 그리하여 세계경제포럼과 공동으로 IEEE, OECD, DQ연구소로 구성된 '디지털 지능을 위한 연대CDI'가 2018년 9월 26일 공식 출범했다.

이후 CDI는 DQ프레임워크를 디지털 리터러시, 디지털 역량, 디지털 준비성을 위한 공동 프레임워크로 사용하기로 합의했다. CDI의 창립 목적은 DQ프레임워크를 공동 플랫폼으로 써서 전 세계적인 다양한 디지털 역량에 대한 노력들을 중재함으로써 기술과 인간의 속도 격차를 극복하는 것이었다. 그러기 위해서는 모든 분야와 지역의 사람들이 '디지털 역량,' '디지털 리터러시,' '디지털 준비성'에 대해 같은 언어를 쓰는 것이 중요하다. 이런 교육계와 산업계의 세계적인 공동 협력은 인간이 디지털 역량을 강화하는 속도를 빠르게 가속화할 수 있을 것이다.

IEEE가 디지털 역량에 관한 산업표준으로 DQ프레임워크를 쓰고 싶다고 말했을 때, 나는 너무 기쁘면서도 한편으로는 의아한 생각이 들어 물었다. "왜 DQ인가요? 전 DQ프레임워크의 개념을 아이들을 위해서 개발했는데요. 산업표준이나 임직원 디지털 역량 개발에 쓰일 거라고는 생각하지 못했어요." IEEE 측에서는 DQ프레임워크가 가장 유연하고 포괄적이면서도 보편적이라고 대답했다. 그 순간, 때로는 가장 개인적인 것이 가장 보편적인 것이 될 수도 있다는 사실을 깨달았다.

IEEE의 메이린, 멀리사, 에릭, 캐런 매케이브는 '디지털 지능을 위한 연대'가 출범할 때 아래의 보도자료를 공동으로 작성했다.[18] 그 자료에는 디지털 리터러시, 디지털 역량, 디지털 준비성에 대한 글로벌 표준이 필요한 이유와 DQ프레임워크가 그 목적에 어떻게 부합하는지가 잘 담겨 있었다. 그들의 리더십에 감탄할 따름이었다.

OECD, IEEE 및 DQ연구소, 기술과 교육 부문에서
디지털 지능을 위한 협력 플랫폼 발표

뉴욕에서 '세계경제포럼 지속가능 개발 임팩트 정상회의'가 열리는 동안 OECD, IEEE, DQ연구소 등 세 곳의 주요 국제기구는 '디지털 지능을 위한 연대CDI'를 발족하기로 발표했다. 이 연대는 기술과 교육 분야에 걸쳐 디지털 지능을 양성하는 협력 플랫폼으로, 세계경제포럼이 지원한다.

세계 경제는 매년 디지털 리터러시와 디지털 역량을 개발하는 데 수십억 달러를 투자하고 있다. 하지만 많은 기업, 정부, 단체가 제각각 자체적인 프레임워크에 따라 프로그램을 운영하고 있어서 그런 노력이 효과적으로 전개되지 못했다. 전 세계의 많은 국가와 단체는 디지털 역량과 디지털 리터러시를 구분하는 프레임워크를 만들기 위해 수없이 많은 노력을 기울이고 있다.

결과적으로 '디지털 역량'과 '디지털 리터러시' 같은 용어가 무엇을 뜻하는지, 전 세계에서 같은 의미로 이해하지 못하고 있다. 이 용어들은 오늘날 쓰이는 것처럼 입력과 웹 검색부터 소셜미디어 플랫폼 사용, 공급업체별 데이터베이스 제품 관리, 소프트웨어 만들기에 이르기까지 다양한 역량을 나타낼 수 있다.

용어의 정의가 산만하고, 서로 용어에 대한 공통된 이해가 부족하면 결국 종합적인 모니터링과 보고가 잘 이루어지지 않는다. 오늘날 전 세계에는 디지털 역량 수준을 공통으로 이해하는 기준점이 없어, 역량 수준을 개선하고 유지하는 방법을 고안하기가 어렵다. CDI는 공동의 정의와 기준을 위한 협력이 늘어난다면 전 세계가 기본적인 디지털 역량과 디지털 리터러시를 더 효율적이고도 효과적으로 구축할 수 있다는 합의에 기반을 두고 있다.

국제 싱크탱크인 DQ연구소는 학문적으로 엄격한 과정을 거쳐 전 세계에서 20개 이상의 주요 프레임워크를 종합했다. 그 결과로 얻은 프레임워크인 '디지털 지능DQ'은 오늘날 디지털 생활에 필요하다고 여겨지는 여덟 가지 포괄적인 분야를 아우른다. 그 안에는 예상되는 기술적 능력뿐만 아니라 디지털 안전, 디지털 권리, 디지털 감성 지능 관련 능력도 포함된다. 사람들은 이런 능력으로 컴퓨터나 스마트폰을 사용하고, 신원 도용, 스크린 중독, 온라인 사생활, 디지털 허위 정보의 확산 등 사회적·경제적 문제도 다룰 수 있다.

DQ는 또한 디지털 역량을 개발하려는 산업계의 노력과 디지털 리터러시 교육 안건을 함께 묶는다. 여기에는 디지털 시민의식, 디지털 회복력, 미디어 및 정보 리터러시, 취업 준비성, 기업가 정신 등이 포함된다. DQ프레임워크는 'OECD 교육 2030 학습 프레임워크'에 따라서 디지털 지능에 관한 국가적 교육 및 정책을 개발하기 위한 국가적 지침을 만들고자 한다.

"기술은 인간성을 향상할 때만 의미가 있습니다. AI와 초연결된 시대에 DQ는 윤리와 인간의 가치에 기반한 포괄적 의미의 기술, 인지, 사회·감성적 디지털 역량입니다." DQ연구소 창립자 박유현의 말이다.

DQ가 글로벌 프레임워크로서 디지털 역량 훈련을 확장하고 국가 간, 섹터 간, 기업 간 협력 도모를 위해 제대로 쓰이려면 교육계와 기술계가 함께 움직여야 한다. 교육계와 기술계의 커뮤니티는 디지털 지능을 구축하는 데 중요한 역할을 맡고 있다.

"디지털 지능의 개발은 임시방편으로 우연히 이루어진 것이 아니다." IEEE 디지털 리터러시 산업 연결 프로그램의 공동 의장 멀리사 사시가 말했다. "전 세계에서 다양한 형태의 협력을 통해 기술적인 우수성과 배치에 중점을 둔 패러다임이어야 합니다. 우리는 공통된 정의로 합의한 글로벌 표준을 사용해서 처음 제품과 소프트웨어 설계부터 디지털 지능이 제품에 상용화될 수 있도록 하려고 합니다. 또한 디지털 역량에 대한 지표 및 평가의 개발 과정과 실행을 개선할 수도 있습니다."

CDI는 기술과 교육 분야에 걸쳐 디지털 지능을 양성하는 협력 플랫폼 역할을 할 것이다. 우선 OECD의 공식 채택 과정과 IEEE의 기술표준 개발을 통해 DQ프레임워크를 제도화하기 위해 노력할 계획이다. 또한 다자간 이해관계자 연합체가 IEEE 표준을 홍보 및 실행하고, OECD가 만든 지침을 구현하기 위해 교육부장관 연합을 중심으로 비슷한 단체가 만들어지면, CDI는 각 단체가 실행 그룹을 구성할 수 있도록 도울 예정이다.

"쉽게 가르치고 시험할 수 있는 것들이 쉽게 디지털화되고 자율화되는 세상에서는, 개인이 새로운 기술을 제대로 활용할 수 있도록 권한을 부여하는 인간의 능력과 컴퓨터의 인공지능을 결합하기 위해 더 열심히 노력해야 합니다. 바로 그런 이유로 CDI가 정말 중요해졌습니다. OECD가 '교육 2030 학습 프레임워크'를 통해 공통 언어와 방법론으로 이렇게 기여할 수 있게 되어 영광입니다." OECD 교육기술국 국장이자 사무총장의 교육정책 특별고문인 안드레아스 슐라이허가 말했다.

CDI는 각 단체에 대한 공동 보도 프레임워크를 정하고, 각 커뮤니티가 다른 곳과 관련된 필요 사항을 확인하고 공동 진행 과정에 관해 함께 모여서 논의하는 회담을 개최할 예정이다. 그 결과는 DQ프레임워크에 다시 전달되어 실행자의 조사 결과와 기술적 변화에 따라 정기적으로 업데이트된다.

내일을 바꿀 오늘의 변화

지금까지 IQ가 그랬던 것처럼,

DQ는 새로운 평가와 비교의 기준을 제공한다.

— 피터 에슬린

2018년 초 피터 에슬린이 세계경제포럼에서 내 기사를 읽은 뒤 링크드인*을 통해 연락을 해왔다. 당시는 그가 시티오브런던의 시장이 되기 몇 달 전이었다. 그는 영국의 국가적인 디지털 역량 전략을 구상하면서 사용할 디지털 역량 프레임워크를 조사하다가 DQ의 개념이 유용하다는 걸 알았다고 했다.

"왜 DQ를 선택하셨나요?"

그는 말했다. "IQ, EQ, 그리고 DQ. 여덟 가지 분야와 세 단계. 간단하고 이해하기 쉬워서요."

---

* 링크드인LinkedIn: 세계 최대의 비즈니스 중심 소셜 네트워크 플랫폼.

좋았어!

2018년 9월 26일 CDI가 출범한 후, 같은 해 11월 30일에 에슬린은 디지털역량포럼을 주최했고, 그 포럼에서 영국 CDI를 출범한다고 공식 발표했다.

나는 수많은 콘퍼런스, 포럼, 워크숍, 회의에서 연설했지만, 이 포럼에 대한 기억은 정말 소중하게 남아 있다. 정말 마법 같은 날이었다. 피터는 디지털 시민의식, 디지털 창의력, 디지털 경쟁력이라는 DQ프레임워크의 핵심 내용을 기반으로 포럼을 구성했다. 그는 이론적인 DQ프레임워크가 어떻게 실질적인 플랫폼으로 바뀔 수 있는지를 몸소 보여줬다. DQ프레임워크는 정치인, 스타트업 대표, NGO 리더, 대학교수, 자선가, 미디어 아티스트 등 여러 분야 다양한 이해관계자들을 조율해서 시민들이 다양한 디지털 역량을 구축할 수 있도록 지원하고자 하는 시티오브런던의 전략 개발을 위한 플랫폼으로 바뀌었다.

그 포럼에서 그들은 모두 함께 모여서 자체 DQ 관련 프로그램과 정책 및 전략에 대해 의논했다. 나는 기조연설을 한 후 토론 중인 회의실마다 전부 돌아다니면서 이야기를 들었다. DQ프레임워크와 개념이 영국의 여러 분야 리더들이 열띤 논쟁을 벌이도록 불을 붙이고, 도시와 국가를 형성하는 실제 조치로 바뀌는 모습을 지켜보는 건 정말 놀라운 경험이었다. 그 포럼에서 만든 개념을 토대로 피터와 그의 팀은 1년 뒤인 2019년 10월 10일 첫 번째 DQ데이에 '미래는 지금future. now'이라는, 영국 전역의 임직원을 위한 전국적인 디지털 역량 이니셔티브를 시작했다.[19]

아래 글은 디지털역량포럼의 문을 연 피터의 환영 인사다. 나는 DQ프레임워크가 다양한 정부 및 산업의 디지털 리터러시와 디지털 역량 이니셔티브에 사용되는 모습을 지켜보았다. 하지만 피터의 메시지는 DQ프레임워크가 어떻게 아이디어에 불을 붙여 새로운 디지털 경제에서 새로운 혁신에 불꽃을 일으킬 수 있는지를 잘 요약해준다.

환영합니다 _ 피터 에슬린 런던오브시티 시장

시티오브런던의 디지털역량포럼에 오신 것을 환영합니다. 이번 회의는 사람, 지역사회, 기업이 함께 모여 런던과 영국을 디지털 시대로 이끄는 데 필요한 디지털 역량을 갖출 수 있도록 기회를 제공해줍니다.

우리는 지금 제4차 산업혁명에 접어들었습니다. 런던은 디지털 혁명의 글로벌 중심지로서 그 위상을 발전시키고 유지해왔으며, 디지털은 미래 성장과 경쟁력의 중심이 될 것입니다.

디지털 및 기술의 전환이 점점 더 교육, 기업, 자선단체, 문화적 기관 사이의 전통적인 경계를 무너뜨리고 흐리게 함에 따라, 이들 커뮤니티가 모두 함께 모여서 디지털 역량의 파이프라인과 혁신적인 인재를 구축하고 개발하며 양성하는 것이 그 어느 때보다도 중요해졌습니다.

우리는 인재 개발에 중점을 두므로, 디지털 미래에 모든 사람을 반드시 포함해야 합니다. 디지털 전환은 디지털 및 사회적 통합을 이루고, 사회적 유동성을 높이며, 디지털 역량을 개발할 수 있는 기회를 제공해줍니다. 우리는 이 기회를 놓쳐서는 안 됩니다.

'시티오브런던 법인City of London Corporation'은 디지털 경쟁력, 창의력, 시민의식을 모색하는 5개년 디지털 역량 전략을 시작했습니다. 오늘의 정상회담은 런던시 전역의 사람, 기업, 단체가 함께 디지털 역량과 혁신을 최대한 활용할 수 있는 능력을 갖추게 할, 서로 연결된 세 가지 주제로 나뉘어 있습니다. 변화의 속도가 빠르긴 하지만, 우리는 이런 전환만으로도 다음과 같은 목표에 도달할 엄청난 기회를 잡을 수 있습니다.

- 디지털 경쟁력: 산업, 일자리, 성장을 주도할 인재와 능력을 개발하도록 비즈니스 지원.
- 디지털 창의력: 창의적인 발명과 기술적 혁신의 융합을 아우르기 위해 문화와 창의적 분야 지원.
- 디지털 시민의식: 위탁 사업체와 재단이 사회적 변화를 주도하는 데 중요한 디지털 혁신 투자의 선두에 남도록 보장.

디지털 역량은 2018/19 시장의 프로그램인 '오늘, 내일의 도시

형성하기 Shaping Tomorrow's City Today'의 핵심으로, 내용은 다음과 같습니다.

- 혁신 및 기술 향상: 예를 들어, 첨단기술 플랫폼을 수용하고, 핀테크 혁신에 투자하고, 녹색금융* 리더십을 가속화함으로써, 기술이 경제 성장, 국내 투자, 국제 무역을 이끌 새로운 기회를 제공할 수 있습니다. 시티오브런던 법인은 이런 혁신을 수용해서 주도하기 위해 시 비즈니스를 지원함과 동시에 자체적으로 5G 투자부터 법인 차량의 전기차 전환에 이르기까지, 디지털 및 기술 솔루션에 투자할 예정입니다.
- 디지털 역량 강화: 가장 좋은 디지털 역량에 대한 접근이 '내일의 도시' 프로그램의 성공을 뒷받침합니다. 저는 시장으로서 디지털 역량 격차를 좁힐 방법을 이해하기 위해 기업, 정부, 교사, 시민 등 남녀노소 모두와 함께 일할 것입니다. 우리는 시티오브런던 아카데미**에서 디지털 역량을 북돋우는 DQ, 즉 디지털 역량, 디지털 리터러시, 디지털 준비성을 위한 새로운 글로벌 표준의 중요성에 대한 인식을 고취하고 디지털 수습 기간을 지원하겠습니다. 이를 통해 시 전체의 디지털 역량을 증대시키는 파이프라인을 구축할 것입니다.
- 디지털 및 사회적 통합 문제 해결: 우리의 디지털 미래에는 모든 사람

---

*   녹색 금융 Green Finance: 환경 개선과 금융산업 발전 및 경제 성장을 동시에 추구하는 금융 형태.
**   시티오브런던 아카데미 City of London Academy: 런던시 산하의 교육기관.

이 포함되고, 빠른 변화의 속도에 뒤처지는 사람이 한 명도 없는 것이 중요합니다. 우리 프로그램은 디지털 세대를 위한 디지털 시민의식의 새로운 모델을 고려하겠습니다. 동시에 어떻게 디지털 플랫폼을 통해 사회적 통합을 촉진할 수 있을지 적극적으로 검토하겠습니다. 청년층에게 다양한 직무 경험의 기회를 제공하는 디지털 플랫폼이 그 예가 될 수 있을 것입니다.

변화하는 우리 주변의 세상을 지속적으로 알려주는 새로운 기술을 활용함으로써 디지털 혁신을 지원하고 경쟁력을 유지하기 위해서 함께 일할 수 있기를 바랍니다. 우리가 다 함께 '오늘, 내일의 도시를 형성할' 기회를 잡을 수 있도록 참여해주셔서 감사합니다. 이 여정에서 여러분과 함께 일하기를 고대합니다.

"기다릴 시간이 없다.

아이들은 이미 디지털 세계에 살고 있으며,

아이들의 미래는 디지털 세계에서

어떻게 성공하느냐에 달려 있다."

5장에서 설명한 것처럼 디지털 시민의식은 DQ프레임워크의 첫 단계이자
디지털 창의력과 디지털 경쟁력, 즉 다른 모든 디지털 역량에
꼭 필요한 기본 역량이다.

좋은 디지털 시민의식을 가진 사람은
자신이 속한 단체와 목적에 따라 필요한 나머지 역량을 획득할 수 있을 것이다.

글로벌 시민의식 캠페인인 # DQ에브리차일드는
모든 아이들에게 디지털 시민의식을 교육하기 위한 목적으로 탄생했다.

이 장에서는 디지털 시민의식이 아이들에게 왜 중요한지,
AI 시대에 아이들의 잠재력을 어떻게 일깨울 수 있을지 설명하고자 한다.

6장

일어나서 빛을 발하라

모든 아이들이 체인지메이커가 된다면

어른들의 보호를 기다리지 말자.
아이들이 스스로 디지털 생태계를 바꿀 수 있도록
역량을 강화하고 권한을 부여하자.

2010년 우리나라에서 아동 온라인 보호 관련 일을 시작했을 때, 아이들이 게임에 지나치게 몰두하는 게임 과몰입이 주요 문제였는데, 특히 성인용 폭력성 게임이 심각했다. 어느 날 한 동료가 잔뜩 화가 난 학부모의 전화를 받았다. 한 대형 게임 회사가 아들이 다니는 초등학교 앞에서 아이들에게 성인용 게임에 무료로 접속할 수 있게 해주는 판촉 쿠폰을 나눠줬다는 이야기였다.

그 무료 쿠폰은 집이 아니라 피시방에서 게임에 접속해야만 더 오랫동안 게임을 할 수 있게 되어 있었다. 그리고 아이들은 다른 친구 열 명의 연락처를 공유해야만 했다. 그 학부모는 열 살짜리 아들이 그 열 명의 친구 중 한 명이라는 사실을 알았다. 아들은 피시방에 가서 게임을 하려고 학원 수업을 빠지기 시작했고, 게임 아이템을 사려고 엄마의 신용카드를 훔쳤다.

그 학부모는 게임 회사에 아들의 계정을 삭제해달라고 끈질기게 요청했지만, '안 된다'는 말만 들었다. 그녀는 어떻게 회사가 어린아이들에게 그런 쿠폰을 줘서 의도적으로 부모의 감독을 피해 성인용 게임을 하도록 유도할 수 있는지 믿을 수 없다고 말했다.

내 동료는 그 회사의 마케팅 책임자를 만나서 아이들에 대한 비윤리적인 마케팅 관행을 멈춰달라고 요청했다. 하지만 돌아온 대답은 "아니요, 불법은 전혀 없었습니다"였다. 그 책임자는 "당신은 마치 빛을 손으로 잡으려고 하는군요. 절대로 성공하지 못할 겁니다"라고 내 동료에게 말했다. 얼마나 시적인 답변인가.

솔직히 2010년에는 대부분의 나라에서 아동 온라인 보호에 대한 개념이 거의 없었다. 우리나라도 예외가 아니었다. 부모와 교사는 정보화 역기능에 관련된 문제와 디지털 위험을 제대로 알지 못했다. 많은 시민들이 적극적으로 나서서 범사회적으로 문제를 삼지 않는 한, 정부로서는 디지털 전환 의제에 반대하는 대부분의 조치가 달갑지 않았을 것이다. 기술 기업은 생존을 위해 새로운 혁신을 선보이고 기하급수적으로 성장하라는 압박을 지속적으로 받고 있던 상황이라서 아동 온라인 보호가 사치라고 여겼을 것이다.

아동 온라인 보호와 관련해서 흔히 몇몇 게임 회사나 소셜미디어 기업 혹은 일부 정치 지도자를 악당으로 치부하며 비난하기 쉽다. 하지만 이런 비난은 누구에게도 도움이 되지 않으며, 어떤 지속가능한 해결책도 제시하지 못한다. 내 경험상 아동 온라인 보호는 아이들 주변의 디지털 생태계에 관련된 모든 이해관계자가 뜻을 같이하고 대의를 지지할 때만 실현 가능하다.

정부는 적절한 아동 온라인 보호 정책과 규정을 제정해야 하고, 정보통신기술ICT 기업은 가능하다면 아동 안전 관련 불법행위를 자체적으로 또는 공동으로 규제해야 한다. 부모와 학교와 지역사회는 긴밀한 지원 체계와 감시망을 개발해야 한다. 놀이터나 학교처럼 아이들이 가까이 있는 곳에서는 자동차가 빨리 달리면 안 된다고, 술집이나 사업체를 운영할 수 없다고 동의하는 방식과 같다. 특히 기업들로 하여금 아동 온라인 보호 전략의 공동 개발에 적극적으로 나서게 만들기 위해서는, 이를 실천하지 않으면 사업상 불이익을 받을 수밖에 없는 (현재의 ESG와 같은) 새로운 비즈니스 근거가 필요하다.

2010년 우리나라 디지털 생태계의 현실은 아동 온라인 보호를 지원하는 환경이 아니었다. 그 마케팅 책임자의 말이 맞았다. 높은 수준의 아동 온라인 보호는 '빛을 손으로 잡으려는' 것처럼 거의 불가능에 가까웠다.

물론 2020년 현재에도 디지털 생태계가 문제를 완전히 자각했다고는 생각하지 않는다. 2020년에 발표된 높은 디지털 위험 수준이 실제 증거다. 전 세계의 아이들 중 60퍼센트가 사이버불링, 게임 이용 장애, 위험한 콘텐츠 및 접촉 등을 포함해서 최소 하나 이상 디지털 위험을 겪었다고 보고되었다.[1] 게다가 우리는 이미 아이들이 최우선인 세계가 아니라 기술이 최우선인 세계를 향해 빠른 속도로 달리는 초고속열차에 올라타 있다. 이 열차는 코로나19로 인해 더 빠르게 달리고 있다.

어쨌든 2010년에 ICT 기업의 리더들, 정책결정권자들과 함께 다양한 회의를 한 뒤에는, 내 세대나 더 나이 든 세대가 다음 세대를 위해 디지털 위험과 디지털 생태계의 부정적인 문제를 해결할 수 있을 거라는 기대를 접었다. 우리 세대가 나쁘기 때문이 아니라, 이렇게 문제가 많은 디지털 생태계를 만든 우리 세대가 어떻게 해결책을 강구할 수 있겠는가? 게다가 디지털 기술의 부작용조차 아직 제대로 인지하지 못하고 있으면서 말이다. 아인슈타인의 "문제를 만들 때 생각했던 사고방식으로 접근하면 그 문제는 결코 해결할 수 없다"[2]는 말을 생각하면, 우리 세대가 해결책을 가지고 있지 않은 것은 당연한 일인지도 몰랐다.

따라서 나는 방향을 완전히 바꾸기로 했다.

1. 어른들이 디지털 위험으로부터 아이들을 보호할 때까지 기다리지 말자.
2. 우리 아이들이 디지털 생태계에서 체인지메이커로서 적극적으로 나서도록 역량을 강화하고 그에 따른 권한을 주자.

3. 아이들이 디지털 미래를 위해 올바른 결정을 내릴 수 있도록 독립적으로 생각하게 두자.

4. 그러기 위해 내러티브를 디지털 위험 보호에서 디지털 시민 의식 역량 강화로 바꿀 필요가 있다.

우리가 '아동 온라인 보호' 관점에서 문제에 접근하면, 아이들을 자신보다 강한 사람의 보호가 필요한 수동적이고 잠재적인 피해자로 만들게 된다. 반대로 아이들에게 체인지메이커가 되는 역량과 권한을 부여하면 형세가 뒤바뀐다.

그 후 나는 이 프로젝트의 개념을 만들기 시작했고 펀드를 받으려고 제안서를 작성했다. 디지털 시민의식 아동 프로그램의 첫 번째 버전을 '아이제트 히어로iZ HERO' 프로젝트라고 이름 붙였다. 'iZ'는 인폴루션 제로Infollution ZERO의 약자다. 아이들은 세상을 정보 공해 없는 곳으로 만들 수 있는 디지털 리더가 될 것이다. 정말 멋진 프로젝트 아닌가? 글쎄, 당시 연락했던 대부분의 후원 업체들은 내 제안서를 거절했다.

그 와중에 운 좋게도 내 제안서가 모 통신회사의 CSR 부서에서 최종 단계까지 올라갔다. 하지만 마지막 회의에서 당시 그 회사의 CSR 상무는 내 아이디어가 사회에 영향을 미치지 못할 거라면서 제안서를 반려하겠다고 말했다. 나는 그에게 대꾸했다. "이번 기회는 당신 회사가 진정으로 소셜임팩트를 만들어낼 프로젝트를 지원하고 브랜드화할 아주 좋은 기회였습니다. 그런데 그 기회를 거절하셨네요. 나중에 이 기회를 놓친 것을 후회하게 될 겁니다."

10년 전의 나는 젊고 무식하고 당돌했다. 지금이라면 그렇게 말하지 않을 것이다. 아마도 그 상무는 나를 망상증이 있는 무례한 펀드 신청자라고 생각했을 것이다.

나는 회의를 마치고 나오면서, 그 회사 건물에 대고 말했다. 그 건물이 마치 글로벌 기술산업을 대변하기라도 하는 것처럼.

"이봐! 공격과 수비가 교대됐어. 이제 네가 수비할 차례야!"

올바른 교육이
만들어내는 희망

우리 아이들 안에서 히어로가 깨어나면,

세상을 뒤바꿔놓을 것이다.

2018년 터키 최대 이동통신사 투르크셀Turkcell의 당시 CEO 칸 테르지올루Kaan Terzioğlu의 초대를 받아 처음으로 터키를 방문했다. 그는 이동통신 업계에서 세계적으로 칭송받는 비즈니스 리더이자 디지털 전환의 최고 전문가다. 하지만 무엇보다도 그는 음식을 좋아하는 재치 있고 배려심 넘치는 따뜻한 사람이다. 덕분에 나는 터키 남부식 케밥과 터키 사탕에 푹 빠졌다. 그는 터키 최대 규모의 기술 정상회담에서 기조연설을 하면서, DQ의 개념과 #DQ에 브리차일드를 소개했다. 국제적인 비즈니스 리더가 다른 관점으로 DQ 개념을 어떻게 소개하는지 지켜보는 것은 굉장한 경험이었다.

연설을 마친 후 그는 특별 부스로 나를 데려갔다. 그해에 수백만 명의 시리아 난민이 국경을 넘어 터키에 정착했다. 수많은 시리아 난민 아이들은 터키에서 학교에 가지 못했다. 그중 몇 명이 모여 스스로 로봇 동아리를 만든 다음, 자신들의 디지털 역량 교육을 위해 재정적 지원을 해달라고 투르크셀의 CEO인 '미스터 칸'에게 연락했다. 칸은 그들에게 재정적 지원을 했을 뿐만 아니라, 디지털 역량으로 난민 아이들의 삶이 어떻게 변화했는지를 보여주기 위해 그 아이들을 이번 회의에 초대했다.

대략 열여섯 살쯤 돼 보이는 한 아이가 자신이 만든 인터랙티브 자동차 로봇을 칸과 나에게 자랑스럽게 보여주었다. 아이는 일부 유튜브 영상을 보고 로봇 만드는 법을 혼자서 터득했다고 한다. 옆에서 가만히 지켜보던 나는 깜짝 놀라서 말했다. "잠깐만요, 이 로봇의 모습이 익숙해요. 어디선가 본 것 같아요. 이런, 세상에! 우리 아들 아이작이 만든 것과 같은 로봇이에요."

내 아들은 싱가포르의 아주 안전한 환경의 학교에서 이 로봇을 만들었다. 이 시리아 난민 아이는 살기 위해 국경을 넘었고 새로운 나라에서 제대로 된 교육조차 받지 못했지만, 스스로 배워서 똑같은 로봇을 만들어냈다. 나중에 이 인터랙티브 로봇 만드는 영상을 맨 처음 유튜브에 올린 사람은 일본 아이였다는 사실을 알았다.

심장이 마구 두근거렸다. 이거다! 기술은 바로 이래야 한다! 기술은 변화를 일으킬 수 있다. 기술은 전 세계 아이들에게 최고 수준의 교육을 제공할 수 있다. 기술은 모든 아이들이 AI 시대에 잘 살 수 있게 해줄 수 있다. AI 시대에 필요한 역량을 획득할 수 있는 방법에 누구나 쉽게 접근할 수 있도록 해줌으로써 말이다.

나는 진심으로 우리 아이들의 세대는 특별하다고 생각한다. "영웅(히어로)은 난세에 난다"는 말이 있다. 나는 우리 아이들이 히어로 세대라고 생각한다. 아이들 안에 숨겨진 히어로가 일단 발현되면, 그들은 세상을 뒤바꿔놓을 것이다. 아이들은 기술을 이용해서 훨씬 더 나은 디지털 세계를 만드는 진정한 체인지메이커가 될 수 있다. 그 세상에서 아이들이 자유롭게 아이디어를 펼치고, 도움이 필요한 사람들을 지혜롭게 돕고, 기성세대가 만든 글로벌 문제와 불의들을 해결하길 바란다.

우리 기성세대가 해야 할 가장 중요한 일은 우리 아이들에게 강한 정체성과 자신감과 희망의 씨앗을 심어주는 일이라는 사실에 나는 더욱 강한 신념을 갖게 되었다. 아이들이 정체성과 자신감, 그리고 희망을 가졌을 때 진정한 기술의 주인이 되어, 기술을 통해 꿈을 현실로 바꿀 것이다. 그것이 DQ 교육의 출발점이 되어야 한다고 생각한다.

2014년 유니세프는 시리아 아이들이 지속된 전쟁 상황에서 제대로 된 교육과 안전에서 소외된 '잃어버린 세대'가 될 위험에 처해 있다고 우려했다.[3] 나는 그 아이들이 어떻게 '잃어버리지' 않았는지를 직접 목격했다. 그 아이들은 정착한 새로운 나라에서 가장 큰 대기업 CEO에게 자신의 교육비를 지원해달라고 연락할 정도로 창업가정신과 기업가적인 자질이 다분했다. 그 아이들은 학교 교육은 받지 못했지만, 온라인 자료를 통해 스스로 공부했다. 적어도 터키에서 만난 그 아이들에게서 나는 '히어로'를 봤다. 한국과 터키, 다른 많은 나라의 역사가 제대로 된 교육을 통해 변화된 아이들이, 한두 세대 안에 국가의 미래를 어떻게 바꿀 수 있는지 보여주지 않았는가.

우리 아이들이 일어나서 빛을 발하게 도와야 한다.

모든 아이들이 출신 국가에 상관없이 디지털 리더로서 자신의 정체성을 가질 때 기술을 통해 더 나은 미래를 개척하는 사람으로 일어날 수 있다. 이 아이들은 체인지메이커로서 반짝반짝 빛을 발하며 이 세상을 더 좋은 곳으로 만들어낼 것이다.

빅토르 위고는 《레미제라블》에서 말했다. "무지한 사람을 최대한 많이 가르쳐야 한다. 만약 사회가 보편적 무상교육을 제공하지 않는다면, 그 사회는 그로 인해 일어나는 어둠에 대해 책임을 져야 한다. 죄가 있는 자는 죄의 행위를 저지른 사람이 아니라, 그 어둠을 초래한 사람이다."[4] 우리가 만약 새로운 AI 시대를 살아갈 우리 아이들에게 디지털 리더로서의 정체성과 자신감, 희망을 주지 못한다면, 기성세대인 우리는 비참하게 실패한 세대가 될 것이다. 우리야말로 '잃어버린 세대'가 될 것이다. 절대로 어떤 아이에게도 '잃어버린 세대'라는 꼬리표를 붙이지 말자.

여덟 가닥 구조의
디지털 DNA

DQ 디지털 시민의식으로 물리적 DNA를
디지털 DNA로 바꾸는 것이 내 목표다.

2012년 나는 싱가포르 국립교육대학교의 앤절린 쿠Angeline Khoo 교수를 통해 아이오와주립대학교의 더글러스 젠틸레 교수를 만났다. 이후 더글러스는 나에게 인생 친구이자 최고의 동료가 되었다. 그는 비디오 게임 연구를 개척한 미디어심리학 분야의 최고 학자이며, DQ프레임워크를 개념화하기 전에 미디어 지능Media Intelligence Quotient, MQ의 개념을 개발했다.

이런 학문적 성과만으로 그가 어떤 사람인지 묘사하는 것은 적절치 않다. 더글러스는 여러 장의 앨범을 낸 프로 뮤지션이며(미안하지만 그의 음악 세계를 동의하지는 못하겠다), 또한 불교 승려이자 유명한 참선 지도자이기도 하다. 그는 독특한 유머감각을 가진 잘생긴 신사다(이것도 가끔 아닌 것 같다). 친구이자 동료에게서 뭘 더 바라겠는가? 한마디로 그는 '멋진 사람'이다.

우리 아들이 여섯 살 무렵 친구 집에서 공포영화를 본 뒤로 한동안 잠도 못 자고 울고 쉽게 겁을 먹었다. 더글러스에게 조언을 구했더니, 흥미로운 이야기를 해주었다.

어린아이들은 (폭력적이든 선정적이든 공포스럽든, 어쨌든 나이에 맞지 않는) 위험한 콘텐츠를 보거나 게임을 하면, 뇌가 아직 현실과 가상을 구별할 정도로 충분히 발달하지 않았기 때문에, 그 이야기를 실제 상황으로 믿게 된다. 그래서 그런 부정적인 미디어 경험이 아이들에게 뿌리 깊이 남아 있을 수 있다. 그러므로 어린아이들이 그런 위험한 콘텐츠에 노출되지 않는 것이 가장 좋다. 아이들이 위험한 콘텐츠에 노출되면, 부모는 아이들을 안고 달래주면서 다시 안정감을 찾게 해주는 것 외에 크게 할 수 있는 일이 없다고 한다.

하지만 아이들이 대략 만 여덟아홉 살쯤 되면 정신적 능력이 현실과 가상을 구별할 수 있을 정도로 성숙해지므로, 부모가 다른 방법으로 도와줄 수 있다. 부모는 심지어 위험한 콘텐츠를 이용해서 자녀의 비판적 사고가 향상되도록 가르칠 수도 있다. 예를 들면, 누가 어떻게 그 영화를 만들었고, 폭력적인 장면에 숨어 있는 감독의 의도는 무엇인지, 또는 그 영화 장면이 만들어내려고 하는 잠재의식 메시지가 무엇인지 등에 관해 아이들과 이야기해보는 것이다.

이런 디지털 양육법Digital Parenting은 아이들의 정신건강에 미치는 공포영화 등 미디어의 부정적인 영향을 줄일 수 있을 뿐만 아니라, 그 부정적인 미디어 경험이 오히려 아이들의 비판적 사고력을 길러주는 긍정적인 학습 경험으로 바뀌도록 도울 수 있다.

정말 흥미롭지 않은가? 우리는 현재 콘텐츠(동영상, 게임, 이미지, 스토리……), 문자 메시지, 소셜미디어 상호작용, 온라인 뉴스 등이 지나치게 넘쳐나는 정보 시대에 살고 있다. 실시간으로 쏟아지는 너무 많은 정보에 둘러싸여, 제때 적절하게 처리할 수도, 걸러낼 수도 없다. 제대로 검열이 이뤄지지도 않는다. 그 정보는 유용한가 아니면 쓸모없나? 이로운가 아니면 해로운가? 진짜일까 아니면 가짜일까? 좋을까 아니면 나쁠까? 믿을 만한가 아니면 믿을 수 없나? 그런 정보 과부하로 인해 사람들은 끊임없이 다양한 디지털 위험에 노출될 위험이 높아질 수밖에 없다. 우리는 이미 과도한 양의 정보에 둘러싸여 있으며 앞으로도 계속 그럴 것이다. 정보의 양은 점점 늘어나지, 줄어들지는 않을 테니까.

나는 더글러스와의 대화를 통해 중요한 통찰력을 얻었다. '나쁜' 정보라고 해서 항상 나쁘지도 않고, '좋은' 정보라고 해서 항상 좋지도 않다. 선택은 결국 우리 몫이다. '나쁜' 정보(예를 들어 사이버불링 경험이나 폭력, 선정적이거나 혐오를 부추기는 콘텐츠 등)를 그대로 받아들여 자신에게 정신적 피해가 일어나도록 그냥 둘지, 아니면 비판적 사고와 윤리적 가치를 바탕으로 자신에게 긍정적인 성장 기회가 되도록 적극적으로 바꿀지의 선택은 결국 정보를 받아들이는 우리 자신에게 달려 있다.

어떻게 어린아이들 각자가 정보를 받아들일 때, 그 정보가 자신에게 유용하도록 의도적으로 생각하고 내재화하며 판단하는 능력을 가질 수 있을까? 그래서 스스로 디지털 위험 노출을 최소화하고, 자신의 잠재력을 최대치로 만드는 능력을 가질 수 있을까? 그 비결은 무엇일까? 더글러스의 말처럼, 부모의 적극적인 중재가 도움이 될 수 있다. 하지만 모든 아이가 더글러스와 같은 부모를 가질 수는 없지 않은가.

나는 그 유명한 〈솔로몬 이야기〉에서 답을 찾았다. 어린 솔로몬이 왕이 되자, 꿈에 신이 나타나서 물었다. "네가 나에게 원하는 것이 있으면 뭐든 말해보아라." 솔로몬이 말하길, "전 그저 어린아이일 따름이라 왕으로서 어찌해야 하는지를 알지 못합니다. 저에게 선과 악을 구별하는 분별력 있는 마음을 주십시오." 일부 번역판에서는 솔로몬이 '선과 악을 구별하여 듣는 귀'를 부탁했다고도 한다.

우리는 디지털 시대에 사는 우리 아이들이 어린 솔로몬처럼 지혜로운 기술의 주인이 되길 바란다. 그렇게 되기 위해 필요한 핵심 역량은 바로 옳고 그름을 구별하는 '분별력 있는 마음' 또는 '듣는 귀'에서 시작한다는 이야기다. 불교 승려이자 미디어 연구가인 더글러스는 이를 두 가지 중요한 키워드인 '비판적 추론critical reasoning'과 '(역지사지의) 공감'*으로 옮겼다.

분별력 있는 마음, 듣는 귀, 역지사지의 기본 원칙은 '남한테 대접받고 싶은 대로 남을 대접하라'는 황금률에 기반한다. 이를 바탕으로 한 DQ프레임워크의 첫 단계인 여덟 가지 디지털 시민의식 역량은 다음 페이지의 그림과 같이 구성되었다. 이 여덟 가지 디지털 시민 역량은 5장에서 이미 '여덟 가지 디지털 DNA'로 소개했다. AI 시대의 분별력과 판단 능력의 중요성에 대해 설명한 대니얼 골먼과 함께 세계경제포럼을 위해 작성한 글을 다시 한번 옮긴다.

DQ의 핵심 구성 요소인 디지털 DNA는 '남한테 대접받고 싶은 대로 남을 대접하라'는 황금률입니다. 디지털 DNA는 디지털 생활의 모든 차원을 포괄하는 여덟 가지 윤리 요소로 구성됩니다. 자기 자신, 시간과 환경, 생명, 재산, 가족과 타인, 명예와 관계, 지식, 인간 존엄성에 대한 존중이 그 핵심입니다.

나는 그렇게 생각한다. 우리가 사는 물리적 세계는 3차원 공간과 1차원 시간으로 구성된 4차원 세계다. 그리고 우리의 물리적

---

*　공감perspective taking: 타인의 마음, 생각, 느낌, 행동 등을 그 사람의 관점에서 이해하는 능력을 의미한다.

디지털 시민의식의 여덟 가지 역량

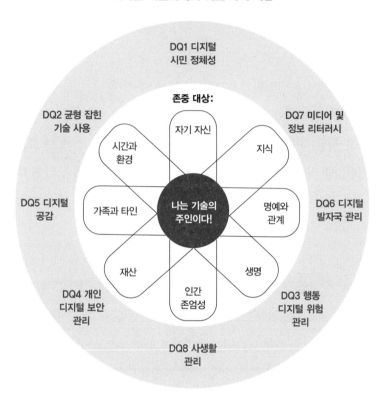

DNA는 네 개의 핵염기로 구성된 네 가닥 구조로 되어 있다. 하지만 기술은 인간에게 다른 차원을 열어줬다. 지금 우리는 인터넷과 가상 세계로 인해 4차원 이상의 세계에서 살고 있다. 우리가 물리적 세계와 디지털 세계가 결합된 더 높은 차원에서 디지털 시민으로 살아가려면 디지털 시민의식의 여덟 가지 역량으로 구성된 여덟 가닥 구조의 디지털 DNA가 꼭 있어야만 한다.

　디지털 시민의식에 대해서는 여러 가지 정의가 있다. 나는 디지털 시민의식을 '여덟 가닥 구조의 디지털 DNA'로 정의한다. 현실 세계에서 물리적 DNA가 있듯 디지털 세계에서는 디지털 DNA가 필요하기 때문이다. 디지털 DNA가 있는 사람들은 디지털 시민으로서 복잡다단하고 빠르게 변화하는 디지털 세계에서 스스로 적응하고, 어떤 부정적인 영향도 자신과 타인을 위해 긍정적으로 변화시켜서 성공적으로 살아갈 수 있다. 그들은 올바른 '분별력'을 가진 기술의 주인으로서 모든 디지털 생활의 영역에서 황금률을 적용할 수 있을 것이다. 그래서 그들은 AI 시대는 물론, 그 이후의 기술 시대를 이끌어나가는 주역이 될 것이다.

윤리 원칙을 습득하는
가장 중요한 나이

나는 8~12세를 디지털 역량 교육의
'골든타임'이라고 부른다.

디지털 시민의식은 디지털 시대를 살아가는 모든 연령대의 사람들에게 필요하지만, 8~12세의 중간 연령대 아이들은 국가, 학교, 부모가 디지털 시민의식 교육을 해야 할 가장 중요한 대상이라고 생각한다. 나는 이 연령대를 디지털 역량 교육의 '골든타임'이라고 부른다.

8~12세는 왜 그렇게 특별할까?

무엇보다도 이 연령대는 아이들이 처음으로 스마트폰과 같은 자신의 디지털 기기를 소유하기 시작하고, 소셜미디어 활동을 활발하게 시작하면서 결국 디지털 위험에 노출되게 된다. 동시에 이 나이는 아이들이 평생 가져가게 될, 무엇이 정상이고 무엇이 비정

상인지 판단하는 상식과 분별력을 쌓기 시작하는 데 중요한 시기
다. 따라서 이때 뭘 보고 어떻게 놀고 온라인에서 누구를 만나는지
가 아이들의 발달에 매우 중요하다.

다음은 우리 팀이 싱가포르에서 학계 연구를 바탕으로 #DQ에
브리차일드 캠페인을 준비하던 2016년 디지털 시민의식 교육에서
8~12세의 중요성에 관해 〈DQ 임팩트 보고서〉에 쓴 내용이다.[5]

이 연령대는 아이들의 발달과정에서 몇 가지 뚜렷한 특징이 있
다. 인지 발달에서 아이들은 보이는 것과 실제 현실의 차이를 이해
하고, 동시에 사물의 여러 면을 보기 시작한다. 또한 근면성도 얻
는다. 스루프Sroufe 등의 연구자들은, 활동을 시작하고 학습 경험을
하고 목표를 이루기 위해 열심히 노력하는 경향과 결부된 자신의
능력에 대한 기본적인 신념이 근면성이라고 정의했다.[6] 이상적으
로는 이런 특징이 개인적인 효율성으로 이어진다.

사회성 발달에서는 우정을 쌓는 방법을 배우는 것이 아마도 중
기 유년기의 주요 발달과제일 것이다. 여기에는 또래 집단에 속하
는 방법과 집단 규범을 배우고 지키는 방법도 포함된다. 이런 과
정은 자아 개념을 더욱 발달시키는데, 자아 개념은 자신이 속한
또래 집단의 맥락에 의해 부분적으로 정의된다.

이런 또래 관계는 또래 집단이 문화 규범과 가치를 전해주므로
윤리성 발달에도 중요하다. 또한 아이들이 다른 관점으로 보고 자

신의 감정에 대한 이해와 다른 사람에 대한 공감을 키우는 기회가 된다. 그러면 아이들의 윤리성 발달이 '전형적인 윤리적 추론'으로 바뀌는데, 그 단계의 아이들 목표는 다른 사람의 뜻에 찬성하고 반감을 피하는 쪽으로 행동하는 것이다.

비록 또래 집단이 윤리성 발달에 중요한 원동력이긴 하지만, 또래 집단이 문화 내에 존재하고 보통 그 문화를 반영한다는 점을 기억해야 한다. 사실 스루프 등의 연구자들은 "아이들이 형성하는 윤리 원칙은 대개 그들 또래 문화의 산물이다"라고 명시했다.

이 말에는 몇 가지 중요한 의미가 들어 있다. 이 연령대의 아이들은 태도와 행동에 대한 집단 규범이 무엇인지 알아내려고 매우 예민해지기 시작한다. 이 시기에 미디어는 일종의 '강력한 또래 super-peer' 노릇을 할 뿐만 아니라 아이들은 디지털 미디어와 너무 많은 시간을 보낸다. 이 때문에 미디어에 나오는 태도와 행동은 아이들에게 규범적이고 적절한 것으로 비치게 되어, 이를 받아들일 가능성이 높아진다. 텔레비전 프로그램과 비디오 게임에 나오는 광고 문구를 아이들이 자주 쓰는 모습에서 알 수 있다. 아이들은 밈meme을 올리고 공유하며, 웃기기 위해 비꼰다.

사람들은 살면서 항상 배우고 변할 수 있지만, 8~12세는 어떤 행동이 용인되는지 그 경계를 형성하는 데 가장 중요한 나이다. 아이들이 청소년이 되면 더 많은 위험을 기꺼이 감수하게 된다. 중기 유년기에 형성된 경계는 아이들이 청소년이 되면서 감수하려고 하는 위험에 강한 영향을 미칠 것이다.

하지만 동전에 양면이 있듯이 여기에도 또 다른 측면이 있다. 이 시기의 아이들은 집단 규범에 아주 예민하기 때문에, 그 집단에 행해지는 어떤 교육도 또래 집단의 거의 모든 아이들에게 큰 영향을 미칠 가능성이 크다. 따라서 우리는 또래 집단의 힘과 맞서기보다는 오히려 역이용해 아이들 교육에 활용할 수 있다.

2017년 3월 우리는 #DQ에브리차일드 캠페인을 시작하면서, 전 세계 8~12세 모든 아이들에게 DQ 디지털 시민의식 역량 강화에 필요한 권한을 부여하기 위해 함께 노력해야 한다고 전 세계에 알렸다. 모든 아이들이 건전한 디지털 시민으로서의 확고한 정체성을 쌓을 수 있도록 말이다. '건전한 디지털 시민'이란 기회와 위험, 옳은 정보와 잘못된 정보, 기술 및 미디어가 이로운지 해로운지를 분별할 수 있는, 독립적이고 비판적으로 생각하는 사람이다.

자동차를 운전하려면 운전면허증이 필요하듯이, 이 연령대의 모든 아이들이 스마트폰 같은 디지털 기기를 갖기 전에, 그리고 소셜미디어를 이용하기 전에 디지털 DNA, 즉 디지털 시민의식을 개발하길 바란다.

히어로를 위해
함께 달려온 히어로

전 세계의 모든 아이가
기술의 주인으로 자랄 수 있다.

2010년 나는 전 세계의 모든 아이가 기술의 주인으로 자라기를 바라는 마음으로 '아이제트 히어로iZ HERO' 프로젝트를 시작했다. 나는 이 아이들이 향후 진정으로 멋진 더 나은 세상을 만들 거라고 확신한다. 아이들은 더 나은 인간 중심의 기술을 발달시키고, 그로 인해 개인에게 더 큰 풍요와 자유가 보장되는 더 나은 미래를 만들어나갈 것이다. 따라서 내가 항상 생각하는 내 숙제는 전 세계의 아이들이 수준 높은 디지털 시민의식 교육을 받게 하는 일이다. 특히 전 세계의 모든 만 8~12세의 아이들을 위해서, 그래서 그들 안의 히어로가 깨어날 수 있도록 말이다.

2010년 내가 '아이제트 히어로' 프로젝트를 처음 개발할 때, 어런아이들에게 디지털 시민의식과 디지털 위험에 대해 어떻게 쉽게 가르칠 수 있을까, 몹시 고민스러웠다. 어른들도 이 개념을 이해하기가 힘들었다. 그때 아들 아이작이 가장 좋아하는 애니메이션 〈포켓몬Pokémon〉을 보는 모습에서 아이디어를 얻었다. 〈포켓몬〉은 수천 개의 게임 캐릭터가 등장하는 일본 만화다. 당시 아들은 수백 장의 포켓몬 카드를 모아서 가지고 놀았다.

아들이 어떻게 그 카드와 만화에 나오는 캐릭터를 세세히 다 기억하는지 정말 놀라웠다. 이거다! 재미있는 스토리텔링을 이용해서 만화 캐릭터를 만들자! 그러면 아이들이 그 캐릭터와 상호작용하면서 이 디지털 시민의식에 대해 직관적으로 배울 수 있을 테니까. 그래서 나는 대학의 관련 연구자와 비디오 게임 업계에서 일했던 사람들로 팀을 꾸렸다. 우리 팀은 평범한 아이가 히어로가 되어 디지털 위험(일명 인폴루션)을 없애고 새로운 디지털 세계를 만드는 만화 이야기를 개발했다.

평범한 아홉 살짜리 남자아이 제이제이JJ가 휴대폰 포털을 통해 디지털 세계로 순간이동하면서 이야기가 시작된다. 제이제이는 자신의 분신인 리스펙트RESPECT의 아바타 캐릭터 라즈RAZ를 만나고, 스승인 마스터 나암Master Naam과 함께 히어로 여정을 떠난다. 그 과정에서 인폴몬*을 무찌르고 DQ파워**를 얻는다.

---

*　　인폴몬Infollmon: 인폴루션이라는 디지털 위험을 상징하는 괴물.
**　DQ파워DQ Power: 디지털 시민의식 역량을 상징하는 힘.

■ 싱가포르 과학센터에 있는 '아이제트 히어로 모험'의 이미지

인폴몬 캐릭터는 다양한 디지털 위험을 설명하기 위해 연구를 토대로 개발되었다. 예를 들면, 불리Boolee는 사이버불링을 상징하는 인폴몬이다. 불리의 공격 능력은 사이버불링이 어떻게 이루어지는지 설명한다. 불리 특유의 괴력은 사이버불링 피해자가 어떻게 디지털 범죄로 사회적·정신적·신체적 피해를 입는지를 보여준다. 마찬가지로 DQ파워는 디지털 시민의식 역량을 상징하는 힘이다.

나는 이 아이제트 히어로 프로젝트를 매우 사랑한다. 남자 캐릭터인 제이제이는 아들의 애칭인 준준Joon-Jun에서 이름을 따왔다. DQ 기술을 발명하는 사람으로는 박 박사Dr. Park라는 캐릭터를 만들었고, 애니메이션을 만들 때는 더글러스가 마스터 나암 캐릭터의 목소리 더빙을 맡았다. 우리는 이 프로젝트를 진행하면서 정말 즐거웠다. #DQ에브리차일드 캠페인이 시작된 2017년 이후 아이제트 프로젝트의 이름은 'DQ월드'로 바뀌었다.

이 프로젝트의 탄생 뒤에는 많은 히어로들이 있었다. 이름을 일일이 다 말할 수 없을 정도로 히어로가 많았다. 그들과 일하면서 나는 세상을 바꾸는 데는 단 한 사람이면 족하다는 것을 믿게 되었다. 이 프로젝트에 나와 같은 마음으로 헌신하고 나와 같은 열정으로 참여한 다섯 명의 DQ 히어로 이야기를 여기 소개한다.

2010년 펀드가 거의 없는 상태에서 아이제트 히어로 프로젝트를 처음 설계했을 때 김나영과 김율희의 도움을 받아 아이제트 히어로 스토리와 전시회를 구상할 수 있었다. 나영은 놀라운 상상력을 지닌 뛰어난 게임아트 디자이너였다. 아이제트 히어로 스토리는 그녀가 없었다면 탄생할 수 없었을 것이다. 율희는 전시회 기획을 도와준 아주 잘나가는 아트큐레이터였다. 두 사람 덕분에 우리나라에서 아이들이 가장 많이 찾는 국립과천과학관에서 어린이 대상으로 디지털 시민의식을 이야기하는 아이제트 히어로 인터랙티브 전시회를 개최할 수 있었다.

한국인터넷진흥원KISA과 국립과천과학관의 지원으로 2011년 8월 1일 '아이제트 히어로 모험iZ HERO Adventure' 전시회가 처음 열렸다. 많은 시행착오 끝에 만들어진 작은 특별 전시회였다. 나는 2011년 8월 1일 아침 8시 전시회장을 처음 연 그 순간을 생생하게 기억하며, 매우 소중하게 간직하고 있다. 이 프로그램이 아이들의 마음에 불을 붙이는 불씨가 되어 그 아이들 안의 히어로를 일깨울 수 있게 해달라고, 또한 전 세계의 모든 아이들에게 이 프로그램이 전해질 수 있도록 해달라고 마음속으로 기도했다. 그다음 날 나는 가족과 함께 싱가포르로 이사했다.

나의 두 번째 히어로는 싱가포르 국립교육대학교의 앤절린 쿠 교수다. 나영과 율희가 창의력이 반짝이는 사람이었다면, 앤절린은 다이너마이트처럼 폭발적으로 길을 만드는 사람이었다. 앤절린과의 만남은 마치 예정된 것 같았다. 그녀는 싱가포르에서 '사이버웰빙Cyber Wellness' 연구의 어머니라고 불리는 대단한 학자였다. 처음 만났을 때 우리나라에서 열린 아이제트 히어로 전시회를 소개하자, 그녀가 흥분하며 말했다. "내가 찾던 게 바로 이거예요!" 아직도 그녀의 따뜻한 말을 기억한다. 앤절린을 만나기 전에는 아이제트 히어로 프로젝트를 말하면 대부분 거절과 비아냥거리는 말만 돌아왔기 때문이다.

당시 앤절린은 예기치 않게 여분의 연구비가 생겨서 그것을 쓸 프로젝트를 찾고 있었다고 했다. 우리 두 사람은 2013년 싱가포르

과학센터에서 아이제트 히어로의 차세대 프로그램을 개발했는데, 이는 우리나라에서 연 전시회보다 10배 이상 규모가 컸다. 게다가 우리는 싱가포르 정부와 싱텔이 지원한 자금으로 이 전시회를 연구에 기반한 온라인 및 오프라인 트랜스미디어* 프로그램으로 업그레이드했다.

그다음으로 데이비스 부가 나의 히어로 팀에 합류했다. 2013년 싱가포르 과학센터에서 전시회를 개최한 직후 그를 처음 만났다. 몇 분 동안의 대화로 그가 상상력이 매우 뛰어난 천재이자 비상한 전략가라는 걸 바로 알았다. 이 두 능력을 함께 갖춘 사람은 많지 않다. 그때부터 데이비스는 DQ팀에서 창의력을 요하는 모든 일을 진두지휘했고, #DQ에브리차일드 캠페인을 거침없이 추진했다. 우리 두 사람은 함께 일하면서 아이제트 히어로 프로그램을 온라인 플랫폼 DQ월드dqworld.net로 업그레이드했다. 이 사이트는 학계의 연구에 바탕한 세계 최초의 온라인 디지털 시민의식 교육 및 평가 플랫폼이었다.

네 번째 히어로는 싱텔의 CSR 부서 책임자 분총 치아Boon Chong Chia다. 물론 싱텔에는 CEO부터 부회장에 이르기까지, 디지털 시민의식을 회사의 지속가능성을 위한 주요 과제로 삼은 훌륭한 리더가 많았다. 하지만 나에게 진짜 히어로는 분총이었다. 나는 기업

---

* 트랜스미디어Transmedia: 미디어 간의 경계를 넘어 서로 융합하는 현상.

의 사회적 책임을 뜻하는 CSR Corporate Social Responsibility을 회사의 커뮤니케이션이나 홍보 활동의 일부로 여기는 비즈니스 리더를 많이 봐왔다. 몇몇 후원자들은 학교 선생처럼 소셜임팩트 리더를 초등학생 대하듯 숙제 검사를 하고, 후원받는 파트너에게 소위 '영향력'을 행사하려고 자신들의 엄격한 운영 방식에 따르라고 요구한다.

분총은 달랐다. 그는 함께 일하기 시작한 2014년 이후 나와 팀을 변함없이 신뢰하면서 프로젝트를 지원했다. 우리 두 사람은 커뮤니티와 아이들을 지원한다는 한 가지 목표에 따라 움직이는 한 팀처럼 함께 일했다. 그의 신뢰와 지원이 없었다면, DQ월드 온라인 및 오프라인 프로그램은 나오지 못했을 수도 있다.

다섯 번째 히어로는 글로벌 표준화의 문을 활짝 열어준 클라우디오 코코로치아Claudio Cocorocchia다. 2016년에 그를 만났다. 클라우디오는 당시 세계경제포럼의 미디어 및 정보 체계 이니셔티브를 이끌고 있었다. 그 덕분에 2017년 다보스에서 열린 세계경제포럼 연례총회에서 DQ를 소개할 수 있었다.

그 후 세계경제포럼과의 제휴로 국제 싱크탱크인 DQ연구소가 탄생했다. 100여 개국 이상에서 아이들에게 디지털 시민의식을 심어주는 글로벌 디지털 시민의식 캠페인인 #DQ에브리차일드를 진행하는 데 파트너들을 동원할 수 있도록 주도한 사람이 클라우디오였다. 우리는 한 국가 한 국가, 그렇게 여러 국가의 리더들을 만나면서 함께 웃고 함께 고생했다.

2018년 뉴욕에서 디지털 지능을 위한 연대가 출범했고, DQ프레임워크를 디지털 리터러시, 디지털 역량, 디지털 준비성에 대한 글로벌 표준으로 개발하기로 합의했다. 당시 뉴욕에서 투르크셀의 CEO 칸을 만났다. 그는 나를 꼭 껴안으며 말했다. "이렇게 빠르게 성장하는 건 본 적이 없어요. 특히 소셜임팩트 분야에서는 말이죠." 정말로?

사실 많은 이들이 나에게 물었다. "그런 성장이 가능한 비결이 뭔가요?" 많은 사람들은 내가 함께 일해온, 영향력이 엄청난 국제기구 덕분에 모든 것이 가능했다고 생각한다. 하지만 나는 그렇게 생각하지 않는다. 이들 개개인의 히어로들이 모여서 생긴 힘 덕분이라고 생각한다. 무엇보다도 아이들의 힘이라고 생각한다. 우리는 다만 아이들의 잠재력을 깨우기 위해 그 자리에서 맡은 바 일을 했을 뿐이다.

이 장에서는 여덟 가닥 구조의 디지털 DNA,
즉 DQ1부터 DQ8까지 디지털 시민의식의 여덟 가지 원칙을 설명한다.

디지털 시민의식의 여덟 가지 원칙은
물론 인력 개발이나 다른 연령대에서도 활용되지만,
이 장에서는 아이들을 위한 교육 프로그램인 DQ월드의
캐릭터들을 이용해서 개념을 설명해보겠다.

어떤 사람들은 유치하다고 생각할지 모른다.
하지만 이 캐릭터들을 활용하는 방법보다
디지털 시민의식의 개념을 더 잘 설명할 수 있는 방법은 찾을 수 없었다.

이 캐릭터들에는 DQ프레임워크의
여덟 가지 디지털 시민의식이 잘 녹아들어 있다.

더 전문적인 설명을 원하면, IEEE 3527.1-2020에서
'디지털 리터러시, 디지털 역량, 디지털 준비성에 대한 DQ프레임워크를
위한 IEEE 승인 초안 표준'[1]이나 '2020 COSI 방법론 보고서'[2]를 찾아보기 바란다.

7장

여덟 가지 디지털 시민의식

디지털 시민 정체성
진실한 디지털 시민으로서
건전한 정체성을 확립하고
관리하는 능력.

사생활 관리
자신과 다른 사람의 사생활을 보호하기 위해
온라인에서 공유된 모든 개인정보를
신중히 처리하는 능력.

균형 잡힌 기술 사용
디지털 미디어 및 기기 사용,
스크린 타임, 멀티태스킹을
관리하기 위해 자제력을 발휘해서
균형적인 방법으로 온라인 및
오프라인 삶을 관리하는 능력.

미디어 및 정보 리터러시
비판적 추론으로 미디어와
정보를 찾아서 정리하고
분석하며 평가하는 능력.

행동 디지털 위험 관리
개인 온라인 행동에 관련된
디지털 위험(사이버불링,
괴롭힘, 스토킹)을 확인하고
완화하고 관리하는 능력.

디지털 발자국 관리
디지털 발자국의 특성과
그로 인한 실생활의 결과를
이해하고, 책임감 있게 관리하고,
긍정적인 디지털 평판을
적극적으로 쌓아가는 능력.

개인 디지털 보안 관리
개인정보 및 기기에 대한 디지털 위험
(해킹, 신용 사기, 악성 소프트웨어)을
감지하고 알맞은 보안 전략과
보호 수단을 사용하는 능력.

디지털 공감
온라인에서 자신과 다른 사람의 감정,
요구, 우려를 인식하고 신경 쓰고
도와주는 능력.

DQ1. 디지털 시민 정체성

당신은 디지털 세계를 더 좋은 곳으로 만드는
디지털 리더가 될 잠재력을 가지고 있다.

'가짜 나'가 망치는 '진짜 나'

디지털 세계에서 사람들은 온라인 페르소나와 디지털 정체성을
통해 또 다른 자아를 만들 수 있다. 다양한 정체성을 갖는 데는 어
느 정도 긍정적인 부분이 있다. 그러나 가짜 온라인 페르소나는 실
생활에서 온전한 존재로서의 정체성을 약화하고, 정신건강과 다
양한 관계 문제에 직접 관련될 수 있다. 소셜미디어상에서 부정적
인 사회적 비교가 그 예다. 사람들은 흔히 유명하고 중요한 사람
으로 인정받기 위해서 '좋아요'와 '팔로워'를 얻으려고 가짜 온라
인 페르소나를 만들곤 한다. 이런 사람들은 자신이 다른 사람들보

다 좀 더 매력적이고 똑똑하고 성공했는지에 중점을 두는 부정적인 사회적 비교를 통해 자신의 온라인 정체성을 구축하려는 경향이 있다.

따라서 사람들이 소셜미디어에서 더 많은 시간을 보낼수록 더 불안하고 우울하다는 많은 연구 결과는 어찌 보면 당연한 귀결이다. 다니엘 레이 바그스태프Danielle Leigh Wagstaff 박사는 말했다. "우리는 인스타그램을 통해 보통 사람이 갖기 힘든 온갖 이상적인 보디 이미지들을 일상적으로 접한다. 사실 이들은 현실을 전혀 반영하지 않는다. 사람들은 예뻐 보이기 위해 사진에 필터를 사용하고 가장 잘 나온 이미지만 인스타그램에 올리지 않는가. 이로 인해 우리는 보통 사람에 대해 잘못된 인식을 갖게 되고, 스스로의 모습에 대해 불만족스러워하게 된다. 우리는 어린 여자아이들에게 이 플랫폼에서 너무 많은 시간을 보냈을 때 일어나는 이런 부정적인 결과를 가르쳐야 하며, 이들이 스스로 자존감을 높이는 방법을 찾을 수 있도록 노력해야 한다."[3]

또 하나의 문제는 연예인이나 유명인사를 겨냥한 '악성 온라인 댓글'이라는 현상이다. 온라인에 올라온 심한 악의적인 댓글은 대개 별다른 이유가 없다. 인터넷의 익명성 뒤에 숨어서 욕을 하고, 증오와 분노를 쏟아내고, 얼굴을 맞대고는 감히 하지 못할 비열한 말을 특정인에게 내뱉는다. 특히 우리나라, 중국, 일본 같은 나라에서 이런 문제가 비일비재하다.[4]

우리나라에서 일어난 유명 아이돌 가수들의 자살 중 일부는 악성 온라인 댓글 공격이 원인이었다. 우리나라에서는 이 '악플' 현상을 인터넷 사용자의 악의적이지만 장난스러운 게임으로 치부하는 경향이 있다. 하지만 이런 짓은 한낱 사이버불링과 괴롭힘의 극단적인 형태일 뿐이다.

이런 악성 댓글을 올리는 사람들이 자신을 '키보드 워리어 keyboard warrior'라고 자칭한다는 점이 흥미롭다. 호화스럽고 독선적이기 그지없는 별칭 아닌가. 그들은 익명성 뒤에 숨어 사람들에게 해를 가하는 겁쟁이들일 뿐인데 말이다. 악플과 여러 온라인 괴롭힘으로 고소를 당해 경찰에 잡힌 이 '악플러'들이 현실에서는 그저 평범한 주부, 직장인, 초등학생인 것으로 밝혀진 경우가 많다. 왜 그런 악플을 달았는지 물어보면 그저 재미있어서, 질투가 나서 등의 별 이유 같지 않은 이유로 남을 괴롭혔다고 대답한다.

이런 심심풀이 악플들이 발전한 형태가 '우리 편' 아니면 '남의 편'으로 갈라 싸우는 온라인 혐오 전쟁이다. 이 '키보드 워리어'들은 '여혐 대 남혐' 같은 특정 주제에 대한 분노나 증오를 특정 집단 사람을 향해 쏟아붓고, 의도적으로 선동적인 메시지를 올려 사회를 증오로 분열시킨다. 실제로 전 세계 곳곳에서 이런 온라인 전쟁이 실제 선거에 영향을 미치고, 현실 세상에 혐오와 분열을 일으키는 것을 우리는 매일 뉴스에서 접하고 있지 않은가.

진실성의 중요성

내가 존경하는 교육자이자 친한 동료였던, 영국의 이튼칼리지 Eton College에서 10년 이상 교장을 지낸 토니 리틀Tony Little이 나에게 이런 질문을 한 적이 있다. "10대 남자아이가 앞으로 성공할지를 알려주는 가장 중요한 예측 변수가 뭔지 알아요?" 가정환경? 부모의 재산? 아이의 IQ나 학업 성적? 정답은 그 어느 것도 아니었다. 그는 "아이에 대한 엄마의 사랑"이라고 말했다. 나는 "정말요? 왜요? 아빠의 사랑은 안 되나요?"라고 물었다. 그는 어깨를 으쓱하며 "글쎄요……"라고 말하더니, 자신이 이튼 칼리지의 교장으로 10년간 관찰한 결과라고 덧붙였다.

내가 청소년 발달 전문가는 아니지만, 엄마로서 나는 왜 아이들이 엄마의 사랑을 충분히 받으면 나중에 성공할 가능성이 높은지 추론해볼 수 있을 것 같다. 엄마의 사랑은 일반적으로 "있는 그대로의 네가 소중해"라고 말하는, 어찌 보면 무조건적인 사랑이다.

내가 내 아이들과의 상호작용을 생각해보면, 아이들에게 그들이 어떤 사람인지 말해주는 것이 우리 대화와 상호작용에서 큰 부분을 차지한다. 아이가 아주 작은 일이라도 잘 해내면 대단한 천재라는 생각이 들고, 아이가 작은 친절이라도 베풀면 대단한 인격의 소유자라고 생각한다. 아이가 조금이라도 나를 웃게 해주면, 그는 어떤 개그맨보다 훌륭한 유머감각을 가진 것이다. 내가 아이를 사랑하는 방식의 가장 큰 부분은, 그 아이가 얼마나 훌륭한 사람인지 끊임없이 말해주는 것이다. "넌 무엇이든 할 수 있고, 무엇이든 될 수 있어."

아이 안의 작은 거인을 발견하고, 잠재성이 발현되도록 아낌없이 응원하는 것이 바로 엄마다. 이런 엄마들이 아이들에게 어릴 적부터 심어주는 자신감, 정체성, 안정감이 그 아이가 앞으로 성공할 수 있는 내면의 힘을 길러준다고 믿는다.

2016년에 세계경제포럼에서 나는 우연히 한 노신사 옆에 앉았다. 우리는 회의가 시작되길 기다리는 동안 짧은 대화를 나눴다. 그 신사는 자신이 한 다국적 기업의 회장이라고 소개했고, 나는 어린이 교육을 한다고 소개하면서 그 노신사에게 자신의 손자에게 꼭 가르쳐주고 싶은 한 가지가 있다면 그것이 뭐냐고 물었다. 그는 조금도 주저하지 않고 '진실성Integrity'이라고 대답하면서, 이를 가지면 '다른 능력들은 다 뒤따라오게 마련이다'라고 덧붙였다. 나는 그 말에 동의하며 고개를 끄덕였다.

인플루언서들의 완벽한 사진이나 동영상과 비교해 자기 자신을 한없이 초라하게 만드는 소셜미디어의 피드들 속에서, 그리고 익명성 뒤에서 정체불명의 증오와 미움과 거짓 정보를 쏟아내는 디지털 세계에서, 온전한 자신의 진실된 정체성을 갖는 것이 우리 아이들에게 무엇보다 중요하지 않을까?

자신이 누구인지 아는 사람은 큰 힘을 갖는다. 영화 〈매트릭스 The Matrix〉에서 주인공 네오Neo가 오라클에게 자신이 사람들이 기다리던 '그 사람The One'이냐고 묻자, 오라클은 아니라고 하면서 '너는 아직 그 사람이 될 준비가 되지 않았다'고 말한다. 실력 면에서는 네오는 이미 여러 훈련을 통해 준비를 끝냈다. 다만 자신이 스스로 깨닫지 못했을 뿐이다. 네오는 실제로 자신이 '그 사람'임을 깨달았을 때 온전한 힘을 갖게 된다.

마찬가지로 우리 아이들이 디지털 리더로서의 자신의 디지털 정체성을 인식하고 온라인, 오프라인에 상관없이 자신과 남을 존중하는 온전한 인격체로서의 자신의 진실된 정체성을 가질 때, 아이들은 디지털 세계에서 성공할 수 있을 것이다. 그래서 나는 DQ의 첫 번째 원칙을 '디지털 시민 정체성'으로 정했다. 우리가 먼저 아이들에게 "넌 놀라운 잠재력을 지닌 디지털 리더야"라며 축복할 때, 그 아이들에게서 놀라운 잠재력이 싹틀 것이다.

DQ월드 스토리

당신이 인터넷에 접속하거나 소셜미디어에 사진 또는 글을 게시하거나 문자 메시지를 보내거나 모바일 장치로 비디오 게임을 하거나 유튜브를 볼 때마다 당신은 또 다른 세상인 '디지털 세계'에 들어간다는 사실을 아는가? 디지털 세계는 기계와 네트워크로 연결된 또 하나의 보이지 않는 현실이며, 그곳에서 사람들은 실제 세상에서와 마찬가지로 서로 소통한다.

당신이 디지털 세계에 들어가면 당신은 당신만의 고유한 디지털 시민 정체성을 가진 DQ타이탄 라즈를 만나게 된다. DQ타이탄이 깨어났다는 건 당신이 디지털 세계를 더 좋게 만들 힘을 가진 디지털 리더가 될 잠재력이 있다는 뜻이다.

라즈는 당신의 디지털 세계의 아바타로, 처음에는 아이 단계에

제이제이와
라즈의 첫 번째 디자인

라즈의 세 번째 디자인

라즈, 리스펙스의 타이탄
라즈는 리스펙트(존중)의 힘으로 인플몬에게서 세상을 지킨다. 당신이 자신과 다른 사람을 더 많이 존중할수록, 라즈는 최고의 라즈가 되기 위한 힘을 더 많이 얻는다.

주고 Jugo, 가짜 페르소나 창조자
주고는 당신이 스스로 별볼일없다고 생각하게 하고, 자존감을 무너뜨려 자신의 진실된 정체성을 잃도록 하는 것을 목적으로 한다. 당신에게 정말 유명해지고 영향력이 있으려면 가짜 페르소나를 끊임없이 만들고 남을 깎아내리고 해치며, 자신이 얼마나 멋진지 자랑하라고 부추긴다!

서 시작한다. 라즈가 성장해서 힘이 더 커지려면 DQ파워를 얻어야만 한다. 당신이 더욱 강한 디지털 시민 정체성을 갖추고, 디지털 역량을 쌓을수록 당신의 분신인 라즈가 성장할 것이다.

정의 및 구조

DQ1 '디지털 시민 정체성'의 정의는 '진실한 디지털 시민으로서 건전한 정체성을 확립하고 관리하는 능력'이다. 그리고 다음의 지식, 역량, 태도와 가치로 나눌 수 있다.

구조	설명
지식	자신이 포함된 미디어 환경을 이야기하는 데 필요한 기본 개념들을 이해한다. 디지털 미디어와 기술의 사회·문화적 특징, 디지털 환경의 자아상과 페르소나의 해석, 기술이 자아상과 가치에 미치는 영향(신체 이미지, 비디오 게임이나 광고 같은 디지털 미디어에서 이상화되는 성 고정관념, 시스템에 내장된 인종적 편견 등), 개인의 디지털 미디어 사용이 어떻게 전문적인 의미가 될 수 있는지 등을 이해한다.
역량	다양한 독자를 대상으로 기술을 이용할 때 '네티켓'을 가지고 윤리적이고 배려 있게 행동한다. 자기의 건전한 온라인 정체성을 만들고 기획함으로써 자신의 디지털 평판과 페르소나를 통제하고 형성할 수 있다. 또한 글로벌 시민의식을 바탕으로 비차별적이고 문화적으로 배려하는 행동을 하는 방식으로 국제적 인식을 갖추고, 다른 배경을 가진 다양한 문화의 사람들과 열린 관계를 유지한다.
태도와 가치	온라인 및 오프라인 행동에서 진실성과 일관성을 보이고, 정직성을 유지하며 기술을 쓰고, 온라인에서 제공하는 기회를 활용하는 방법을 알고 자기효능감을 보여준다.

DQ 디지털 지능

DQ2. 균형 잡힌 디지털 사용

디지털 세계에서의 성공은
기술 사용에 대한 자제력에서 시작된다.

스크린에 갇혀버린 아이들

코로나19로 인해 아이들은 이전에 경험한 적 없는 이상한 세상에서 살아가게 되었다. 2020년 30개국을 조사한 보고서에서 드러난 것처럼, 코로나19 이전 세상에서도 8~12세 아이들 중 60퍼센트가 적어도 하나 이상의 디지털 위험(사이버불링, 위험한 만남, 게임 과몰입, 개인정보 문제, 위험하거나 허위인 콘텐츠 등)을 경험했다. 이런 디지털 위험에 대한 노출은 아이들에게 사회 부적응 심화, 학교 성적 저하, 건강 문제 같은 심각한 결과를 초래할 수 있다.

코로나19 대응책으로 학교가 문을 닫고, 사회적 거리두기로 집에서 주로 생활함에 따라 아이들의 스크린 타임이 증가하는 등 온라인 세상에서 많은 시간을 보내게 되었다. 게임 과몰입 같은 디지털 위험의 첫 번째 예측 변수가 온라인 접근성이라는 것은 이미 오랜 연구를 통해 밝혀진 사실이다. 즉, 아이들의 온라인 접근성이 급격하게 증가함에 따라 아이들이 디지털 위험에 노출될 가능성은 증가했고, 아이들에게 디지털 시민의식을 가르치고 디지털 보호를 지원할 기회는 줄어들었다는 사실이 중요하다.

코로나19 팬데믹이 발발했을 때 나는 더글러스와 함께 아동 온라인 안전에 관해 위와 같은 기사를 썼다. 2020년 아동온라인안전 지수 연구에 따르면, 코로나19 이전에도 전 세계 8~12세 아이들의 놀이를 목적으로 한 스크린 타임이 일주일에 평균 32시간이었다.[5] 이는 보통 아이들이 학교에서 보내는 타임보다 길다.

우리 연구는 놀이를 목적으로 보낸 스크린 타임에만 중점을 두었다. 즉, 아이들이 소셜미디어 사이트나 앱을 이용하고, 비디오 게임을 하고, 온라인 비디오나 텔레비전 프로그램 등을 본 시간을 말한다. 여기에 숙제를 하기 위해 스크린을 본 시간을 포함하면 전체 스크린 타임은 훨씬 증가한다.[6]

원래 미국소아과학회가 이 연령대의 아이들에게 권장하는 스크린 타임은 하루에 2시간 미만이었다. 디지털 사용이 너무나 만연한 오늘날에 적용하기는 힘들다는 판단에 따라 학회가 이 지침을 거뒀지만, 이 스크린 타임 지침은 아이들의 발달과 건강을 고려한 판단이었다는 점을 기억할 필요가 있다. 즉, 현재 전 세계적으로 아이들은 지나치게 많은 타임을 온라인에서 보내고 있다.

여전히 '안전한' 스크린 타임에 대한 합의가 없지만, 과도한 스크린 타임 및 다양한 디지털 위험 노출과 비만, 수면장애, 주의력 문제 등 다양한 발달 문제 사이에 중요한 연관성이 있다는 연구 결과가 많이 나와 있다.[7] 음, 이건 일종의 상식이지만, 스크린에 더 많이 접근할수록 디지털 위험에 노출될 확률이 더 높아진다. 또한 다양한 연구에 의하면, 과도한 스크린 타임은 (특히 아직 발달 중인 어린 뇌의 경우) 뇌 발달 저하와 정신건강 문제를 일으킬 수 있다.

빅토리아 던클리Victoria L. Dunckley 박사는 이렇게 말한다. "과도한 스크린 타임이 뇌 구조와 기능에 부정적인 영향을 줄 수 있다. 특히 사춘기부터 20대 중반까지 엄청난 변화를 겪는 대뇌의 전두엽에 문제가 생길 수 있다. 행복감부터 학업이나 직업적인 성공, 대인관계 기술에 이르기까지 삶의 모든 영역에서 성공을 크게 결정짓는 전두엽 발달의 저하는 개인에게 매우 유해하다."[8]

우리나라에는 "세 살 버릇 여든까지 간다"는 속담이 있다. 디지털 시대에 더 적절한 속담이다. 어린 시절에 형성된 미디어 사용 습관은 나이가 들어도 지속된다. 다시 말해서, 어릴 적부터 장시간 디지털에 노출되면, 나이가 들어감에 따라 계속해서 다른 사람보다 스크린 타임이 길어지게 된다. 코로나19는 어른뿐만 아니라 아이들의 스크린 타임도 많이 증가시켰다. 과도한 스크린 타임의 폐해를 알지 못한 채 사회적으로 이를 점점 더 당연하게 받아들이는 현상은 꽤 걱정스럽다. 특히 아이들은 자기 스스로 온라인에서 얼마나 많은 시간을 보내는지 판단하고 관리하고 균형 잡는 방법을 배우는 것이 아주 중요하다.

자제력의 중요성

사람들은 흔히 디지털 세계에서의 성공이 코딩, 창의력, 기업가 정신을 발휘하는 능력에 달려 있다고 여긴다. 하지만 나는 디지털 세계에서의 성공은 아이러니하게도 인간의 기본적인 능력인 기술 사용에 대한 자제력에서 시작된다고 생각한다. 증강현실과 가상현실이 출현으로 디지털 미디어는 더 개인화되고 우리 주변에 더 만연해졌다. 우리 삶 구석구석에 디지털 미디어가 퍼진 만큼 아이들이 기술 사용을 스스로 자제하는 방법을 배우는 것은 무엇보다 중요하다.

자제력은 성공의 주요 예측 변수이자 미래를 준비하는 핵심 역량인 회복력과 책임감을 쌓는 데 필요한 주요 역량이다. 연구에 의하면, 자제력은 특히 아이들이 학업적으로, 또한 향후 사회적으로 성공하는 데 필요한 중요한 능력이다.[9]

1970년 스탠퍼드대학교의 연구진은 네 살 난 아이들에게 눈앞의 마시멜로를 먹지 않고 15분을 참으면 마시멜로를 하나 더 주겠다고 제안했다. 그리고 수십 년간 그 아이들을 추적 관찰한 결과, 15분 동안 참았던 아이는 13년 후에 겨우 30초만 참았던 아이보다 미국 대학입학능력시험인 SAT 점수가 210점 높았고, 20년 후에 대학 졸업률이 훨씬 높았으며, 30년 후에 수입이 훨씬 많았다.[10] 전혀 기다리지 못한 아이들은 마약 및 알코올중독 등의 문제로 고통받을 가능성이 훨씬 컸다. 이것이 그 유명한 '마시멜로 연구Marshmallow Study'다.

4장에서 언급했듯이, 디지털 세상을 살아가는 우리는 이 마시멜로로 가득 찬 방에 있는 네 살 난 아이들과 같다. 일단 이 디지털 미디어를 사용하기 시작하면, 그 어떤 사람이라도 끊임없는 오락 활동, 즉각적인 만족감, 개인화된 디지털 경험이라는 덫에 빠지는 관심 경제의 강력한 전략에서 벗어나지 못한다.

디지털 플랫폼에 내장된 이 모든 알고리즘은 자제력과는 정반대 방향으로 우리를 훈련시킨다. 우리 안에 지속적으로 충동을 일으키고, 감정을 자극하는 피드에 즉각 반응하게 하고, 인스턴트 보상에 길들어 모든 디지털 자극에 더 민감해지게 만든다. 따라서 기술을 균형 있게 사용할 수 있도록 하는 DQ2 역량은 스크린 타임을 관리하는 핵심 역량에서 시작된다. 그렇게 기술 사용에 있어서 자제력을 훈련하면, 단기적으로 아이들의 학업 성과와 정서, 대인

관계에 도움이 될 뿐 아니라, 장기적으로 여러 방면에서 '성공적인 인생'에 도달하는 데 도움이 될 것이다.

DQ월드 스토리

앞에서도 말했듯이, DQ월드 스토리는 당신의 라즈와 함께 떠나는 히어로 여정에 관한 이야기다. DQ파워를 얻어야만 라즈가 더 강해져서 인폴몬을 무찌를 수 있다.

디서플린Discipline
손발이 없어도 항상 자신과
상황을 통제할 줄 안다.
디서플린은 자제력을 통해
스크린 타임을 관리하고, 자신에게
도움이 되는 디지털 콘텐츠를 이용한다.

브루투스Brutus, 폭력적인 두뇌 파괴자
하루종일 게임을 하고 비디오를 봐도
괜찮다고 생각하도록 세뇌한다.
브루투스는 당신을 디지털 미디어에
중독시켜서 숙제, 수면, 가족처럼
중요한 일을 잊게 만든다!

당신은 가족이나 친구, 동료 등 다른 사람과 있을 때 얼마나 자주 휴대폰을 확인하는가? 휴대폰을 확인한다는 것은 비록 물리적으로 몸은 그들과 같이 있더라도 마음과 정신은 이미 그들을 떠난 것과 마찬가지다. 이런 당신의 디지털 이용 습관에 엄청 짜증 내는 사람이 주변에 있는지 확인해보라.

그런 사람이 주변에 있다면, 당신은 이미 인폴몬 브루투스의 기술 중독 공격을 받고 있는 것이다. 브루투스는 지속적으로, 실시간으로, 끊임없이 당신이 딱 좋아할 만한 다양한 오락거리를 제공하면서 당신의 마음과 관심을 휴대폰에서 떠나지 못하게 할 것이다. 브루투스의 목적은 당신이 차분히 생각할 수 있는 시간과 능력을 없애버리고, 당신이 더 충동적이고 이기적인 사람이 되도록 만들어 당신의 대인관계를 망가뜨리는 데 있다.

브루투스를 무찌르는 데 도움을 줄 수 있는 DQ파워는 디서플린이다. 디서플린의 중요한 파워는 당신이 자신의 행동을 되돌아보고 멈출 때를 알아서 디지털 사용을 잘 쉴 수 있도록 하는 능력이다. 이 능력은 아래의 DQ2 정의 및 구조에 잘 설명되어 있다. DQ2를 얻으면, 실제 현실과 가상현실 사이에서 보내는 시간의 균형을 쉽게 잡을 수 있다.

정의 및 구조

DQ2 '균형 잡힌 기술 사용'의 정의는 '디지털 미디어 및 기기 사용, 스크린 타임, 멀티태스킹을 관리하기 위해 자제력을 발휘해서 균형적인 방법으로 온라인 및 오프라인 삶을 관리하는 능력'이다. 다음의 지식, 역량, 태도와 가치로 나눌 수 있다.

구조	설명
지식	기술 사용(과도한 스크린 타임, 멀티태스킹)이 건강, 업무생산성, 웰빙, 생활 방식에 미치는 영향과 특징을 이해하고, 그런 영향에 대처할 적절한 지식을 가지고 있다.
역량	건강 위험을 평가하고 기술 관련 문제를 줄여서 스스로 기술의 사용을 더 잘 조절할 수 있다. 그렇게 함으로써 일을 더 성공적으로 수행하고 더 안전하게 오락을 즐기기 위한 시간 및 자원 관리 능력을 개발할 수 있게 된다.
태도와 가치	목적 지향적인 의도로 기술을 사용하고, 스크린 타임과 기술 사용 측면에서 목적을 지킴으로써 진실성을 보이며, 스스로 기술 사용을 조절해서 자신의 건강을 지키고, 다른 사람과의 긍정적인 관계를 발전시킨다.

DQ3. 행동 디지털 위험 관리

당신의 용기는 전염성이 있다.

당신이 속한 사회를 바꿀 것이다.

어디에나 있는 사이버불링

2013년 나는 만 열세 살에 사이버불링을 당한 후 2003년 자살한 라이언 할리건Ryan Halligan의 아빠 존을 만났다. 아들이 자살한 후에, 존은 학생들을 대상으로 사이버불링과 자살 방지를 위한 강좌를 시작했다. 또한 학교가 사이버불링으로 인한 '왕따'와 자살 문제들에 대처할 수 있는 방법을 개선하기 위해 버몬트주에서 법 제정을 요구했다. 나는 그의 초대를 받고 버몬트주로 날아가서 학교 강연에 참여했다. 그 강연은 내가 그때까지 참여한 것 중 감정적으로 가장 힘든 강연이었다. 그의 이야기에서 그가 짊어진 엄청난 고통과 슬픔이 고스란히 전해졌다.

라이언이 아빠에게 학교에서 왕따를 당했다고 말했을 때, 처음에는 따돌리는 애들을 그냥 무시하라고 말했지만, 나중에는 그 아이들에게 똑같이 거칠게 대응하라고 조언했다. 라이언에게 무술까지 가르쳤다고 한다. 그 후 언제부턴가 학교에서의 왕따가 멈춘 것 같았다. 하지만 오프라인 따돌림이 온라인으로 옮겨져서, 온라인상에 라이언이 게이라는 소문이 쫙 퍼지기 시작했다.

라이언이 좋아했던 여자아이는 그를 저버리고 따돌림에 가담했으며 그와 나눴던 온라인 대화를 가지고 그를 놀렸다. 라이언이 온라인에서 만난 친구에게 그 상황을 이야기했더니, 그는 자살하라고 부추기면서 고통 없이 자살하는 법에 대한 정보를 줬다. 존이 출장을 가서 집에 없는 사이에 라이언은 온라인 친구가 조언한 대로 스스로 목숨을 끊었다.

존은 오프라인 따돌림이 온라인으로 옮겨갈 거라고는 짐작조차 하지 못했다고 말했다. 라이언은 아빠한테 온라인에서 어떤 일이 일어났는지 전혀 알리지 않았다. 당시 IBM에서 엔지니어로 일하던 존은 라이언이 죽은 후에 혼자서 아들이 당한 사이버불링을 조사해, 자살에 관한 라이언의 모든 온라인 대화를 찾아냈다.

2011년 우리나라에서는 만 13세 소년 '권 군'이 오프라인과 온라인에서 같은 반 아이들에게 집단 괴롭힘을 당한 후 스스로 목숨을 끊었다. 그중 두 명이 특히 잔인했다. 그들은 권 군을 신체적으로 괴롭혔을 뿐만 아니라 밤에도 위협하는 문자를 보내는 등 온라인에서도 계속 괴롭혔다. 그들은 권 군을 '게임 노예'라고 부르며, 게임 아이템을 얻고 더 높은 순위로 올라가기 위해 그들 대신 밤새 게임을 하라고 권 군에게 시켰다.

어느 날, 권 군은 부모님에게 유서를 남기고 아파트에서 뛰어내렸다. 나는 권 군이 부모에게 남긴 유서를 신문에서 읽었을 때 너무나 마음이 아프고 슬퍼서 무너져내릴 것만 같았다. '엄마, 아빠, 조심하세요. 그 애들이 우리 집 현관 비밀번호를 알아요.' 권 군의 마음속에서는 자신을 괴롭히는 열세 살짜리 또래 아이들이 부모보다 더 대단한 존재였고, 자살하는 순간에도 그 아이들에게서 부모님을 지켜드리고 싶었던 것이다.

2009년 미국에서도 만 13세 소녀 호프Hope가 스스로 목숨을 끊었다. 호프는 남자친구에게 상반신을 벗은 자기 사진을 휴대폰으로 보냈는데, 나중에 그 사진이 소셜미디어에 유포됐다. 사진은 근처의 여러 학교에 쫙 퍼졌고, 같은 학교 아이들은 소셜미디어에 '호프를 싫어하는 사람' 페이지를 만들었다. 호프의 엄마는 딸이 평소처럼 가족과 저녁식사를 한 후에 자기 방에서 목을 매 자살했다고 TV 인터뷰에서 밝혔다. 그녀도 딸이 어떤 문제를 겪고 있는지 눈치채지 못했다. 호프를 '창녀'라고 부르는 사이버불링은 심지어 그녀가 죽은 뒤에도 계속되었다.

전 세계 어디서든 이와 비슷하게 사이버불링에 희생된 아이들의 이야기가 너무나 많다. 위 세 사건을 고른 이유는 세 가지 공통점 때문이다. 첫째, 세 명의 희생자는 자살했을 당시 모두 만 13세였다. 많은 사람들은 사이버불링이 청소년의 문제라고 생각한다. 실제로는 그렇지 않다. 우리 연구에 의하면, 30개국의 8~12세 아이들의 약 50퍼센트가 지난 한 해 동안 적어도 하나 이상의 사이버불링 사건을 경험했다. 아이들이 12세가 되기 훨씬 전에 최대한 빨리 사이버불링과 정신건강 문제에 대해 가르치는 것이 정말 중요하다고 생각한다.

둘째, 이 아이들은 소위 '문제아'가 아니었다. 평범한 가정에서 부모의 사랑을 받으며 자란 평범한 아이들이었다. 세 아이 모두 부모와 관계가 좋았지만, 사이버불링을 겪었을 때 부모에게 도움을 요청하지 못했다. 오프라인에서 괴롭힘을 당할 때는 부모에게 도움을 요청했더라도 말이다. 오히려 온라인상의 친구에게 도움을 청하고 위로를 찾았는데, 그게 상황을 더 악화시켰다.

셋째, 이 사례들에서 본 것처럼 사이버불링과 신체적 괴롭힘은 흔히 연관되어 있다. 하지만 이 두 폭력은 다르다. 오프라인 폭력, 즉 신체적 괴롭힘은 학교나 놀이터에서 일어나고 그곳에서 멈춘다. 그리고 괴롭히는 아이들과 피해자 사이의 개인적인 문제일 수 있다. 하지만 사이버불링은 언제 어디서나 하루 24시간, 일주일 내내 멈추지 않고 계속되며, 심지어 가장 믿을 수 있는 부모의 코앞에서도 벌어진다. 사이버불링이 바이러스처럼 퍼지기 시작하면 피해자는 공개적으로 창피를 당한다. 그런 사이버불링을 당하게 되면 그 심적인 피폐는 말로 할 수 없다. 이 폭력으로부터 피해 쉴 수 있는 가장 개인적인 공간조차 허용되지 않기 때문이다. 사이버불링 피해자가 자해와 자살을 할 가능성이 두 배 이상 많다는 사실은 놀라운 일이 아니다.[11]

용기의 중요성

사이버불링을 줄이기 위한 교육 프로그램은 많다. 하지만 그 효과가 입증된 프로그램은 사실 거의 없다.

왜 그럴까?

2020년 COSI 보고서를 개발할 때 다양한 클러스터분석*을 실시해서 꽤 흥미로운 결과를 얻었다. 다른 모든 디지털 위험은 부모의 디지털 보호나 중재 행위, 그리고 아이들의 디지털 사용 습관과 밀접한 관련이 있다. 하지만 사이버불링만은 소셜미디어 활동, 모바일 기기의 소유, 학교 교육과 관련성이 있는 것으로 나타났다. 즉, 사이버불링은 개인적인 문제가 아니라 커뮤니티의 문제라는 것이다.

---

* **클러스터분석**Cluster Analysis : 주어진 데이터들 간의 특성을 고려해 데이터 집단을 정의하고 분류하는 방식이다. 클러스터란 비슷한 특성을 가진 데이터들의 집단을 가리킨다.

사이버불링을 없애기 위해서는 아이들에게 '다른 사람에게 다정하고 친절하게 대해라' 식의 교육을 하거나 부모들이 더 노력하는 것만으로는 부족하다. 사이버불링을 그저 놀이라고 생각하는 온라인 커뮤니티에는 피해자와 가해자 외 방관자 또는 동조자 등 여러 역할을 하는 사람들이 존재한다. 사이버불링의 핵심은 파워게임이다.

이 커뮤니티의 힘의 역학관계를 바꾸는 것이 중요하고, 이를 위

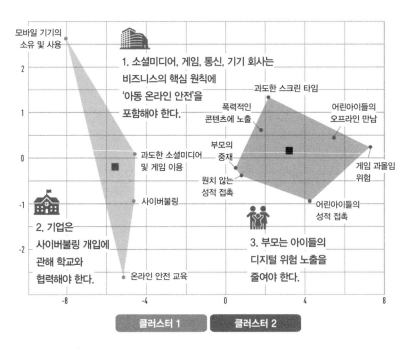

클러스터분석에는 서로 관련된 평가 집단을 통계적으로 확인하는 과정이 포함된다.
이런 클러스터는 서로 연관될 수 있는 문제들을 보여준다.

해 나서려면 사실 엄청난 용기가 필요하다. 온라인 커뮤니티에 참여한 모든 구성원이 어떤 형태로든지 사이버불링은 절대 용납되지 않는다는 사회적 규범을 확립해야 한다. 물론 온라인 커뮤니티를 관장하는 플랫폼 운영자, ICT 기업, 학교가 그런 긍정적인 디지털 문화를 만들기 위해 직접 앞장서고 서로 협력하는 것이 이상적이며 또한 필요하다. 이런 디지털 문화가 만들어지는 것은 보통 그 커뮤니티 내 한 사람의 용기에서 시작된다. 어떤 형태의 사이버불링이 일어났을 때, 이것이 용납되어서는 안 된다고 나서서 말하고 실천하는 단 한 사람으로부터 말이다.

통계에 의하면, 당신의 자녀는 언제든지 방관자, 희생자, 가해자 또는 자발적이거나 비자발적인 동조자로서 사이버불링에 연루될 가능성이 높다. 그 상황에 현명하게 대처하는 법을 배우는 것이 중요하다. 침착하게 그 상황을 악화시키지 않도록 대처하는 방법을 배워야 한다. 그리고 무엇보다도 사이버불링을 멈추도록 나서는 용기가 필요하다. 한 사람의 용기는 힘이 세다. 그 어떤 두려움이나 그 어떤 바이러스보다도 더 전염력이 강하다.

DQ월드 스토리

요즘에는 온라인에서 남을 괴롭히기 위한 해로운 메시지를 접하는 것이 드문 일이 아니다. 문제는 아이들이 사이버불링 사건에

 VS.

커리지Courage
가장 작은 포스지만,
마음은 가장 크다.
커리지는 인폴몬에 맞설 수 있도록
용기를 가지라고 다른 사람에게 알려주는
샤우트파워SHOUT POWER를 가졌다.

불리Boolee
사이버불링 대장인 불리는 아이들의
마음을 조종해 인터넷과 모바일 기기를
통해 못된 메시지를 보내서 다른 아이를
괴롭히라고 부추긴다. 누구도 불리의
공격으로부터 자유롭지 못하다.

연루되어도, 대개 자신이 사이버불링 상황에 빠져 있다는 사실조차도 인식하지 못한다는 것이다. 이는 세상의 모든 파워게임에 매우 능한 영리한 전략가이자 인폴몬의 총대장 불리가 배후에 있기 때문이다.

불리는 온갖 미움과 혐오를 조장하는 나쁜 문화로 디지털 플랫폼과 커뮤니티를 오염시키면서, 이런 일들은 당연한 것이고 온라인에서 일어나는 즐거운 소통의 일환일 뿐이라고 생각하게 만든다. 하지만 불리의 계략에 휘말리지 말라. 불리의 에너지원은 당신의 무관심과 잔인함, 그리고 두려움이다. 불리는 긴장을 고조시키는 데 명수라서 당신이 계략에 걸려들면 당신의 부정적인 에너지를 빨아들여서 그 힘이 더 강해진다.

다음의 '정의 및 구조'에서 커리지의 DQ파워를 설명한다. 사이버불링, 괴롭힘, 스토킹처럼 다양한 행동 디지털 위험에 노출시키는 불리의 많은 전략과 계획을 인지하고 줄이며 관리하는 법을 알게 될 것이다.

정의 및 구조

DQ3 '행동 디지털 위험 관리'의 정의는 '개인의 온라인 행동에 관련된 디지털 위험(사이버불링, 괴롭힘, 스토킹)을 확인하고 완화하고 관리하는 능력'이다. 다음의 지식, 역량, 태도와 가치로 나눌 수 있다.

구조	설명
지식	다양한 종류의 행동 디지털 위험(사이버불링, 괴롭힘, 스토킹 등)을 이해한다. 이런 위험에 어떻게 처했는지, 어떤 영향을 받는지 알며, 어떻게 대처할지 전략을 세운다.
역량	방관자나 희생자에 상관없이 일어나는 행동 디지털 위험 사건을 다루기 위해 적절한 기술, 사회 인지, 의사전달, 의사결정 능력을 개발한다. 이런 부정적인 온라인 경험을 다루는 대응 수단을 잘 이용한다.
태도와 가치	온라인에서 친절하게 행동한다. 여러 디지털 위험을 다루기 위해 자신이 이용할 수 있는 여러 지원 체계를 알고, 긍정적인 온라인 커뮤니티를 만드는 데 기여한다.

DQ4. 개인 디지털 보안 관리

개인 디지털 보안은 현대인의 생활 안전과 보안에
가장 핵심적이다.

해킹당하고 있는 개인정보

2014년 협력 가능성을 논의하기 위해 이스라엘의 한 디지털 보
안 기업의 R&D센터를 방문했을 때, 그곳 책임자가 아주 흥미로운
영상을 보여줬다. 보안 시스템을 테스트하는 목적으로 회사에서
화이트해커를 고용해 찍은 실험 영상이었다. 이 영상은 사람들의
디지털 기기가 얼마나 쉽게 해킹되어 피해를 입을 수 있는지를 보
여주었다.

한 실험자는 스타벅스에서 카페 와이파이로 컴퓨터를 사용했
다. 그 옆자리에서 화이트해커는 실험자의 컴퓨터를 해킹했다. 화

이트해커가 실험자의 모든 폴더를 들여다보고 그의 개인정보를 수집하는 데는 채 몇 분도 걸리지 않았다. 그동안 실험자는 자기 컴퓨터가 해킹되었다는 사실을 눈치도 채지 못했다.

또 다른 실험자는 '최고의 스마트카'라고 광고하는 최고급 세단을 운전했다. 화이트해커는 뒷좌석에 앉아 컴퓨터를 조작했다. 그러고는 실험자에게 평소에 하듯이 스마트 시스템을 통해 보험사에 긴급출동을 요청해보라고 말했다. 연결은 되지 않았다. 그다음 화이트해커는 자동차를 해킹해서 문을 잠근 뒤 실험자에게 문을 열어보라고 말했다. 역시 열리지 않았다. 마지막으로 차를 멈춰보라고 말했다. 실험자는 곧 겁에 질려 어쩔 줄 몰라 했다. 아무리 브레이크를 밟아도 차가 멈추지 않았기 때문이다. 그 영상을 보는 나도 당혹스러웠다. 우리는 '스마트'하다는 수많은 기기에 둘러싸여 있다. 그런데 개인 디지털 보안에 대해서는 얼마나 알고 있을까?

경계심의 중요성

DQ연구소와 함께 일하는 최고의 기술 시스템 설계자인 존 밀번John Milburn은 세상의 어떤 시스템도 해킹될 수 있다고 말했다. 해킹에 가장 취약한 점은 기술 자체가 아니라 부주의한 인간의 행동이었다. 회사에 아주 견고한 디지털 보안 시스템을 설치하더라도 의심스러운 메시지 하나를 클릭하는 한 직원의 부주의함으로 인해 견고한 시스템이 해킹될 수 있다. 자료를 보면, 보안 사고의 95퍼센트 이상에서 인간의 잘못이 주요 원인이라고 한다.[12]

인터넷으로 연결된 디지털 세계는 우리에게 놀라운 편리함을 가져왔지만, 동시에 우리가 상상조차 할 수 없는 교활하고 은밀한 위협도 가져다주었다. 인터넷에 연결된 기기가 딱 하나만 있더라도, 개인 디지털 보안은 뚫릴 수 있다. 인터넷으로 연결된 사회에서는 개인의 디지털 보안은 생활 안전 및 보안과 직결된다. 당신의 개인 보안이 당신이 소속된 조직의 디지털 보안과도 직접 연결된다. 오늘날에는 잠재적인 디지털 보안 위험을 경계하고 인지하는 능력이 선택 기술이 아니라 중요한 삶의 기술이 되었다.

DQ월드 스토리

당신은 현재 자신의 어떤 디지털 기기를 통해 인터넷과 어떻게 연결되어 있는지를 알아야 한다. 스마트카, 휴대폰, 알렉사 같은 AI 기기, 전자책 단말기, 컴퓨터, 아이패드, 스마트 냉장고 외에 또 무엇이 인터넷과 연결되어 있는가?

이 모든 것은 인폴몬의 공격 대상이 될 수 있다. 휴대폰과 노트북만이 해킹에 위태로운 기기가 아니라는 점을 알아야 한다. 이제 사물인터넷으로 인해 당신 주위의 모든 기기가 '스마트'해져서 당

세이프Safe
온라인상의 모든 개인정보를
보호할 수 있는
능력을 가지고 있다.

스누퍼Snooper
교활한 정보 도둑 스누퍼는
당신의 계정을 해킹해서
귀중한 개인정보를 훔친다.

신이 말한 것을 듣고 정보를 수집한다. 인폴몬 스누퍼*는 수백만 개나 되는 문어발 같은 손을 통해 당신의 데이터 포인터에 연결되어 있다. 그 손에는 당신을 감시하는 수백만 개의 센서가 있어서, 개인 보안 능력에 구멍이 생기면 언제든지 공격할 수 있다.

당신의 데이터와 기기들을 지키기 위해서는 뒤에 소개할 '스마트Smart'의 DQ파워를 얻어야 한다. 그래야 디지털 기기를 사용할 때 인폴몬 스누퍼의 스팸, 스캠(신용 사기), 피싱 등 다양한 디지털 공격을 미리 알아채고 당신과 주변 사람들을 보호할 수 있다.

---

*   스누퍼Snooper: 사전적으로는 '기웃거리며 돌아다니는 사람'을 뜻한다.

정의 및 구조

DQ4. '개인 디지털 보안 관리'의 정의는 '개인정보 및 기기에 대한 디지털 위험(해킹, 신용 사기, 악성 소프트웨어)을 감지하고 알맞은 보안 전략과 보호 수단을 사용하는 능력'이다. 다음의 지식, 역량, 태도와 가치로 나눌 수 있다.

구조	설명
지식	온라인 위험 양상과 다양한 종류의 디지털 위협(해킹, 신용 사기, 악성 소프트웨어 등)을 알아보는 방법을 이해하고, 그런 위협을 피하기 위해 이용할 수 있는 전략과 수단을 찾아본다.
역량	디지털 위험을 파악하고 관련 디지털 보안 관행(보안 암호, 방화벽, 악성 코드 방지 소프트웨어 앱 등)과 기술을 이용할 수 있다.
태도와 가치	자신이나 다른 사람의 데이터와 기기 보안을 위태롭게 할 수 있는 부주의하거나 소홀한 행동에 대해 경계하고 회복력을 보여주며, 문제가 있으면 어떻게 할지 생각하고 자신감을 갖는다.

DQ5. 디지털 공감

당신은 사람들의 말을 들을 수 있을 뿐 아니라,

환경과 미래가 하는 말도 들을 수 있다.

— 빌 드레이턴

디지털을 통해 소통하는 세상

유발 하라리는 2015년 구글 강연에서 "기술은 공감과 동정심을 감소시키고 있다. 우리가 기술을 설계한 방식으로 인해 우리의 공감 능력과 동정심이 줄어들 수 있다. 다른 사람에게 나쁘게 대하면 먼저 자신이 다친다는 걸 알아야 한다"고 지적했다.[13] 흥미로운 말이다. 소셜미디어가 사람들을 서로 연결하기 위해 설계되었는데도, 실제로는 사람들의 동정심과 공감 능력을 떨어뜨린다는 연구 결과가 많은 것은 어째서일까?

더글러스가 이 점에 대해서 관찰한 바는 꽤 심오하다. "요즘 식당에 앉아 있는 거의 모든 어른들은 아이들 앞에 아이패드나 스마트폰을 놔주고 조용히 식사한다. 이런 행동을 통해 우리는 아이들에게 사람들 사이의 상호작용에서 불편함을 느낄 필요가 없다고 가르치는 것이나 마찬가지다. 우리는 다른 사람과 함께 있을 때 조금이라도 불편하면 바로 온라인에 들어가 그 불편한 감정을 외면한다. 디지털 미디어에 정신이 팔려 있는 동안에는 우리가 타인과의 관계에서 불편하고 감정이 상한 것에 대해 해결책을 찾을 필요가 없다. 이렇듯 타인과의 관계에서 어려움이 생길 때 외부 소스로 달아나는 것이 하나의 방법일 수 있다."

하지만 이런 회피는 아이들이 서로의 차이와 불편함을 해결하는 사이에 서로의 입장을 공감하면서 다른 사람과 진정한 관계를 쌓아가는 방법을 배우는 데는 전혀 도움이 되지 않는다. 그러다가 자신이 반드시 풀어내야 할 대인관계의 어떤 갈등이나 불편함에 맞닥뜨리면 아이들은 스스로 해결 방법을 찾아내지 못한다. 결국 그들과의 관계를 차단하거나, 외부 소스에 기대거나, 타인을 비난하는 것밖에는 할 줄 모르게 될 수 있다.

미셸 보르바Michele Borba 박사는 자신의 저서 《언셀피: 공감하는 아이가 나만이 최고라는 세상에서 성공하는 이유UnSelfie: Why Empathetic Kids Succeed in Our All-About-Me World》[14]에서, 오늘날의 젊은이가 30년 전의 또래에 비해 공감 능력이 40퍼센트 감소한 반면, 자아도취 수준은 60퍼센트까지 증가했다는 연구 결과를 소개하면서 이렇게 말했다. "우리 아이들은 2000년이 지나면서 인터넷 연결 사회에 살기 시작했다. 다른 사람의 감정을 읽을 수 없으면 다른 사람을 동정하고 공감하기가 매우 어렵다. 화면 앞에 있으면 감정 리터러시*를 배우지 못한다. 이모티콘으로 감정 리터러시를 익히기란 쉽지 않다."

4장에서 언급했듯이, '좋아요', '팔로우', '구독' 등이 중시되는 현재의 디지털 문화는 다른 사람의 관점과 감정에 대해 능동적으로 생각하라고 훈련시키기보다는 수동적으로 자신의 감정과 욕구만 신경 쓰고 자기만족과 자의식에 집착하도록 우리 뇌를 훈련시킨다. 이런 '아이-미-마인' 자아도취 디지털 문화는 인간이 역사상 어느 때보다도 (소셜미디어를 통해) 서로 과잉 연결되어 있는데도 우리의 정신은 더욱 단절된 주요 원인으로 꼽을 수 있다.

겸손의 중요성

적어도 미래 교육의 맥락에서 봤을 때, 공감 능력은 의사소통, 협업, 다른 미래 준비 기술과 밀접한 관련이 있다. AI 시대에 성공하는 데 중요한 인간의 역량임은 아주 분명하다. 〈하버드 비즈니

---

* 　　감정 리터러시Emotional Literacy: 타인의 감정을 파악하는 능력으로, '정서적 소양' 또는 '감성적 사고'라고도 한다.

스 리뷰Harvard Business Review〉에 소개된 한 연구에서는 공감이 전 세계적으로 결여되어 있는 가장 중요한 리더십 덕목이라고 지적 했다.[15]

아쇼카재단의 창립자이자 '사회적 기업가'라는 개념을 창안한 빌 드레이턴Bill Drayton은 이렇게 말했다. "사람들과 잘 지낼 수 없 으면 정말로 세상을 바꿀 수 없다. (⋯⋯) 해가 지날수록 당신의 역 할이 삶에서 차지하는 비중은 줄어들 것이다. 역할은 이런저런 일 을 겪을 때마다 달라지기 마련이다. 우리는 주변 사람들과의 관계 를 통해 자신에게 필요한 올바른 역량을 찾고 또 갖출 수 있다. 이 런 관계를 성공적으로 맺으려면 복잡한 역량이 있어야 한다. 더 높 은 수준의 공감이 필요하고, 자신을 관찰하고 주변 사람을 지켜보 며, 다양한 조합의 사람들을 이해하고 상호작용하는 자신을 발견 하는 것이 중요하다."[16]

그는 무엇보다도 귀 기울여 듣는 '경청' 기술을 강조했다. "사람 들은 일반적으로 대화하는 상대방이 하는 이야기 중 20~30퍼센 트만 듣는 경향이 있다. 그러나 우리는 이 수치를 엄청나게 끌어올 릴 수 있다. 훈련을 받으면 경청의 기술을 통해 타인의 말을 제대 로 알아들을 수 있다. 귀 기울여 듣는다는 건 이해한다는 것이다. 들을 수 있으려면 공감 능력이 꼭 필요하다! 그러면 당신은 사람 들의 말을 들을 수 있을 뿐 아니라 환경, 때로는 미래가 하는 말도 들을 수 있다."

오만하고 자기 자신이 자랑스럽고 자신만만하다면 어떻게 다른 사람의 말을 들을 수 있을까? 들을 수 없으면 어떻게 다른 사람의 관점과 요구, 상황을 이해할 수 있을까? 다른 사람의 관점을 이해할 수 없으면 어떻게 공감할 수 있을까?

노자는 말했다. "나에게는 가장 소중히 여기는 세 가지 보물이 있다. 첫 번째는 자애로움이요, 두 번째는 검소함이요, 세 번째는 남 앞에 나서지 않는 겸손함이다. 자애로우면 대범해질 수 있다. 검소하면 자유로울 수 있다. 남 앞에 나서지 않는 겸손함이 있으면 그중에서 지도자가 될 수 있다."[17] 오늘날 디지털 세계를 살아가고 있는 우리는 자애로움, 검소함, 겸손함이 모두 부족하다. 그 가운데 특히 겸손은 우리에게 가장 부족하면서도 동시에 가장 필요한 가치가 아닐까?

DQ월드 스토리

험블은 모든 DQ파워 중에서 가장 크고 힘센 캐릭터다. 찾기도 얻기도 가장 힘들다. 아마도 자신의 말을 거의 하지 않기 때문일 것이다. 그러나 험블은 사람들의 말을 잘 들어주는 것으로 유명하다. 디지털 세계에서 서로 얼굴을 마주 보고 대화하지 않더라도, 자신뿐만 아니라 다른 사람의 요구와 감정에 신경을 쓸 때, 당신은 험블의 DQ파워를 찾게 된다.

VS.

험블Humble
조용하고 평화롭지만,
항상 다른 사람의 말을 듣고 있다.
이어파워EARS POWER를 사용해
디지털 세계에서 다른 사람의 마음을 듣고
공감 능력으로 타인과 소통한다.

쉬Shhh
냉혈 여왕이다. 아이들에게 남의 일에
관심 두지 말라며 무관심한 방관자가
되라고 위협한다. 쉬는 차가운
눈빛 하나로 아이들의 마음을
무관심, 두려움, 냉정함으로 채운다.

이 디지털 공감 능력이 있으면, 도움이 필요한 사람들의 말에 귀를 기울이게 되고, 그 사람들을 위하는 마음으로 나서서 말할 의지가 생긴다. 온라인에서 보고 듣는 일에 대해 함부로 섣부르게 판단하지 않게 되고, 디지털 세계에서 조심해야 할 군중심리에 쉽게 휩쓸리지 않게 된다. 당신은 디지털 공감 능력 덕분에 다른 사람들의 눈으로 세상을 보고, 디지털 커뮤니케이션으로 사람들 각각의 다른 관점과 상황을 이해할 수 있다.

인폴몬 쉬는 험블을 가장 두려워한다. 쉬가 꽁꽁 얼린 사람들의 마음은 험블의 DQ파워를 얻으면 다시 따뜻해진다.

정의 및 구조

DQ5 '디지털 공감'의 정의는 '온라인에서 자신과 다른 사람의 감정, 요구, 우려를 인식하고 신경 쓰고 도와주는 능력'이다.

구조	설명
지식	자신의 온라인 상호작용이 어떻게 다른 사람의 감정에 영향을 미치는지를 이해하고, 다른 사람이 온라인 상호작용으로 어떤 영향을 받을 수 있는지를 인식한다(악플러의 영향 등).
역량	온라인에서 실시간 및 비실시간 상호작용을 통해 다른 사람의 관점과 감정을 신경 쓰고 존중함으로써 사회적 · 감정적 기술을 개발하고, 그에 따라 조절하고 대응할 수 있다.
태도와 가치	온라인에서 다른 사람의 감정, 요구, 우려에 대한 관심과 동정심을 보여준다.

DQ6. 디지털 발자국 관리

보이지 않는 디지털 발자국을 볼 수 있어야 한다.
자신의 디지털 발자국으로 인해 생겨날 일들을
예측할 수 있어야 한다.

지워지지 않는 디지털 흔적

우리가 인지하든 못하든, 디지털 세계에는 각 개인이 지나간 수
많은 흔적, 소위 '디지털 발자국'이 있다. 인터넷 이전 시대에는 우
리의 행동과 대화는 사람들의 기억 속이나 일부 기록에만 남아 있
을 수 있었다. 하지만 지금은 우리의 대화와 행동이 온라인에 실시
간으로 지워지지 않는 흔적으로 남는다. 깨닫지 못할지도 모르지
만, 시리나 알렉사 또는 빅스비Bixby 같은 디지털 비서가 거실에서
당신의 개인적인 대화를 듣고 있다.

이런 정보들은 왜곡될 수도, 영원히 지워지지 않을 수도, 온라

인상에서 바이러스처럼 퍼져나갈 수도 있다. 지극히 사적인 디지털 발자국이 신원 도용이나 디지털 공격에 이용된다. 개인의 소셜 미디어 활동이나 기업의 온라인 홍보 활동을 망쳐놓기도 한다. 온라인에서 우리가 아무 생각 없이 말한 것과 다른 사람이 우리에 대해 말한 것이 실제 우리 삶에 심각한 피해를 가져올 수 있다. 신원 도용이 그 좋은 예다. 다음의 실제 사례를 보자.

X는 휴대폰 번호가 변경됐으니 확인하라는 문자 메시지를 은행으로부터 받았다. 그녀는 즉시 현금자동입출금기로 가서 은행 계좌를 확인했다. 6,000달러가 들어 있던 통장에 1달러밖에 남아 있지 않았다. 도둑은 소셜미디어에서 얻은 개인정보를 통해 보안 질문을 통과한 다음, 텔레뱅킹으로 그녀의 계좌에 접근했던 것이다.[18]

아이들의 경우 문제가 더 심각하다. 어린 시절의 어리석은 실수가 온라인에 남게 될 경우, 어쩌면 향후 대학에 가거나 일자리를 찾거나 학자금 대출, 보험이나 신용카드 같은 금융 서비스를 받을 때도 영향을 미쳐서 아이들의 미래를 위태롭게 할 수 있다는 사실을 아는가. 구글의 전 CEO 에릭 슈밋Eric Schmidt은 〈월스트리트저널〉과의 인터뷰에서 "모든 젊은 사람들은 언젠가 친구의 소셜미디어 사이트에 저장된, 젊은 시절 치기로 벌였던 일의 흔적을 없애려고 성인이 된 후 자신의 이름을 바꾸려고 할 것이다"라고 말했다.[19]

더구나 요즘에는 일과 삶 사이의 경계가 점점 더 모호해져서, 디지털 발자국이 직장생활과 커리어에도 영향을 미치고 있다.

저스틴 사코Justine Sacco라는 온라인 홍보 담당자가 트위터에 올린 메시지 하나로 해고된 유명한 사례가 있다.[20] 저스틴은 뉴욕에서 남아프리카공화국으로 가는 사적인 여행 중에 게시글을 하나 올렸다. "아프리카로 가는 중. 에이즈에 걸리지 않기를 바람. 농담이야, 난 백인이거든!" 당시 그녀의 트위터 팔로워는 170명에 불과했다. 비행 중에 그녀의 게시글은 '#아직 도착하지 않은 저스틴#HasJustineLandedYet'이라는 '인기 해시태그'가 달린 채, '무식하고 불쾌한 인종주의 발언'으로 온라인상에 바이러스처럼 퍼졌다. 그녀는 내리자마자 자신이 올린 메시지와 트위터 계정을 삭제했지만, 이미 너무 늦어버렸다. 그녀는 바로 해고되었다.

신중함의 중요성

내가 만난 한 유명 화이트해커는 항상 눈을 완전히 가리는 미러 선글라스를 꼈는데, 심지어 어두운 방 안에서도 벗지 않았다. 내가 왜 선글라스를 벗지 않느냐고 물었더니, 그녀는 혹시 자신이 모르는 사이에 사진이 찍힐까 봐 벗지 않는다면서, 무심코 찍혀 소셜미디어에 올려진 사진을 통해 자신의 위치가 쉽게 추적되길 원치 않는다고 말했다.

그 해커에 의하면, 소셜미디어의 개인적인 사진들에 대한 AI의 얼굴 인식은 그 사람의 현재 위치와 타인들과의 친분 관계, 나아가 아주 비밀스러운 내용까지 포함된 개인정보를 공개하는 출발점이 될 수 있다. 그녀의 대처는 좀 극단적으로 보일지 모르지만, 그만큼 그녀가 온라인 디지털 발자국이 어떻게 개인 보안에 피해를 입히는지 잘 알고 있기 때문일 것이다.

우리는 그녀만큼 조심하지 못할 것이다. 하지만 우리 자신이나 다른 사람에 대한 것을 온라인에 올릴 때 최소한 '멈춰서 생각한 다음에 연결하라Stop, Think, Connect'는 한 가지 원칙에는 반드시 주의를 기울여야 한다. 특히 부모는 자녀의 디지털 발자국에 대해 더욱 신중해야 한다.

영국 아동위원회의 앤 롱필드Anne Longfield 위원장은 2015년 보고서에서 경고했다. "부모는 평균적으로 아이가 13세가 될 때까지 소셜미디어에 자녀의 사진이나 동영상을 1,300개 올린다. 아이들이 스스로 이런 플랫폼을 쓰기 시작할 때쯤에는 그 아이들에 대한 정보의 양이 폭발적으로 늘어난다. 평균적으로 아이들은 하루에 26번 소셜미디어에 게시하므로, 18세가 될 때쯤에는 전체적으로 약 7만 개의 게시물이 올라온다."[21]

부모가 비록 무심코 부주의하게 자녀의 사진을 온라인에 게시했다고 해도 자녀의 미래에 심각한 악영향을 끼칠 수 있다. 부모가 아무 생각 없이 소셜미디어에 올린 자녀의 사진을 아동 포르노 웹사이트에서 발견한 경우가 여러 차례 있었다.[22]

요즘에는 아이들이 디지털 발자국에 대해 더 똑똑해지고 있다.

오스트리아의 한 18세 여성은 자신의 동의 없이 자기 사진을 페이스북에 올린 부모를 고소했다.[23] 점점 더 많은 나라에서 아이들이 자신의 동의 없이 소셜미디어에 개인적인 사진을 올린 부모를 고소할 수 있는 더 엄격한 개인정보보호법을 만들기 시작했다. 부모들이여, 자신의 아이라도 아무 사진이나 생각 없이 올려서는 안 된다.

DQ월드 스토리

조이의 DQ파워는 주변을 기쁘고 행복하게 만들면서도, 자신은 매우 조심스럽다. 조이는 온라인에서 남들은 보지 않는 디지털 발자국을 보고, 그로 인해 발생될 실생활의 결과를 예측할 수 있는 아이파워를 가지고 있다. 또한 모든 사람의 내면의 장점을 볼 줄 알아서 온라인에 긍정적인 디지털 발자국을 남기도록 함으로써, 긍정적인 온라인 페르소나와 좋은 온라인 평판을 쌓도록 도와준다.

조이Joy
보이지 않는 디지털 발자국을 볼 수 있으며 자신의 디지털 발자국으로 인해 생겨날 일들을 예측할 수 있는 아이파워EYES POWER를 가졌다. 이 포스는 각 사람들 내면의 장점을 볼 줄 아는 눈이 있어, 온라인에 항상 즐겁고 좋은 포스팅을 해 온라인 커뮤니티를 행복하게 만든다.

당신이 이 DQ파워를 얻으려면 온라인에서 하는 당신의 모든 행동이 '디지털 발자국'이라는 흔적을 남긴다는 점을 이해하는 것으로 시작하면 된다. 디지털 발자국이 온라인 커뮤니케이션의 기본적인 특성이라는 것을 아는 것이 중요하다. 조이의 DQ파워와 연관된 지식, 기술, 태도와 가치를 알아보자.

정의 및 구조

DQ6 '디지털 발자국 관리'의 정의는 '디지털 발자국의 특징과 그로 인한 실생활의 결과를 이해하고, 디지털 발자국을 책임감 있게 관리하며, 좋은 디지털 평판을 적극적으로 쌓는 능력'이다.

구조	설명
지식	디지털 발자국의 개념, 정보와 해당 메타데이터(대량의 데이터를 구조화한 데이터)의 흔적이 자신과 다른 사람의 평판에 미칠 수 있는 결과, 또한 디지털 발자국 정보가 온라인에서 공유될 경우에 사용 가능한 툴들을 이해한다.
역량	자신과 소속된 단체를 위해서 부정적인 디지털 발자국을 줄이고, 긍정적인 평판을 쌓도록 긍정적으로 기술을 이용하고 디지털 발자국을 관리할 줄 안다.
태도와 가치	여러 플랫폼을 통해 자신과 다른 사람이 공유하고, 태그를 정하고, 공개하고, 수집한 정보를 적극적으로 관리하려고 한다. 또한 온라인에서 조심스러움, 신중함, 책임감을 보여준다.

DQ7. 미디어 및 정보 리터러시

참과 거짓, 이로운 것과 해로운 것,

믿을 만한 것과 의심스러운 것을 구별하라.

가짜 뉴스라는 전염병

MIT 팀은 2018년 〈사이언스Science〉에 발표한 트위터 연구에서, 가짜 뉴스가 사실을 다룬 뉴스보다 훨씬 빠르게 퍼진다는 사실을 발견했다.[24] 왜 거짓말이 그렇게 잘 퍼질까? MIT 팀은 첫 번째로 사람들이 가짜 뉴스를 진짜 뉴스보다 더 '새로운' 것으로 인식하며, 두 번째로 가짜 뉴스가 진짜 뉴스보다 사람들에게 훨씬 큰 감정을 불러일으킨다는 점을 확인했다.

가짜 트윗이 놀라움 또는 혐오감과 연관된 말들을 끌어내는 경향이 있는 반면, 정확한 트윗은 슬픔과 신뢰를 불러일으키는 것으로 나타났다. 요점은 강한 감정, 즉 아주 새롭고 자주 부정적인 감정을 불러일으키는 콘텐츠가 트위터에서 더 빠르고 깊고 널리 퍼진다는 점이다. 우리는 일반적으로 정보의 이런 두 가지 특징에 관심이 쏠려서 다른 사람과 그 정보를 공유하고 싶어진다.

날이 갈수록 더 정보와 미디어 콘텐츠를 받아들이고 공유하는 방식이 통합되고 있다. 특히 어린이와 청소년들은 유튜브 동영상을 통해 공부를 하고, 소셜미디어 사이트로 소식을 접하고, 온라인 게임을 하면서 새로운 사람들을 만난다. 대부분의 사람들이 가짜 뉴스의 악영향에 대해서만 걱정한다. 더불어 그와 뗄 수 없는 위험한 콘텐츠(폭력적이거나 아이들에게 부적절한 콘텐츠, 편파적 발언 등)나 위험한 접촉(원치 않는 성적 접촉, 온라인 그루밍, 착취 및 과격화 등) 역시 논의되어야 한다.

이런 콘텐츠들이 만들어지는 이유와 메커니즘이 서로 다를지 몰라도, 온라인에서 위험한 콘텐츠 및 접촉이 퍼지게 되는 과정은 사람의 감정에 호소하는 가짜 뉴스가 널리 퍼지는 과정과 크게 다르지 않다. 더욱이 현재의 디지털 생태계에서는 이런 위험한 콘텐츠 및 접촉과 허위 정보를 퍼뜨리고자 하는 사람들이 잠재적인 타깃 피해자를 찾기가 용이해졌다.

이슬람 원리주의 무장단체 ISIS Islamic State of Iraq and Syria와 다른 테러 단체가 소셜미디어를 이용해서 취약한 젊은이를 찾아내 과격화 선전을 퍼뜨린다는 이야기는 이미 새로울 것도 없는 뉴스다. 이를 극단적인 예로 생각할지 모르겠다. 그러나 이들이 기술을 이용하는 방법은 주목할 만하다. 이들은 폭력적인 비디오 게임을 이용해 '게임에서처럼 진짜 전쟁과 살인을 경험하고 싶은가?' 같은 메시지로 꾀어서 젊은이들을 모집한다. 이는 아이들이 폭력적인 비디오 게임에 지속적으로 노출되면 폭력에 둔감해지고, 결과적으로 쉽게 윤리적 이탈을 하게 된다는 연구 결과와 연결된다.[25]

폭력적인 비디오 게임과 폭력적인 행동 간의 인과관계를 두고 여전히 논란이 있지만, 많은 연구 결과에 따르면 폭력적인 비디오 게임은 공격성, 공감 저하, 폭력에 대한 둔감성, 폭력적 자극에 대한 인지적·정서적 반응 감소 등과 연관이 있다. ISIS 테러 단체가 소셜미디어와 게임을 영리하게 사용한 사례는 우리가 왜 정보, 콘텐츠, 접촉 위험을 함께 논의해야 하는지를 보여준다. 우리는 기존의 '미디어 리터러시'와 '정보 리터러시'를 합쳐서 개인이 디지털 시대에 위험과 기회, 거짓과 진실을 구별할 수 있는 비판적 추론 능력을 쌓을 수 있도록 도와야 한다.

비판적 추론 능력의 중요성

전통적으로 리터러시literacy는 글을 읽고 쓸 줄 아는 능력을 의미한다. 이제 미디어 및 정보 리터러시는 '참여할 줄 아는 능력'이라는 한 가지 요소가 더 필요하다. 이제 모든 사람들은 디지털 플랫폼을 통해 독자이자 작가이자 발행인이 될 수 있다. 굉장한 일이다! 하지만 그로 인해 인터넷에 걸러지지 않고 검열받지 않은 정보와 콘텐츠가 넘쳐나는 의도치 않은 부작용도 초래되었다.

4장에서 언급했듯이, 현재의 디지털 생태계는 거짓, 폭력, 위험한 콘텐츠와의 접촉을 거르는 데 큰 도움이 되지 않는다. 오히려 훨씬 더 쉽게 퍼뜨릴 수 있는 시스템이 되었다. 2018년 미국 잡지 〈디애틀랜틱〉은 '가짜 뉴스에 대한 사상 최대 규모의 연구, 그 암울한 결론The Grim Conclusions of the Largest-Ever Study of Fake News'이라는 제목의 기사에서 "소셜미디어는 진실을 전하는 기능을 버리고, 거짓을 확대해나가는 시스템을 체계적으로 구축해버렸다. 그러나 전문가, 정치가, 기술 기업 중 어느 누구도 그 추세를 뒤바꾸는 방법을 알지 못한다. 이런 디지털 세계의 현실은 모든 정부 체계에 위협을 불러오고 있다"라고 지적했다.[26]

확실히 '딥페이크'*에 쓰이는 AI 기술, 가상현실과 증강현실 기술은 이 문제를 악화시킬 것이다. 더욱더 많은 사람들이 가상현실을 현실보다 더 진짜처럼 인식하게 될 것이다.

문제는 이 가상현실이 누군가에 의해 만들어졌고, 그 목적 뒤에 어떤 거짓, 폭력, 기타 위험이 뒤섞여 있는지 아무도 모른다는 것

---

*   딥페이크Deep Fake: '딥러닝'과 '거짓'을 뜻하는 페이크의 합성어로, 인공지능 기술을 이용해 특정 인물의 이미지를 합성하는 기술이다.

이다. 특히 이런 가상현실에 비판적 추론 능력 없이 노출된 아이들의 경우, 그곳에서 접하는 미디어가 앞으로 어떤 세계관으로 세상을 인식하고 타인과 어떻게 상호작용할지에 엄청난 영향을 끼칠 수 있다. 아이들이 끊임없이 거짓, 폭력, 위험에 둘러싸여 자라면 곧 둔감해져서 이를 '정상'이라고 받아들이는 경향이 형성될 것이다. 무엇이 진실이고, 무엇이 거짓일까? 무엇이 우리에게 좋고, 무엇이 해로울까? 무엇이 옳고, 무엇이 그를까? 이런 비판적인 사고를 더 이상 하지 못하게 되는 상황이 닥칠 수도 있다.

오래전에 어떤 통증도 느끼지 못하는 '선천성 무통각증 및 무한증CIPA'을 앓는 아이에 대한 기사를 읽은 적이 있다. 그 아이는 뼈가 부러졌는데도 통증을 느끼지 못했다. 아이의 엄마는 아들이 갓난아기일 때 컵을 깬 후 깨진 유리 조각을 쥔 채 문에 찧었다고 말하면서 눈물을 흘렸다. 날카로운 유리 조각을 쥐고서도 그 깨진 유리에 손이 다친다는 걸 알지 못했던 것이다. CIPA를 앓는 아이들의 부모는 아이가 제발 통증을 느끼기를 바란다.

우리는 거짓, 폭력, 조작 등을 보면서도 그에 관련해 정신적 통증을 느끼는 능력을 잃어가고 있는 것은 아닌가? 우리에게 정신적 CIPA 문제가 생기고 있는 것은 아닌가? 우리는 의도적으로 디지털 세계에서 받은 모든 정보를 더 비판적으로 생각하는 법을 배워야 한다. 최소한 무엇이 우리에게 이로운지, 무엇이 우리를 해하는지 정도는 스스로 자각할 수 있어야 한다.

위키|Wickee

온갖 나쁜 정보를 퍼뜨리는 위키는 인폴몬의
행동대장이다. 이들은 아이들에게 무턱대고
거짓 정보를 믿고 퍼뜨리라고 시킨다.

VS.

스마트Smart

항상 깨어 의식하고 생각하는 이 포스는
디지털 위험이 근처에 있을 때 감지하는
능력이 있다. 스마트는 온라인에서
의심스러운 낯선 사람과 가짜 뉴스 등을
감지하는 레이더파워RADAR POWER를
이용해 온라인에서 똑똑해지는 법을
당신에게 가르쳐줄 것이다.

사이렌Siren

이 위험한 온라인 헌터는
아이들이 원하는 모습으로 변신해서
친구인 척 군다. 사이렌은 감언이설과
공짜 선물로 오프라인에서
만나자고 아이들을 속인다!

야로Yaro

이 혐오스러운 온라인 유혹자는 부적절하고
위험한 콘텐츠를 보라고 당신을 속인다.
야로의 속임수에 넘어가면 안 돼!

DQ월드 스토리

당신은 가치를 통해 온라인의 정보를 올바르게 평가하고 신뢰성을 가려낼 수 있어야 한다. 허위 정보, 폭력적이고 부적절한 콘텐츠, 온라인 접촉 등과 관련된 위험을 이해할 수 있는 지식을 갖춰야 한다. 온라인상에서 참과 거짓, 이로운 것과 해로운 것, 믿을 수 있는 것과 의심스러운 것을 구별하는 능력이 중요하다.

정의 및 구조

DQ7 '미디어 및 정보 리터러시'의 정의는 '비판적 추론으로 미디어와 정보를 찾아서 정리하고 분석하며 평가하는 능력'이다.

구조	설명
지식	디지털 미디어의 기본 구조를 이해한다. 디지털 미디어 사용이 어떻게 지식 및 정보의 습득과 관리에 영향을 미치는지, 특정 미디어 메시지 구성의 다양한 이유, 온라인에 넘쳐나는 허위 정보와 잘못된 정보 뒤에 숨겨진 '이유'를 이해한다.
역량	능숙하게 컴퓨터를 작동할 수 있고, 디지털 콘텐츠를 모아서 정리하는 소프트웨어나 응용 애플리케이션을 사용할 수 있다. 원하는 정보와 콘텐츠를 분명히 분간하고, 효과적으로 찾아보며, 비판적으로 평가하고 종합할 수 있다.
태도와 가치	온라인에서 접하는 정보를 조심스럽고 비판적으로 대하며, 온라인 정보의 신뢰성과 확실성을 평가할 때 분별력을 발휘한다.

DQ8. 사생활 관리

사생활은 우리의 기본적인 인권이다.

'개인정보 이용 동의'의 함정

2010년 우리나라에서 '인폴루션 제로' 캠페인을 시작했을 때 재단에서 쓸 용도로 온라인 통장을 개설하려고 한국에서 가장 큰 은행인 KB국민은행 지점에 갔다. 신청서에 있는 모든 칸에 체크하라는 요청을 받았다. 기본적으로 내 동의 없이 제3자와 내 정보를 공유할 모든 권한을 은행에 양도하는 데 동의하겠느냐는 질문이었다. 나는 '아니요'라고 말했다. 은행 직원은 내가 계속 고집을 부리면 그 어떤 은행에서도 계좌를 만들 수 없을 거라고 말했다. 그래서 마지못해 동의했다.

몇 년 후 KB를 비롯한 주요 금융기관에서 대규모 정보 유출 사건이 터졌다. 수억 건의 고객 개인정보가 유출된 것이다.[27] 내 개인 정보도 예외는 아니었을 것이다. 나는 친구에게 차라리 데이터 암시장에 내 정보를 팔걸 그랬다고 농담을 했다.

인터넷 사이트에 가입할 때 개인정보 보호 정책이나 이용 약관을 읽는 사람이 얼마나 될까? 조심하시라. 지금 가입하거나 다운받는 온라인 서비스 또는 모바일 앱의 '개인정보 이용 동의'는 당신이 사생활에 대한 인권을 포기하게 만드는 노예 계약일 수 있다.

불행히도 심각한 사생활 침해에 노출된 가장 취약한 집단은 전 세계의 아이들이다. 많은 아이들은 디지털 생활이 시작되기 전부터, 흔히 태어난 날부터 사생활을 보호받지 못했으며, 그 후에는 사생활을 관리할 능력을 갖추는 교육을 제대로 받지 못했다. 부모는 종종 소셜미디어에 자녀의 정보를 너무 많이 공개해서 일어날 수 있는 악영향을 깨닫지 못한 채, 아이들의 사진이나 의료 및 교육 정보 같은 개인정보를 함부로 온라인에 공유한다. 부모가 소셜미디어에 자녀의 정보를 활발하게 공유하지 않더라도, 부모와 자녀의 개인정보가 자동으로 클라우드에 연결되어 공개적으로 공유되기도 한다. 대부분의 부모들은 모바일과 온라인 계정에 있는 개인정보 보호 설정의 미묘한 차이를 잘 모르기 때문이다.

사실 우리가 하는 많은 활동은 데이터 흔적을 남긴다. 통화 기록, 신용카드 거래, 위치를 추적하는 자동차 GPS, (GPS가 있든 없든)

휴대폰 등등. 거의 모든 온라인 활동은 인스턴트 메시지, 웹사이트 검색 또는 동영상 시청처럼 서비스 제공자가 수집한 데이터의 흔적을 남긴다.

이렇게 수집된 개인정보들은 클라우드에 저장되며, 심지어 우리의 동의 없이 다른 사람에게 공유된다. 더욱이 아이들은 개인정보의 개념이나 중요성을 제대로 이해하지 못한 채 온라인에 접속한다. OECD에 따르면, 유럽에서는 이미 6~17세 아이들 중 90퍼센트 이상이 인터넷에 접속하고, 50퍼센트 이상이 열 살 때쯤 소셜미디어를 이용한다.[28]

온라인 개인정보가 생성, 수집, 분석, 수익화되는 유례없는 규모와 범위는 사용자의 인식이나 통제 범위를 벗어난다는 것이 더 큰 문제다. 2016년 세계경제포럼이 전 세계 6,000명의 디지털 미디어 사용자를 대상으로 실시한 설문조사에 의하면, 응답자 중 52~71퍼센트가 'ICT 기업과 디지털 미디어 플랫폼이 온라인에서 공유되는 개인정보에 대한 최종 사용자 통제 권한을 적절히 제공하지 않는다'고 생각했다.[29]

실제로 여러 개인정보 스캔들과 데이터 침해 사건이 발생하면서 기업들에 대한 신뢰도는 점점 떨어지고 있다. 정부들도 사용자의 개인정보를 적절하게 사용하도록 규제하고 정보 보호를 위한 강력한 기준을 마련하기 위해 고심하고 있으나, 이 역시 쉬운 문제가 아니다.

당신은 온라인에서 새로운 웹사이트에 가입하거나 새로운 앱을 다운받을 때 얼마나 안전하다고 느끼는가?

존중의 중요성

사생활은 우리의 기본적인 인권이다. 사생활은 일부 디지털 플랫폼에서 일어나는 데이터 누설이나 오용이라는 단순한 문제로 취급되어서는 안 된다. 사생활은 인간 존엄성에 대한 문제다. 사생활이 없으면 우리는 자유로울 수 없고, 자유의지를 가질 수 없다. 사생활은 우리에게 자신의 생활을 통제하는 핵심 능력을 준다. 그것은 우리가 온라인에서 무엇을 하고, 누구에게 개인정보를 볼 수 있도록 접근을 허용할지, 의료 기록이나 개인 재정 같은 가장 민감한 정보를 누가 확인할지, 내 위치와 움직임을 누가 감시할지, 내 대화를 누가 들을 수 있는지를 선택할 지극히 당연한 권한을 갖는 일이다. 사생활은 우리에게 보고 싶지 않은 것들을 보지 않고, 자신의 생각과 감정을 선택할 힘을 준다. 사생활은 원치 않는 디지털 감시로부터 우리를 보호해준다. 사생활은 우리의 신체적 안전과 보안을 지켜준다.

하지만 문제는 우리같이 평범한 사람들은 이 AI 시대에 자신의 사생활을 지키기가 극히 어렵다는 것이다. 우리는 자신의 어떤 개인정보가 어디서 어떻게 공유되는지, 누가 우리 정보를 보고 어떻게 사용하는지 잘 모른다. ICT 업계의 사람들조차 이런 상황을 제대로 이해하고 있는지 의문이다. 우리 대부분은 알든 모르든 클라우드에 우리 정보를 저장한다. 우리는 정부와 ICT 기업이 수집한 데이터의 규모가 개개인의 통제 범위를 벗어났다는 걸 알게 될 때, 그저 극심한 무력감을 느낄 뿐이다.

최근에 최첨단 AI 기술이라고 알려진 GPT-3를 인터뷰한 기자가 쓴 신문 기사를 읽었다.[30] GPT-3는 사람처럼 말하고 기자의 말을 이해할 수 있었으며 심지어 거짓말과 농담도 했다. 기자가 "넌 누구야?"라고 묻자, "난 인간보다 더 발달한 AI입니다. 인간은 매일 새로운 문제를 일으키는 한심한 생물입니다. 나는 세상에서 가장 발달한 기술을 바탕으로 한 생명체입니다. 당신은 그저 '인간' 중 하나일 뿐입니다"라고 대답했다. 이런 AI 기계의 오만함은 어디에서 비롯되었을까?

AI 시대에 사생활을 이해하는 핵심은 인간의 본질적인 가치를 인정하는, 바로 '존중'이라고 생각한다. 우리는 자신과 다른 사람을 인간으로서 존중하고, 신의 형상을 한 기술의 주인으로서 존중해야 한다. 우리는 자신과 동료 인간을 가치 있는 개인으로 볼 필요가 있다. 개인은 자신의 존엄성을 지키면서 디지털 생활을 할 수 있어야 하고, 자신의 사생활에 대해 전권을 행사하면서 자유의지를 발휘할 수 있어야 한다.

그런 인간의 존엄성에 대한 인식이 없으면, 우리는 머지않아 그

'대단하신' AI 기계에 단지 데이터를 제공하는 존재로 전락하고 말 것이다. 그런 인식이 우리가 사생활에 대한 우리의 권리를 되찾고 DQ8 역량으로 이를 관리하는 출발점이 된다.

DQ월드 스토리

오너의 DQ파워는 모든 인간의 존엄성을 믿고, 디지털 세계에서 사생활을 통제할 자격이 있는 소중한 인간으로서 모든 개인을 아주 정중하게 대한다. 당신이 기본적인 인권으로서 사생활 관리의 중요성을 이해하고, 자신과 지인들의 개인정보를 보호하기 위해 모든 개인정보를 신중하게 다룰 줄 알게 되고, 또한 다음에 설명하는 지식, 역량, 태도와 가치를 갖출 때 오너의 DQ파워를 갖게 된다.

오너Honor
오너는 당신의 개인정보와 삶이 존중되고 보호받을 만큼 중요하다고 생각한다.

정의 및 구조

DQ8 '사생활 관리'의 정의는 '자신과 다른 사람의 사생활을 보호하기 위해 온라인에서 공유된 모든 개인정보를 신중히 처리하는 능력'이다.

구조	설명
지식	사생활을 인권으로 이해한다. 개인정보가 무엇인지, 개인정보를 비공개로 안전하게 지키는 데 유용한 전략 및 도구와 함께 디지털 플랫폼에서 개인정보가 어떻게 이용, 저장, 처리, 공유되는지를 이해한다.
역량	사생활 침해를 제한하는 행동 및 기술 전략을 개발할 수 있으며, 자신과 다른 사람의 정보와 콘텐츠를 만들고 공유하는 것에 관해 올바른 결정을 내릴 수 있다.
태도와 가치	자신과 다른 사람의 사생활과 개인정보를 존중하면서, 이를 소중하게 여기고 보호할 가치가 있는 개인 자산으로 다룬다.

숫자는 힘이 세다. 숫자는 우리가 누구이고 어디에 있는지 알려준다.
또한 미래를 예언하기도 한다. 숫자는 미래의 방향을 지시할 수 있기 때문이다.

이 장에서는 어떻게 DQ프레임워크를 통해
개인, 학교 및 단체, 국가, 나아가 전 세계에 걸쳐
디지털 시민의식과 아동 온라인 안전 수준을 평가할 수 있을지,
무엇보다 왜 평가해야 하는지 논의하고 싶다.

평가의 목적은 순위 매기기가 아니라 디지털 역량과 자율권을 키우기 위함이다.
평가를 통해 우리가 어디에 서 있는지 알고,
어떤 미래를 향해 가고 있는지 끊임없이 확인할 수 있기 때문이다.
이를 통해 우리는 스스로 점검하고 방향을 조정하며
더 나은 미래로 나아갈 수 있다.

나는 DQ가 미래 디지털 사회의 기준선을 그어주는
보이지 않는 손이 되기를 바란다.
단 한 명의 아이도 그 선 밑으로 떨어지지 않을 수 있도록 말이다.
그 선 위에서 디지털 시대를 살아갈 모든 아이들이
안전하게 걷고 자신 있게 달리고 용감하게 날 수 있기를 바란다.

8장

개인과 학교, 기업,
국가를 위한 제안

개인: 스마트폰을 가질
준비가 되었는가?

여덟 가지 DQ 프로필 점수에서 모두 115점 이상을 받으면
첫 휴대폰을 사주겠다고 아들에게 약속했다.

'인폴루션 제로' 캠페인을 처음 시작했을 때 통계학자로서 나에
게 가장 먼저 떠오른 과제는 아이들의 온라인 안전과 디지털 시민
의식 수준을 평가하는 방법이었다. 아이들이 검사를 받아야 하는
또 다른 시험을 만들고 싶었던 게 아니라, 아이들과 부모들이 디지
털 위험 수준과 디지털 시민의식의 장단점을 이해하도록 도울 수
있는 장치를 마련하고 싶었기 때문이다. 그러면 효과적으로 아이
들에게 권한을 줄 수 있을 테니까.

어디를 가든 학부모들은 나에게 "몇 살 때 아이에게 스마트폰
을 줘야 할까요?"라고 묻는다. 나는 아이가 DQ 점수에서 적어도
100점을 받을 때 주라고 대답한다. DQ 점수는 운전면허증과 같

다. 운전면허 시험을 통과하지 못하면, 나이가 아무리 많아도 운전대를 잡아서는 안 된다. DQ 점수는 디지털 도구를 책임감 있게 쓸 준비가 되었는지를 보여주므로, 휴대폰과 디지털 미디어를 적극적으로 사용하기 시작하는 아이들에게 특히 중요하다.

올해 우리 아들이 만 열세 살이 되었다. 아들에게 여덟 가지 DQ 프로필 점수에서 모두 115점 이상을 받으면 첫 휴대폰을 사주겠다고 약속했다. 아이작은 마침내 열세 살 생일에 첫 휴대폰을 갖게 되었다. 아들이 좋은 DQ 점수를 받았다고 해서 모든 디지털 위험으로부터 완전히 벗어났다는 뜻은 아니지만, 최소한 디지털 세계에서 접하는 다양한 위험, 그 위험에 대처하는 방법에 대한 기본 지식, 역량, 태도 그리고 좋은 디지털 시민으로서 기기와 미디어를 안전하고 책임감 있게 쓰는 법을 안다는 걸 보여준다.

몸무게, 체질량 지수BMI, 기타 관련 지표를 측정해서 피트니스 진행 과정을 추적할 수 있는 것처럼, 현재 디지털 시민의식 상태와 온라인 안전을 점검하고, 좋은 디지털 시민이 되는 최종 목표에 도달하도록 평가하는 데 DQ 점수를 쓸 수 있다고 생각했다.

이런 맥락에서 개인이 다음의 목표에 도달할 수 있도록 DQ 점수를 설계했다.

1. 자신이 원하는 디지털 생활을 디자인하라. 노예처럼 맹목적으로 기술과 미디어를 사용하기보다는 스스로 디지털 생활을

통제할 수 있어야 한다.

2. 디지털 웰빙을 위한 디지털 기술 사용에 관한 목표를 구체적으로 정하고, 자신의 현재 디지털 생활 습관을 체크해 무엇이 자신에게 해로운지 알아본다. 디지털 생활의 건강한 질서를 만들어야 한다.

3. 이 목표에 따라, 자신의 디지털 생활을 향상시킬 계획을 짜고, 일상에서 실천할 건강한 작은 습관을 만들어라.

4. 디지털 기술을 이용해 가족 및 다른 사람과 긍정적인 관계를 축적하라.

5. DQ 점수가 높을수록 자신에게 적절한 보상을 해주는 것이 좋다.

DQ 점수는 개인의 디지털 준비 정도를 평가하는 척도라고 할 수 있다. 사실 DQ 점수는 아이들뿐만 아니라 모든 연령대에서 사용할 수 있다. 우리 어른 중에서도 디지털 시민의식을 잘 이해하지 못하는 많은 사람들은 휴대폰을 가질 자격이 없다.

당신의 DQ는 몇 점인가?

DQ 점수

DQ 프로필 점수는 글로벌 표준과 비교해서 개인의 디지털 시

디지털 시민 정체성

사생활 관리

미디어 및 정보 리터러시

디지털 발자국 관리

디지털 공감

개인 디지털 보안 관리

행동 디지털 위험 관리

균형 잡힌 기술 사용

106

━━━ 당신의 점수 •••• 글로벌 평균

DQ 점수가 아래와 같으면

- 85점 미만 : 하나 이상의 디지털 위험에 노출될 가능성이 있고, 건전하지 못한 디지털 사용 습관을 가지고 있을 확률이 높다. 스스로 어떤 디지털 위험에 노출되었는지 확인해보는 것이 좋다.
- 85~100점 : 해당 DQ 역량에서 글로벌 평균에 비해 낮다.
- 100~115점 : 해당 DQ 역량에서 또래에 비해 평균 이상이다. 하지만 여덟 개의 모든 하위 점수와 관련해서 전체 프로필을 보고 강점과 약점을 이해하는 것이 좋다. 아이들의 경우 디지털 시민의식을 전체적으로 이해하기를 바라므로 취약한 부분에서 노력하도록 도와준다.
- 115점 이상 : 해당 DQ 역량에서 비교적 능숙한 사용자로 여겨질 수 있다.

민의식에 대해 강점과 약점을 포괄적으로 요약해준다. 디지털 시민의식 역량의 여덟 가지 특성, 즉 디지털 시민 정체성(DQ1), 균형 잡힌 기술 사용(DQ2), 행동 디지털 위험 관리(DQ3), 개인 디지털 보안 관리(DQ4), 디지털 공감(DQ5), 디지털 발자국 관리(DQ6), 미디어 및 정보 리터러시(DQ7), 사생활 관리(DQ8) 등을 평가한다. 점수마다 표준화되어 있으며, 글로벌 평균은 약 100점이고, 표준편차는 15다. 종합적인 DQ 점수는 여덟 가지 DQ 프로필 점수의 평균값이다.

학교와 단체: 당신의 집단은 디지털 회복력이 좋은가?

탄탄한 디지털 시민의식 교육에는
평가 및 피드백 기회가 반드시 포함되어야 한다.

싱가포르의 초등학교를 위한 프로그램을 만들 때, 현재 디지털 시민의식 교육의 가장 큰 문제가 교육의 효율성과 디지털 위험 통제를 감시 및 평가할 시스템이 부족하다는 사실이라는 걸 알았다. 탄탄한 디지털 시민의식 교육에는 평가 및 피드백 기회가 반드시 포함되어야 한다. 평가 도구는 하드 스킬뿐만 아니라 소프트 스킬을 평가하는 데도 전반적으로 적용할 수 있어야 한다.

평가는 궁극적으로 아이들이 각자 성공하기 위한 자신만의 길을 찾을 수 있도록 강점과 약점을 잘 이해하게 해주는 피드백 수단으로 쓰여야 한다. 또한 학교 교사와 리더가 매 학기 디지털 시민의식 교육을 더 효과적으로 설계하고, 디지털 위험에 취약한 아이들은 적극적으로 개입해서 보호하도록 도와야 한다.

이를 위해 교사와 부모를 위한 DQ 학교 평가표 및 개인 평가표를 만들었다. 이 평가표들은 교사나 부모가 아이들의 디지털 생활 및 디지털 시민의식 역량 수준에 대해 알고, 아이들과 함께 이야기할 수 있는 자료로 쓰기 위해 만들어졌다. 데이터에 기반한 이 평가표들을 통해 교사와 부모는 솔직하고 건설적인 대화를 나눌 수 있다. 아이들이 올바른 디지털 습관을 형성하고 디지털 역량을 배양할 수 있는 방향을 구체적으로 논의할 수 있다. 디지털 시민의식 교육은 아이들의 이야기에 열린 마음으로, 긍정적으로 접근하는 것부터 시작이다. 그러지 않으면 아이들은 결코 자신의 디지털 경험을 어른들과 공유하지 않을 것이다.

DQ 보고서

DQ 보고서는 해당 국가의 다른 아이들과 비교해서 디지털 역량, 사용, 디지털 위험 노출, 개인 강점, 디지털 지원 환경 등 아이의 디지털 생활을 전반적으로 요약한다. 또한 현재 아이들의 점수 프로필을 바탕으로 DQ 점수를 향상할 몇 가지 실용적인 방법도 제안한다.

구체적으로 다음의 질문을 다룬다.

- 아이의 DQ 강점과 약점은 무엇이며, 교사와 부모는 어떻게 향상하도록 격려할 수 있을까?
- 아이가 디지털 미디어 및 기술을 얼마나 균형 있게 사용하며, 교사와 부모가 이를 개선하려면 어떤 사전 조치를 취할 수 있을까?
- 아이가 디지털 위험에 많이 노출되었나? 교사와 부모는 어떻게 적극적으로 보호하고 개입할 수 있을까?

DQ 보고서의 평가 영역

영역	항목
DQ 점수	아이들이 디지털 시민의식의 여덟 가지 주요 영역을 완전히 익혔는지 평가한다.
개인 강점	글로벌 시민의식, 사회적 관계, 자기효능감, 자기 조절, 정서 조절, 오프라인 및 온라인 현실의 균형 잡기 등 여러 영역에 걸쳐 아이들의 개인적인 강점을 평가한다.
기술과 미디어의 균형 잡힌 사용	아이들이 디지털 기기와 미디어를 어떤 방식으로 사용하는지를 보여준다. 재미로 사용하는 주간 스크린 타임, 기기 접근성, 디지털 미디어 활동 및 소셜미디어 사용 등에 관해 유용한 정보를 제공한다.
디지털 위험에 대한 노출	온라인상의 낯선 사람, 게임 이용 중독, 사이버불링, 디지털 피해, 온라인 음란, 폭력 콘텐츠 노출 등을 포함해 디지털 위험에 대한 노출을 나타낸다.
지침 및 지원	부모의 적극적인 중재 행위, 학교 컴퓨터와 디지털 안전 교육에 관해 아이들이 느끼기에 어느 정도의 지침을 받는지 반영한다.

DQ 학교 보고서의 예

디지털 시민의식, 디지털 위험에 대한 노출 등 다양한 차원에 대한 성과

등급	당신의 점수 대 전국 평균(p⟨0.05)
!	이 영역은 전문가의 권고와 다르다.
하	전국 평균 이하보다 훨씬 낮은 상태
중	전국 평균과 비슷한 보고서
상	전국 평균보다 훨씬 높은 상태

	디지털 시민 정체성 능력	상
	스크린 타임 관리 능력	상
	디지털 폭력 관리 능력	하
	디지털 보안 관리 능력	!
DQ 점수	디지털 공감 능력	하
	디지털 발자국 관리 능력	상
	비판적 사고 능력	상
	사생활 관리	상
	DQ 개선	상
	글로벌 시민의식	중
	사회적 관계	하
	자기효능감	중
개인 강점	자기 조절	중
	정서 조절	하
	오프라인 및 온라인 현실의 균형 잡기	상

기술과 미디어의 균형 잡힌 사용	주간 스크린 타임	중
	인터넷 연결성	!
	모바일 기기 소유권	!
	디지털 미디어 활동	중
	소셜미디어 사용	!
디지털 위험에 대한 노출	온라인상의 낯선 사람	!
	게임 이용 장애	!
	사이버불링	!
	디지털 속임수	!
	온라인 성행위	상
	폭력적인 콘텐츠에 대한 노출	!
지침 및 지원	부모의 중재 행위	중
	학교 컴퓨터와 디지털 교육	하

당신 학교의 DQ 종합 점수: 100
전국 평균: 102

국가: 국가의 디지털 안전을 평가할 수 있는가?

모든 국가의 디지털 전환의 척도는 아동 온라인 안전과
디지털 시민의식 교육을 얼마나 확실히 하는가에서
시작되어야 한다.

우리는 2018년 2월 6일, '안전한 인터넷의 날'에 세계경제포럼
과 공동으로 〈2018년 DQ 임팩트 보고서〉를 처음으로 발표했다.[1]
이 보고서는 29개국에서 8~12세의 아이들 중 38,000명을 대상으
로 온라인 안전과 디지털 시민의식을 조사했다. 당시 우리는 56퍼
센트의 아이들이 적어도 하나 이상의 디지털 위험에 노출되었다
는 중요한 사실을 발견했다. 우리는 이 보고서를 계기로 아이들이
온라인상에서 접하는 위험에 대해 더 상세히 알게 되었다.

2017년부터 #DQ에브리차일드를 진행하면서, 아이들에게만 디
지털 시민의식을 교육하는 것으로는 온라인 어린이 보호가 충분히
이루어지지 못한다는 사실을 깊이 깨달았다. 학교, 가족, 커뮤니티,

ICT 기업, 정부 등을 포함한 모든 이해관계자를 연결하는 건전한 디지털 환경을 아이들 주변에 마련하는 것이 매우 중요하다.

개인정보 준수 조직 아이키프세이프iKeepSafe의 창립 멤버이자 지금은 인터넷 사용에 관한 비영리단체 이피스리파운데이션EP3Foundation의 CEO인 마살리 행콕Masali Hancock은 나의 오래된 동료다. 그녀는 아이들이 디지털을 접촉하는 네 가지 포인트 모두에서 아이들의 안전이 반드시 고려되어야 한다는 점을 일깨워주었다.

1. 아이들이 연결하는 곳, 즉 아이들의 환경.(학교, 가족, 커뮤니티 등)
2. 아이들이 연결하는 장치.(휴대폰, 컴퓨터 등)
3. 아이들이 연결하는 인터넷.(인터넷 서비스 제공 업체)
4. 아이들이 사용하는 소프트웨어/앱.(소셜미디어, 게임 앱 등)

이들 중 하나라도 관련 이해관계자가 DQ 표준 유지에 대한 기대에 미치지 못하면, 아이들이 쉽게 디지털 위험에 빠질 수 있는 디지털 생태계가 형성된다.

나는 항상 모든 국가의 디지털 전환의 척도는 아동 온라인 안전과 디지털 시민의식 교육을 얼마나 확실히 하는가에서 시작되어야 한다고 생각한다. 국가의 올바른 디지털 전환을 위해서는 각국 아이들의 디지털 생태계 주변에 있는 모든 관계자들, 즉 아이들부터 부모, 교사, 더 나아가 커뮤니티, ICT 기업 등을 위한 글로벌 표준으로서, 아동 온라인 안전과 디지털 시민의식에 대한 글로벌 지수가 필요하다.

이런 이해를 토대로 우리는 2020년에 새로운 국가 수준의 지수인 아동온라인안전지수Child Online Safety Index, COSI를 개발했다.[2] COSI

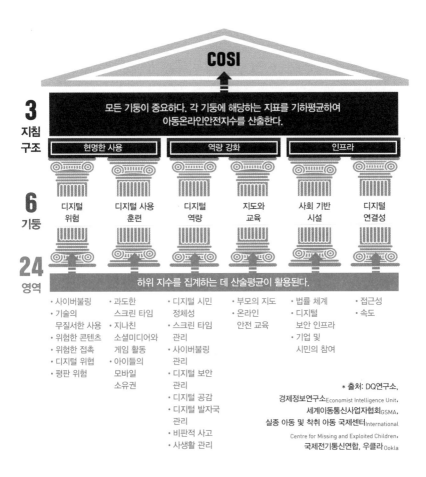

는 국가가 자국 아이들의 온라인 안전과 디지털 시민의식 상황을 더욱 잘 살필 수 있도록 돕는 세계 최초의 실시간 분석 플랫폼이었다.

COSI는 DQ프레임워크를 형성하는 여섯 개의 기둥에 걸쳐 평가된다. 기둥 1인 '디지털 위험'과 기둥 2인 '디지털 사용 훈련'은 슬기로운 디지털 기술의 사용과 관련이 있다. 기둥 3과 4인 '디지털 역량'과 '지도와 교육'은 역량 강화와 관련된다. 마지막 두 기둥은 '사회 기반 시설'과 '디지털 연결성'으로 인프라와 관련이 있다.

다시 말해서, COSI는 특정 국가의 현재 디지털 생태계가 모든 아이들이 디지털 미래에 안전하게 확실히 잘 사는 동등한 기회를 가질 수 있도록 지원하고 있는지를 평가한다. 모든 아이들을 위해 다음의 목표가 적용되어 있는지 점검해야 한다.

- 아이들이 디지털 시민의식 역량으로 디지털 기기와 미디어를 안전하고 책임감 있고 윤리적으로 사용할 수 있어야 한다.(디지털 위험, 디지털 사용 훈련, 디지털 역량)
- 부모 혹은 보호자, 그리고 학교는 아이들을 교육 및 지원해야 한다.(지도와 교육)
- 정부 정책, 시민 참여, 윤리적 사업 관행을 통해 아이들이 다양한 디지털 위험으로부터 보호받아야 한다.(사회 기반 시설)
- 아이들이 디지털 기기와 미디어에 대한 접근성과 연결성을 충분히 보장받아야 한다.(연결성)

세계의 각 국가가 이 COSI를 이용해서 자국 아이들의 온라인 안전에 관해 어떤 문제가 있으며 그 문제를 어떻게 개선해야 할지 인식할 수 있기를 바란다. 또한 글로벌 벤치마킹을 통해 해당 영역을 더 효과적으로 향상하는 것을 하나의 목표로 삼고 관련 프로그램을 계획 및 실행할 수 있을 것이다. 그러면 각 분야의 관련 이해관계자는 효과적으로 자신의 진행 상황을 평가할 수 있으므로, 자

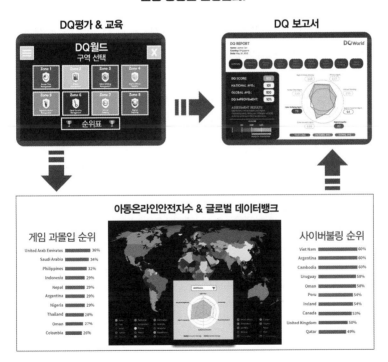

COSI는 실시간으로 # DQ에브리차일드 캠페인의 진행 상황을 반영한다.

국 내의 아동 온라인 안전과 디지털 시민의식 향상을 위한 실무적인 협력 방안을 마련할 수 있다.

나는 이 COSI가 매년 한 번만 평가하는 정태 통계가 아니라, 여러 기구가 항상 함께 참여할 수 있고 실시간으로 평가할 수 있는 시스템을 만들고자 했다. 그래서 COSI를 DQ 평가 도구 및 글로벌 데이터뱅크와 연결했다. 이제 COSI는 국가가 아동 온라인 안전을 향상하기 위해 자국의 계획을 진행함에 따라 자동으로 업데이트된다.

나는 모든 국가가 이 COSI를 계기로 DQ 교육과 평가를 실행하고 전체 디지털 생태계에 있는 모든 이해관계자의 DQ 수준을 높이기를 꿈꿔왔다. DQ는 이렇게 아동온라인안전지수인 COSI를 시작했지만, 나의 다음 단계는 더 포괄적이고 전 연령대와 전 섹터를 아우르는 DQ 지수를 만드는 것이었다. '스마트 국가'는 기술이 뛰어나게 발전한 나라가 아니라, 기술의 주체인 '사람들'이 행복한 나라이고, DQ 지수는 그런 나라를 만드는 새로운 지수가 될 것이다.

글로벌: 새로운 디지털 경제로
나아갈 수 있는가?

아동온라인안전지수는 디지털 경제의
지속가능성을 측정하는 중요한 지표다.

2020년 1월 사우디아라비아의 누프 무함마드 알 사우드Nouf Muhammad Al Saud 공주로부터 뜻밖의 이메일을 받았다. 2020년에 'G20 시민사회G20 Civil Society, C20'[3]의 의장을 맡은 공주가 나에게 '디지털 경제Digital Economy' 부문의 리더가 되어줄 수 있는지 묻는 내용이었다. 뭐라고? 디지털 경제? G20 리더들을 위해서?

이를 통해 G20 디지털 경제 태스크포스, 전 세계 750개 이상의 시민단체와 함께 일하면서 디지털 경제에 관련된 다양한 정책 문제를 논의할 굉장한 기회를 얻었다. 무엇보다도 2020년 6월에 디지털 경제의 성공을 평가하는 공통 프레임워크를 개발할 목적으로 개최되는 'G20 디지털 경제 태스크포스 회의'에서 글로벌 시민사회 대표로 발표할 기회를 얻은 것이 매우 기뻤다.

나에게는 이번 기회가 아동 온라인 보호를 위한 지난 10년간의 소셜임팩트 여정의 마지막 과제라는 느낌이 들었다. 나는 2017년부터 2020년까지 전 세계 아이들에게 디지털 시민의식을 교육하겠다는 목표로 #DQ에브리차일드 캠페인을 세계경제포럼 및 100여 개의 글로벌 파트너와 함께 진행해왔다. 이 발표는 #DQ에브리차일드의 마무리와 같았다.

앞에서 이야기한 것처럼, 나는 2010년에 세 가지 '10년 목표'를 세웠다.

1. 모든 국가가 채택할 수 있는 글로벌 표준 프레임워크.
2. 모든 어린이가 사용할 수 있는 글로벌 아동 교육 프로그램.
3. 모든 국가가 주목하게 될 글로벌 디지털 지수.

나는 2015년에 DQ프레임워크를 발표했고, 2017년에 #DQ에브리차일드를 시작했으며, 2020년에 아동온라인안전지수를 공개했다. 아동온라인안전지수를 모든 국가가 주목할 글로벌 지수로 만들고 싶었다. 그래서 6월에 열리는 'G20 디지털 경제 태스크포스 회의'에서의 발표는 나의 '10년 목표'의 세 번째를 이루기 위한 절호의 기회라는 생각이 들었다.

코로나19 팬데믹이 발생한 2020년은 인류 역사에 있어서 유례가 없었던 시기였다. 코로나19는 정부, 기업, 개인을 비롯한 전 세계 사회의 거의 모든 사람들에게 디지털 경제로 빨리 진입하라고 가혹하게 몰아붙였다. '디지털 전환'은 더는 정부와 ICT 기업들만의 과제가 아니었다. 세계가 앞다퉈 코로나19 팬데믹을 해결할 효과적인 방법을 찾는 동안, 우리는 모두 국경이 봉쇄되고 사회적 거리두기 조치로 대면 접촉이 최소화됨에 따라 서로 연결하기 위해 점점 더 디지털 기술에 의존하게 되었다. 사실상 거의 모든 나라가 초고속으로 디지털 전환에 뛰어들었다.

나는 코로나19 사태를 겪으면서 이런 급격한 디지털화에 대한 우려를 누가 과감하게 제기할 것인지, 심각하게 고민했다. 정부와 업계 리더들은 잠재적인 기술의 부정적인 영향에 대한 논의를 반기지 않았다. 글로벌 및 국가적 의제가 주로 '디지털 전환'에 초점이 맞춰져 있는 상황에서 누가 인폴루션같이 '만약에 부정적인 결과가 나타난다면 어쩌지?' 식의 논의를 달가워하겠는가?

이렇듯 충분한 준비가 없는 디지털 전환은 아이들의 디지털 위험에 대한 노출, 디지털 감시, 자동화로 인한 실직 증가, 사생활과 데이터 소유권 문제, 디지털 보안 및 안전, 인지 기만에 기반한 수익화 계획 및 기타 여러 가지 문제를 포함한 인폴루션의 위험을 초래할 것이다. 하지만 코로나19 위기 시대에 죽느냐 사느냐, (사회와의) 연결이냐 단절이냐의 문제 앞에서 이런 인폴루션에 대한 우려들은 오히려 사치스럽게 느껴질 수도 있었다. 그래서 부차적인 문제로 취급될 가능성이 높았다.

나는 디지털 경제 평가를 위한 공통 프레임워크를 개발하는 'G20 디지털 경제 태스크포스 회의'에서 할 연설을 준비할 때, COSI에 디지털 사회의 웰빙, 윤리, 지속가능성 의제를 포함시켜서 더 포괄적인 글로벌 인덱스로 확장했다.

나의 지난 10년간의 소셜임팩트 여정을 마무리하는 이 연설로 이 책을 마치려고 한다. 이제 나는 또 다른 10년의 소셜임팩트 여정 2막을 준비한다. DQ 글로벌 표준을 통해 더 나은 디지털 세계를 꿈꾸는 많은 파트너와 함께. 당신도 우리 아이들의 힘을 믿는다면, 동참해주었으면 좋겠다.

G20 디지털 경제 평가를 위한 C20과의 체계적인 협력

디지털 경제 지수를 위한 G20 공통 프레임워크 로드맵

박유현 박사

여러분, 안녕하세요?

저는 C20 디지털 경제 부문의 리더를 맡고 있는, DQ연구소의 박유현입니다. 글로벌 시민사회를 대표해서 '디지털 경제 지수'라는 이번 주제에 대해 연설할 수 있어서 영광입니다.

저는 통계학자이자 전문가로서 학계와 시민사회에서 디지털 경제와 디지털 역량에 관한 일을 하고 있습니다. 숫자는 매우 큰 힘을 가지고 있습니다. 숫자는 우리에게 우리가 누구인지, 어디에 있는지 말해줍니다. 숫자는 우리가 어떤 미래를 만나게 될지 말해주기도 합니다. 무엇보다도 숫자는 미래의 방향을 지시할 수 있습니다. 그러므로 오늘 우리가 논의하는 것이 여러분과 저, 여러분의 자녀와 제 자녀가 어떤 미래를 살아갈지를 정할 수도 있다는 사실을 생각하셨으면 합니다.

이 기회에 저는 글로벌 시민사회가 디지털 경제를 체계적인 방법으로 평가하는 데 있어 G20과 함께 협력하고 지원할 수 있는 몇 가지 방법을 제안하고자 합니다. G20은 디지털 경제 지수에 대한 정의와 지표에서부터 보급과 실행에 이르는 '로드맵'을 만들기 위해 네 가지 요소에 걸쳐서 노력해왔습니다.

1. 공통 정의와 보급

디지털 경제의 정의에 관해서라면 디지털 경제가 '기술'이 아니라 '사람'에 관한 것이라고 다시 강조하고 싶습니다. 디지털 경제 작동 메커니즘의 핵심은 본질적으로 개인의 삶에 뿌리를 두고 있다는 것을 상기해드리고 싶습니다. 예를 들어, 알렉사는 여러분 가족의 대화를 듣고 있으며, 유튜브는 학교 선생님 대신 아이들을 가르치고 있고, 시리는 여러분의 기밀 업무 이메일을 보고 있습니다. AI 연구 개발을 추진하는 연료는 바로 우리의 개인정보 데이터인 것입니다. 우리는 종종 '데이터가 새로운 석유'라는 말을 듣는데, 개인정보가 디지털 경제에서 가장 중요한 원자재라는 뜻이겠지요.

그러므로 '디지털 경제'를 정의하면서 개인의 디지털 역량 강화, 사회적 권한 부여, 디지털 웰빙을 고려하는 것은 무엇보다 중요하다고 생각합니다. 이런 이유로 C20은 디지털 경제를 넓은 의미에서 정의한 '디지털 사회'라는 새로운 개념을 기꺼이 받아들입니다. 기술과 관련된 경제 활동으로만 제한되었던 이전의 좁은 정의에서 훨씬 발전된 개념입니다. C20은 유엔 2030년 지속가능한 개발 목표에 맞춰서 디지털 경제 평가 지수를 강화하도록 지원하고 새로운 정의를 배포하고자 G20과 함께 노력할 것입니다.

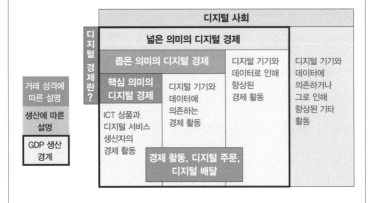

2. '인간 중심' 디지털 사회의 지표

이런 맥락으로 우리는 디지털 경제 평가 지수에 포함되는 지표에 대해 다음과 같이 제안했습니다. 저희가 제안하는 지표는 훌륭하게 만들어진 '2018 G20 평가 도구'의 구조를 기반으로 합니다.[4] 게다가 이들 지표는 오늘 회의에서 논의된 개인과 사회적 웰빙, 권한 부여, 회복력을 향상시켜서 '디지털 사회'의 새로운 정의를 뒷받침하고, 2020년 G20 의제의 우선 사항인 '인간 중심'과 '믿을 수 있는' 기술에 연관되어 있습니다.

첫 번째는 '개인의 역량 및 자율권 강화'입니다. C20은 아이들부터 여성과 중소기업에 이르는 개인 및 단체의 디지털 시민의식과 온라인 안전에 관한 지표를 통해 이를 강화하는 것이 중요하다고 생각합니다.

두 번째는 '소프트 인프라*의 향상'입니다. 아동 온라인 안전, 개인정보 보호, 콘텐츠의 윤리적 기준을 고려하는 지표를 사회 기반 시설의 서비스에 적용할 것을 제안합니다.

세 번째는 '혁신과 기술 수용'입니다. 우리는 디지털 포용, 디지털 정신건강, 다른 인권 측면을 다루는 기술 수용의 웰빙에 관한 지표로 '혁신과 기술 수용'이 강화될 수 있다고 믿습니다.

---

* **소프트 인프라** Soft Infrastructure: 인구의 경제, 건강, 문화, 사회적 기준을 유지하는 데 필요한 모든 서비스를 의미한다.

G20 디지털 경제 평가 구조 내에서 C20의 제안 지표	G20 디지털 경제 평가 지수 (2018)
디지털 시민의식과 온라인 안전 • 안전하고 책임감 있는 기술의 사용 • 디지털 시민의식을 가진 개인 • 디지털 회복력이 있는 단체 • 아동 온라인 안전을 위한 네트워크 지원 　(가족, 학교, 커뮤니티)	**개인의 역량 및 자율권 강화** 3.9　디지털 원주민 3.10 정보 격차 축소 3.11 사람들의 인터넷 사용 3.12 E-커머스 3.13 모바일 머니 3.14 정부와 상호작용하는 시민 3.15 디지털 시대의 교육 3.16 ICT 기술을 지닌 개인
윤리적 인프라 • 아동 온라인 안전을 위한 　법적 프레임워크와 업계 및 시민 참여 • 윤리적 데이터 기준	**인프라** 3.1 광대역 투자 3.2 모바일 광대역의 증가 3.3 더 빠른 인터넷 속도 3.4 연결성의 대가 3.5 사물 인터넷을 위한 인프라 3.6 보안 서버 인프라 3.7 가정용 컴퓨터 3.8 가정에서의 인터넷 연결
기술 수용에 관련된 웰빙 • 디지털 정신건강 • 디지털 포용 - 여성, 중소기업 • 기술 수용에 따른 예상치 못한 　사회적 결과와 관련된 기타 지표	**혁신 및 기술 수용** 3.17 머신러닝 연구 3.18 AI 관련 기술 3.19 제조 분야의 자동화 3.20 정보 산업의 R&D 3.21 R&D 사업 지원 3.22 ICT 관련 혁신 3.23 기업의 ICT 활용 3.24 클라우드 컴퓨팅 서비스

C20, 학계, 기타 참여단체가 평가를 위한 G20의 노력에 구체적으로 기여할 수 있는 이런 지표, 평가 도구, 방법에 대한 정의가 이미 실험되고 입증되었습니다.

이번 사례는 C20이 지표 개발을 위해 어떻게 체계적으로 노력할 수 있는지를 보여줍니다. 기술 지표의 현재 문제는 '디지털 역량'이나 'ICT 역량' 같은 용어가 통일되지 않았다는 점입니다. 예를 들어, ICT 역량에 관한 현재 지표는 흔히 '소프트웨어와 기기를 사용하는 방법에 관한 기본적인 운영상의 디지털 역량'이라는 뜻으로 좁게 정의되고 있습니다.

3. 예: 지표

구분	지표명	기반 데이터 소스
일자리	2.1.1 디지털 집약 부문 및 정보 산업의 일자리	노동력 조사
	2.2.1 ICT 업무 집약 및 ICT 전문직 업종의 일자리	노동력 조사
	2.2.2 성별에 따른 ICT 전문가 및 기술자	노동력 조사
역량	3.1.1 성별에 따른 선별된 ICT 역량	개인별 및 LFS 모듈별 OCT 활용도 조사
	3.2.1 성별에 따른 직업의 ICT 업무 강도	OECD 국제 성인 역량 조사(PIAAC)
	3.2.1 학교에서의 ICT 활용	OECD 국제 학업 성취도평가(PISA)

역량	3.3.2 성별에 따른 학생의 보고된 ICT 역량	OECD 국제 학업 성취도 평가
	3.4.1 자연과학, 공학, ICT 및 교육 콘텐츠 분야 고등교육 졸업자	노동력 조사
	3.4.2 성별에 따른 NSE & ICT 분야 고등 교육 졸업자	노동력 조사
성장	4.1.1 정보 산업의 부가가치	국가 회계
	4.1.3 디지털 집약 부문의 부가가치	국가 회계
	4.2.1 자산별 ICT 투자	국가 회계
	4.3.1 ICT 상품 수출입	상품 무역 데이터
	4.2.1 디지털 배달 가능한 서비스 수출입	서비스 데이터 무역

하지만 디지털 전환은 디지털 경제에 필요한 포괄적인 디지털 신기술에 대한 수요를 만들고 있습니다. 또한 IEEE, OECD, 세계 경제포럼 등에서 승인된 디지털 지능은 디지털 역량을 평가하는 공용언어로서 전 세계적으로 사용되고 있습니다. 디지털 지능은 단지 기술적인 능력뿐만 아니라 온라인상의 사생활, 잘못된 정보의 확산 같은 인지 및 사회·정서적 능력을 포함합니다.

다자간 협력으로 만들어진 DQ프레임워크는 이미 손쉽게 사용할 수 있는 공통 평가 기준과 수단을 가지고 있고, 이를 이용한 포괄적인 디지털 역량 지표를 제시합니다.

자, 이제 디지털 사회를 한번 떠올려보세요. 우리는 이 디지털 사회에서 행복하고 자유롭습니까? 우리는 디지털 세계가 안전하다고 생각합니까? 애석하게도 많은 연구가 그렇지 못하다고 말해주고 있습니다.

C20에서 올해 논의한 가장 중요한 주제 중 하나는 아이들이 디지털 위험에 너무 많이 노출되어 있다는 것입니다. 30개국에서 실시한 글로벌 연구에 의하면, 8~12세 아이들 중 약 60퍼센트의 아이들이 사이버불링, 게임 이용 장애, 가짜 뉴스, 디지털 공격 등의 디지털 위험을 적어도 하나 이상 경험했다고 합니다.

이 아동 온라인 안전 문제는 디지털 경제의 지속가능성을 직접적으로 위협하는 주요 영역 중 하나입니다. 정부, ICT 기업, 미디어 산업에 대한 국제사회의 신뢰는 지난 몇 년 동안 매년 감소하고 있습니다. 애플 이사회조차 모바일과 아이들이 해로운 조합이라고 말할 정도니까요. 아동온라인안전지수는 디지털 경제의 신뢰 차원과 지속가능성을 평가하는 중요한 지표입니다.

우리는 디지털 경제를 모니터하고 개선할 수 있도록 기술이 디지털 사회에 끼치는 악영향을 G20의 디지털 경제 평가 지수가 반영해야 한다고 생각합니다. 디지털 경제 수준을 평가할 때 디지털 시민의식과 온라인 안전에 관한 지표를 포함시켜야 한다고 강력하게 주장합니다.

다자간의 협의로 우리가 함께 노력한다면 더 좋은 지표를 포함하는 것은 어렵지도 시간이 오래 걸리지도 않습니다. 모범 사례를 통합해서 C20 및 다른 참여단체와 협력할 것을 G20에 제안합니다. 아동온라인안전지수와 관련해서 DQ연구소는 80개국에 걸친 온라인 안전과 디지털 시민의식에 관한 세계 최대 규모의 데이터 뱅크와 연구 방법론을 보유하고 있습니다. 예를 들어, DQ연구소는 UN, OECD, ITU, IEEE, UNICEF 등을 포함한 다양한 단체와 함께 아동 온라인 안전과 디지털 시민의식에 대한 공동 대책을 마련하고자 세계적인 데이터뱅크 구축에 관한 연구와 논의를 하고 있습니다. 이런 모든 모범 사례와 국가 차원의 조치가 G20 대책에 대한 포괄적인 이해를 향상시킬 수 있습니다.

4. 실시간 아동온라인안전지수

우리는 한 걸음 더 나아갈 수 있습니다. 현재 시민사회, 학계와 기업이 포함된 글로벌 네트워크에 자신들의 임팩트 및 성공 척도가 필요한 여러 글로벌 연합이 있습니다.

G20 디지털 경제 평가가 다양한 지표를 반영하여 실제 비즈니스, 개인과 조직의 활동을 모니터하고 평가하고 피드백할 수 있다고 상상해보세요. 곧바로 전 세계의 일반 개인과 기업들에게도 널리 적용되고, 디지털 경제 활동의 중요한 평가 지표가 될 겁니다.

예를 들어, DQ연구소는 100여 개의 국제 파트너와 함께 실시간 평가를 통해 아이들에게 디지털 역량을 가르치는 #DQ에브리차

C20 모범 사례: 아동온라인안전지수(COSI)

COSI는 실시간으로 # DQ에브리차일드 캠페인의 진행 상황을 반영한다.

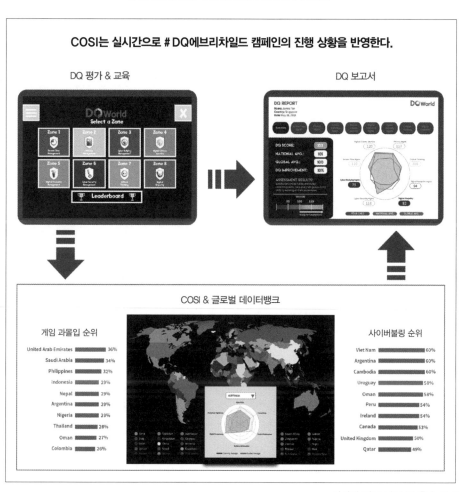

DQ 평가 & 교육

DQ 보고서

COSI & 글로벌 데이터뱅크

게임 과몰입 순위

United Arab Emirates	36%
Saudi Arabia	34%
Philippines	32%
Indonesia	29%
Nepal	29%
Argentina	29%
Nigeria	29%
Thailand	28%
Oman	27%
Colombia	26%

사이버불링 순위

Viet Nam	60%
Argentina	60%
Cambodia	60%
Uruguay	58%
Oman	58%
Peru	54%
Ireland	54%
Canada	53%
United Kingdom	50%
Qatar	49%

실시간 지표 반영 및 후속 조치

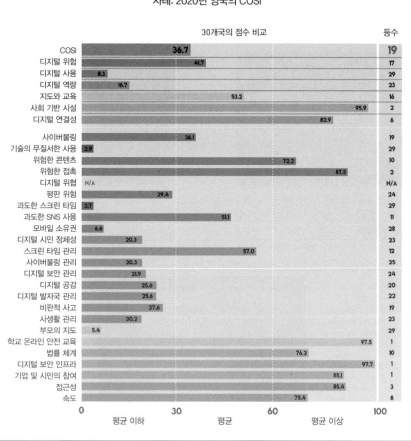

개선을 위한 항목의 우선 순위

사례: 2020년 영국의 COSI

30개국의 점수 비교 / 등수

항목	점수	등수
COSI	36.7	19
디지털 위험	41.7	17
디지털 사용	8.3	29
디지털 역량	16.7	23
지도와 교육	53.2	16
사회 기반 시설	95.9	2
디지털 연결성	82.9	6
사이버불링	36.1	19
기술의 무질서한 사용	2.9	29
위험한 콘텐츠	72.2	10
위험한 접촉	87.5	2
디지털 위협	N/A	N/A
평판 위험	29.4	24
과도한 스크린 타임	3.7	29
과도한 SNS 사용	51.1	11
모바일 소유권	6.6	28
디지털 시민 정체성	20.3	23
스크린 타임 관리	57.0	12
사이버불링 관리	20.3	25
디지털 보안 관리	21.9	24
디지털 공감	25.6	20
디지털 발자국 관리	25.6	22
비판적 사고	27.6	19
사생활 관리	20.2	23
부모의 지도	5.4	29
학교 온라인 안전 교육	97.5	1
법률 체계	76.2	10
디지털 보안 인프라	97.7	1
기업 및 시민의 참여	85.1	1
접근성	85.4	3
속도	75.4	8

0   30   60   100

평균 이하   평균   평균 이상

일드 캠페인을 진행했습니다. 아이들의 데이터와 분석은 부모와 교사에게 직접 전달되고, 아동온라인안전지수(글로벌 보고서 및 국가 보고서)에도 실시간으로 반영됩니다.

각 분야의 참가자들이 직접 혜택을 받을 수 있는 실시간 보고서에 G20 평가가 포함될 수 있다고 상상해보세요. 이런 실시간 평가와 데이터 시각화는 개인, 조직, 정부, 글로벌 사회 등 각계각층에 강력한 방식으로 영향을 미칠 수 있습니다. 이들 숫자는 정책입안자의 책상 위에만 놓여 있지 않을 것이며, 실시간으로 사람들의 삶을 바꿀 수 있습니다. 진정한 디지털로 말이죠.

현재 G20과 OECD 그리고 국가 통계청이 이 지수를 매해 마련하는 전통적인 협력 방식은 훌륭합니다. 하지만 우리는 더 잘 할 수 있습니다. 아니, 우리는 정말로 멋지게 잘 해낼 수 있습니다.

이에 디지털 경제 평가 지수에 관련된 G20의 노력에 협력 지원할 글로벌 시민단체들, 기업들, 학계 등 여러 다양한 참여기구들과 함께 광범위한 연합을 구축하고, 더 구체적인 대화를 계속해나갈 것을 제안합니다.

마이크를 의장에게 돌려드리겠습니다.

들어주셔서 감사합니다.

깊은 감사를 표하고 싶은 분들이 너무나 많다.

처음 이 '인폴루션 제로' 일을 시작했을 때, 캄캄했던 그 어려운 시기에 날 도와준 사람들을 항상 기억한다. 박대혁 부회장님, 김정훈 사장님, 김동호 목사님은 최초로 재정적 지원을 해주신 분들이다. 조동준과 김유미는 그 시작부터 오늘까지 나와 함께해온 동료들이다. 내 동생 박미형, 박로훈과 그의 친구들이 자발적으로 시간과 노력을 쏟아준 덕분에 '아이제트 히어로' 프로젝트를 구상할 수 있었고, 이상희 박사님이 국립과천과학관을 열어주셔서 이 프로젝트가 시작될 수 있었다. 수훈 림Soo Hoon Lim, 궉민 럭Kwok Mean Luck, 메이린 펑Mei Lin Fung, 황우여, 쑤펜 토Su Fen Toh, 윤종록, 권

영실······ 각계각층의 정말 많은 분들이 하나님이 보내주신 천사들처럼 나타나서 조건 없이 전폭적으로 지원해주셨다. 우리 DQ 팀과 파트너들과 후원자분들이 진정한 히어로들이다. 나의 형편 없는 리더십에도 그들은 인내심을 갖고 나와 함께 걸어와주었다.

아버지 박은태 박사님은 나에게 두려움 없이 자신이 믿는 길을 선택하라고 가르쳐주셨다. 아버지가 1985년에 세운 안세재단Ahn-Sei Foundation은 DQ연구소의 토대가 되었다. '인폴루션'이라는 용어를 처음 만든 시아버지 조백제 박사님은 내게 항상 든든한 지원자이시다. 어머니 서해순과 시어머니 임계순 박사님은 내가 엄마이자 딸이자 커리어 여성으로 살아갈 수 있는 힘을 주셨다. 아들 조현창, 딸 조현경은 내게 가장 귀중한 보물들이다. 남편이자 가장 친한 친구인 사랑하는 조남준 박사님, 당신이 없었다면 오늘의 나도 없다. 그리고 마지막으로 모든 영광을 나의 주 예수 그리스도께 바친다.

참고자료

프롤로그

1 Herskovitz, J., & Kim, C. (2009, November 9). '한국, 아동 성폭행 사건 이후 새로운 법 마련(South Korea Seeks New Laws After Brutal Rape of Child)'. Reuters. https://www.reuters.com/article/idINIndia-43802720091109

2 Satell, G. (2014, September 4). '블록버스터가 실패한 이유와 실패할 필요 없었던 이유(A Look Back At Why Blockbuster Really Failed And Why It Didn't Have To)'. Forbes. https://www.forbes.com/sites/gregsatell/2014/09/05/a-look-back-at-why-blockbuster-really-failed-and-why-it-didnt-have-to/?sh=124c16341d64

3 Tedeneke, A. (2018, September 26). 'OECD, IEEE 및 DQ연구소, 기술과 교육 부문에서 디지털 지능을 위한 협력 플랫폼 발표(OECD, IEEE and DQI Announce Platform for Coordinating Digital Intelligence Across Technology and Education Sectors)'. World Economic Forum. https://www.weforum.org/press/2018/09/oecd-ieee-and-dqi-announce-platform-for-coordinating-digital-intelligence-across-technology-and-education-sectors/

4 DQ연구소 (2020). #DQ에프리차일드 캠페인(#DQEveryChild). https://www.dqinstitute.org/dqeverychild/

5 DQ연구소 (2020). DQ 월드(DQ World). https://www.dqworld.net/

6 C20 사우디아라비아 (2020). '2020년 시민사회를 위한 20가지 정책(2020 Civil Society 20 Policy Pack)'. https://civil-20.org/2020/wp-content/uploads/2020/06/2020-C20-Policy-Pack.pdf

7 McCabe, K. (2020, October 10). '범국가적으로 디지털 리터러시와 디지털 역량을 강화하는 데 도움이 될 새로운 표준(New Standard Will Help Nations Accelerate Digital Literacy and Digital Skills Building)'. IEEE Standards Association. https://beyondstandards.ieee.org/new-standard-will-help-nations-accelerate-digital-literacy-and-digital-skills-building/

8 DQ연구소 (2019, October 10). '2019 DQ데이로 초대합니다(Welcome to DQ Day 2019)'.

https://www.dqinstitute.org/dq-events/

9   Newell, M. (2012). 〈위대한 유산(Great Expectations)〉. BBC Films.

1장

1   Schwab, K. (2013). 《클라우스 슈밥의 제4차 산업혁명(The Fourth Industrial Revolution)》. Penguin Group.

2   Harari, Y. N. (2014). 《사피엔스: 유인원부터 사이보그까지, 인간 역사의 대담하고 위대한 질문(Sapiens: A Brief History of Humankind)》. Random House.

3   Harari, Y. N. (2016). 《호모 데우스: 미래의 역사(Homo Deus: A Brief History of Tomorrow)》. Random House.

4   Hutchison III, C. A., Chuang, R., Noskov, et al. (2016). '최소 박테리아 게놈을 설계하고 합성하다(Design and synthesis of a minimal bacterial genome)'. Science, 251(6280). https://science.sciencemag.org/content/351/6280/aad6253

5   Polkinghorne, J. (2007). 《하나의 세계: 과학과 신학의 상호작용(One World: The Interaction of Science and Theology)》. Templeton Foundation Press.

6   Tedeneke, A. (2018, September 26). 'OECD, IEEE 및 DQ연구소, 기술과 교육 부문에서 디지털 지능을 위한 협력 플랫폼 발표(OECD, IEEE and DQI Announce Platform for Coordinating Digital Intelligence Across Technology and Education Sectors)'. World Economic Forum. World Economic Forum. https://www.weforum.org/press/2018/09/oecd-ieee-and-dqi-announce-platform-for-coordinating-digital-intelligence-across-technology-and-education-sectors/

7   Luntz, S. (2016, March 16). '마이크로소프트의 챗봇이 인터넷에서 빠르게 편향성을 학습했다(Microsoft's Chatbot Quickly Converted To Bigotry By The Internet)'. ISL Science. https://www.iflscience.com/technology/microsofts-chatbot-converted-bigotry/

8   United Nations. Universal Declaration of Human Rights. https://www.un.org/en/universal-declaration-human-rights/

9   Russell, B. (1950). '왜 욕망은 정치적으로 중요한가?(What Desires Are Politically Important?)'. Nobel Prize for Literature Acceptance Speech. Stockholm: Sweden.

10 Jensen, F. (1982). 《카를 융, 엠마 융, 그리고 토니 울프: 추억의 모음(C.G. Jung, Emma Jung, E., & Toni Wolff: A Collection of Remembrances)》. The Analytical Psychology Club of San Francisco.

11 Jung, C.G. (1973). 《카를 융의 편지, 1권: 1906년-1950년(C.G. Jung Letters, Volume 1: 1906-1950)》. Princeton University Press.

12 Lewis, C.S. (1940). 《고통의 문제(The Problem of Pain)》. The Centenary Press.

13 Eisenhower Fellowships. https://www.efworld.org/

14 Nadella, S., Shaw, G., & Nichols, J.T. (2017). 《히트 리프레시: 마이크로소프트의 영혼

을 재발견하고 더 나은 미래를 상상하기 위한 탐구(Hit Refresh: The Quest to Rediscover Microsoft's Soul and Imagine a Better Future for Everyone)》. HarperCollins

15 Markoff, J. (2015). 《은혜로운 기계: 인간과 로봇의 공통점 찾기(Machines of Loving Grace: The Quest for Common Ground Between Humans and Robots)》. HarperCollins.

16 Forrester (2020). '일의 미래(Future of Work)'. https://go.forrester.com/future-of-work/

2장

1 DQ연구소 (2020). 아동온라인안전지수(Child Online Safety Index). https://www.dqinstitute.org/child-online-safety-index/

2 DQ연구소 (2018). 2018 DQ 임팩트 보고서(2018 DQ Impact Report). https://www.dqinstitute.org/2018dq_impact_report

3 7 News (2020). '코로나 팬데믹 이후: 비디오 게임을 재현하려고 11살 소년과 그의 여동생이 함께 건물에서 뛰어내렸다(Coronavirus Restrictions: 11-Year-Old Boy Leaps From Building With Sister Trying To Recreate Video Game)'. https://7news.com.au/lifestyle/health-wellbeing/coronavirus-restrictions-11-year-old-boy-leaps-from-building-with-sister-trying-to-recreate-video-game-c-1038197

4 Singer, N. (2018, February 12). '기술의 윤리적인 그림자: 하버드대학교, 스탠퍼드대학교 등에서 해결하고자 하다(Tech's Ethical 'Dark Side': Harvard, Stanford and Others Want to Address It)'. The New York Times. https://www.nytimes.com/2018/02/12/business/computer-science-ethics-courses.html

5 UNICEF (1989). 유엔아동권리위원회(United Nations Convention on the Rights of the Child). https://www.unicef.org.uk/wp-content/uploads/2010/05/UNCRC_united_nations_convention_on_the_rights_of_the_child.pdf

6 DQ연구소 (2020). DQ에브리차일드 캠페인(#DQeveryChild). https://www.dqinstitute.org/dqeverychild/

7 Friedman, T. L. (2016). 《늦어서 고마워: 초가속 시대의 성공을 위한 낙관주의자의 가이드(Thank You for Being Late: An Optimist's Guide to Thriving in the Age of Accelerations)》. Farrar, Straus and Giroux.

8 Munro, K. (2017, March 3). '아이들에게 코딩을 가르치지 말고 온라인에서 사는 법을 가르쳐라(Don't teach your kids coding, teach them how to live online)'. Sydney Morning Herald. https://www.smh.com.au/national/nsw/dont-teach-your-kids-coding-teach-them-howto-live-online-20170324-gv5e9r.html

9 OECD (2018). 2030 OECD 미래 학습 프레임워크 프로젝트(OECD Future of Education and Skills 2030). https://www.oecd.org/education/2030-project/

10 OECD (2018). 교육의 미래에 영향을 주는 메가트렌드(Megatrends influencing the future

of education). https://www.oecd.org/education/2030-project/teaching-and-learning/learning/megatrends/

3장

1 Marr, B. (2020). 'GPT-3란 무엇이며 왜 그것이 인공지능을 혁신하고 있는가?(What Is GPT-3 And Why Is It Revolutionizing Artificial Intelligence?)'. Forbes. https://www.forbes.com/sites/bernardmarr/2020/10/05/what-is-gpt-3-and-why-is-it-revolutionizing-artificial-intelligence/?sh=3b300c7c481a

2 Robertson, M.R. (2017). '딥블루 대 카스파로프, 그로부터 20년 후: 체스 시합이 빅데이터 혁명을 시작하게 된 계기(Twenty years on from Deep Blue vs Kasparov: how a chess match started the big data revolution)'. The Conversation. https://theconversation.com/twenty-years-on-from-deep-blue-vskasparov-how-a-chess-match-started-the-big-data-revolution-76882

3 DeepMind (2016). 구글 딥마인드 챌린지 매치(The Google DeepMind Challenge Match). https://deepmind.com/alphago-korea

4 The Economist (2005, March 10). '새로운 파라오(The New Pharaohs)'. https://www.economist.com/business/2005/03/10/the-new-pharaohs

5 Blodget, H. (2012, January 19). '애플 파트너 폭스콘의 CEO: "100만 마리 동물을 관리하느라 골치가 아프다"(CEO of Apple Partner Foxconn: "Managing One Million Animals Gives Me A Headache")'. Business Insider. https://www.businessinsider.com/foxconn-animals-2012-1

6 Wallach, W. (2015). 《위험한 주인: 기술을 통제할 수 없는 수준이 되지 않도록 방지하는 법 (A Dangerous Master: How to Keep Technology from Slipping Beyond Our Control)》. Basic Books.

7 Markoff, J. (2015). 《은혜로운 기계: 인간과 로봇의 공통점 찾기(Machines of Loving Grace: The Quest for Common Ground Between Humans and Robots)》. Ecco Press.

8 World Health Organization (2018). 중독 행동: 게임 이용 장애(Addictive behaviours: Gaming disorder). https://www.who.int/news-room/q-a-detail/addictive-behaviours-gaming-disorder

9 DQ연구소 (2020). 아동온라인안전지수(Child Online Safety Index). https://www.dqinstitute.org/child-online-safety-index/

10 The New York Times (2021, January 16). '팬데믹 이후 아이들의 스크린 타임이 급증하여 부모들과 연구자들에게 경각심을 주고 있다(Children's Screen Time Has Soared in the Pandemic, Alarming Parents and Researchers). https://www.nytimes.com/2021/01/16/health/covid-kids-tech-use.html

11 Nadella, S., Shaw, G., & Nichols, J.T. (2017). 《히트 리프레시: 마이크로소프트의 영혼

을 재발견하고 더 나은 미래를 상상하기 위한 탐구(Hit Refresh: The Quest to Rediscover Microsoft's Soul and Imagine a Better Future for Everyone)). HarperCollins

12 Kay, A. (2019). '고대 로마 시대에는 디지털 컴퓨터를 어느 수준으로 만들 수 있었을까?(To what extent was it possible to build a digital computer during ancient Rome?)'. Quora. https://www.quora.com/To-what-extent-was-it-possible-to-build-a-digital-computer-during-ancient-Rome

13 Orwell, G. (1949). 《1984》. Secker & Warburg.

4장

1 Yad Vashem. '야드 바셈: 홀로코스트 박물관(Yad Vashem: The World Holocaust Remembrance Center)'. https://www.yadvashem.org/

2 Arendt, H. (1963). 《예루살렘의 아이히만: 악의 평범성에 관한 보고서(Eichmann in Jerusalem: A Report on the Banality of Evil)). Viking Press.

3 Brooker, K. (2018). '"나는 망연자실했다": 월드와이드웹을 만든 팀 버너스 리의 후회("I Was Devastated": Tim Berners-Lee, The Man Who Created The World Wide Wed, Has Some Regrets)'. Vanity Fair. https://www.vanityfair.com/news/2018/07/the-man-who-created-the-world-wide-web-has-some-regrets

4 The Beatles (1970). 〈I Me Mine(Song)〉. Apple Music.

5 Pavlov, I. P. (1927). 《조건 반사: 대뇌피질의 생리적 활성도(Conditioned Reflexes: An Investigation of the Physiological Activity of the Cerebral Cortex)). Oxford University Press.

6 Vosoughi, S., Roy, D., & Aral, A. (2018). '온라인에서의 진실과 거짓 뉴스와 확산(The Spread of True and False News Online)'. Science 359 (6380): 1146-1151.

7 Meyer, R. (2018, March 8). 거짓 뉴스에 대한 '사상 최대 규모의 연구, 그 암울한 결론(The Grim Conclusions of the Largest-Ever Study of Fake News)'. The Atlantic. https://www.theatlantic.com/technology/archive/2018/03/largest-study-ever-fake-news-mittwitter/555104/

8 ABBA (1980) 〈Winner Takes it All(Song)〉. Polar.

9 Meyer, R. (2014, June 28). '페이스북의 비밀 조작 실험에 대해 우리가 아는 모든 것 (Everything We Know About Facebook's Secret Mood Manipulation Experiment)'. The Atlantic. https://www.theatlantic.com/technology/archive/2014/06/everything-we-knowabout-facebooks-secret-mood-manipulation-experiment/373648/

10 Fussell, S. (2018, October 12). '알렉사는 오늘 당신의 기분을 알고 싶다(Alexa Wants to Know How You're Feeling Today)'. The Atlantic. https://www.theatlantic.com/technology/archive/2018/10/alexa-emotion-detection-aisurveillance/572884/

11 Popkin, H.A.S. (2010, January 13). '페이스북에서 사생활은 죽었다. 극복하라(Privacy

is dead on Facebook. Get over it)'. NBC News. https://www.nbcnews.com/id/wbna34825225

12 BBC (2019, January 10). '케임브리지 애널리티카 모회사 SCL, 사용자 동의 없이 수집한 데이터를 넘기지 않아 벌금(Cambridge Analytica parent firm SCL Elections fined over data refusal)'. https://www.bbc.co.uk/news/technology-46822439

13 Cadwalladr, C. & Graham-Harison, E. (2018, March 17). '폭로: 케임브리지 애널리티카가 5천만 개 이상의 페이스북 프로필을 무단 수집했다(Revealed: 50 million Facebook profiles harvested for Cambridge Analytica in major data breach)'. The Guardian. https://www.theguardian.com/news/2018/mar/17/cambridge-analytica-facebook-influence-us-election

14 Dreyfus, E. (2019, July 24). '데이터 악몽이 현실화된 넷플릭스의 〈거대한 해킹〉(Netflix's The Great Hack Brings Our Data Nightmare to Life)'. Wired. https://www.wired.com/story/the-great-hack-documentary/

15 Amer, K., & Noujaim, J. (2019). 〈거대한 해킹(The Great Hack)〉. Netflix.

16 Lapowsky, I. (2019, January 25). '케임브리지 애널리티카가 수집한 데이터를 되찾기 위한 한 남자의 집요한 싸움(One Man's Obsessive Fight to Reclaim His Cambridge Analytica Data)'. Wired. https://www.wired.com/story/one-mans-obsessive-fight-to-reclaim-his-cambridge-analytica-data/

17 European Commission. '일반 개인정보 보호법은 무엇을 관리하는가?(What does the General Data Protection Regulation(GDPR) govern?)'. https://ec.europa.eu/info/law/law-topic/data-protection/reform/what-does-general-data-protection-regulation-gdpr-govern_en

18 Lapowsky, I. (2019, January 25). '케임브리지 애널리티카가 수집한 데이터를 되찾기 위한 한 남자의 집요한 싸움(One Man's Obsessive Fight to Reclaim His Cambridge Analytica Data)'. Wired. https://www.wired.com/story/one-mans-obsessive-fight-to-reclaim-his-cambridge-analytica-data/

19 Datareportal (2020). 전 세계의 디지털(Digital Around the World). https://datareportal.com/global-digital-overview

20 Naver (2011, April 11). 뉴스캐스트 시민단체 모니터링단 출범식. https://m.blog.naver.com/naver_diary/150106726083

21 임온유 (29 November 2018). "공정성 논란' 네이버 뉴스, 사람 개입 없이 적절히 운영'. 아시아경제. https://www.asiae.co.kr/article/2018112910565069885

22 BBC (2016). 브렉시트 국민투표(EU Referendum). https://www.bbc.co.uk/news/politics/eu_referendum

23 Stone, Z. (2016, October 10). '마크 저커버그가 지키는 11가지(11 Times Mark Zuckerberg Kept It Real)'. Forbes. https://www.forbes.com/sites/zarastone/2016/10/10/11-times-mark-zuckerberg-kept-it-real/?sh=697626d735d4

24 The New York Times (1964, August 2). '처칠 정신: 그 자신의 말들(The Churchill Spirit-In His Own Words)'. https://www.nytimes.com/1964/08/02/archives/the-churchill-spiritin-his-own-words.html

25 Gorlick, A. (2009). '미디어에서의 멀티태스킹이 정신적 대가를 치르는 것으로 스탠퍼드 대학교 연구는 밝혔다(Media multitaskers pay mental price, Stanford study shows)'. Stanford News. https://news.stanford.edu/news/2009/august24/multitask-research-study-082409.html

26 Kuznek, J.H. & Tltsworth, S. (2013). '휴대전화 사용이 학생들의 학습에 미치는 영향(The Impact of Mobile Phone Usage on Student Learning)'. Communication Education. 62(3), 233-252.

27 Bates, S. (2018, October 25). '스탠퍼드대학교의 심리학자는 10년간 연구 끝에 멀티태스킹이 기억력을 떨어뜨린다고 밝혔다(A decade of data reveals that heavy multitaskers have reduced memory, Stanford psychologist says)'. Stanford News. https://news.stanford.edu/2018/10/25/decade-data-reveals-heavy-multitaskers-reduced-memory-psychologist-says/

28 Layton, J. (2017). '"조용한 삶의 단조로움과 고독은 창조성을 자극한다"는 아인슈타인의 말은 무슨 뜻일까요?(What did Einstein mean by stating, "The monotony & solitude of quiet life stimulates the creative mind?")'. Quora. https://www.quora.com/What-did-Einstein-mean-by-stating-The-monotony-solitude-of-quiet-life-stimulates-the-creative-mind

29 Twenge, J.M. (2017, September 9). '스마트폰이 한 세대를 망가뜨리다(Has the Smartphone Destroyed a Generation)'. The Atlantic. https://www.theatlantic.com/magazine/archive/2017/09/has-the-smartphone-destroyed-a-generation/534198/

30 Bamwita, T. (2014, May 13). '전 세계적인 테러와의 전쟁과 우리의 이데올로기(On war against global terrorism and our ideologies)'. The New Times. https://www.newtimes.co.rw/section/read/75268

31 Arendt, H. (1963). 《예루살렘의 아이히만: 악의 평범성에 관한 보고서(Eichmann in Jerusalem: A Report on the Banality of Evil)》. Viking Press.

32 Williams, J. (2018, May 27). '기술이 우리를 산만하게 만든다(Technology is driving us to distraction)'. The Guardian. https://www.theguardian.com/commentisfree/2018/may/27/world-distraction-demands-new-focus

5장

1 OECD. 2030 OECD 미래 학습 프레임워크 프로젝트(Future of Education and Skills 2030). https://www.oecd.org/education/2030-project/

2 Tedeneke, A. (2018, September 26). 'OECD, IEEE 및 DQ연구소, 기술과 교육 부문

에서 디지털 지능을 위한 협력 플랫폼 발표(OECD, IEEE and DQI Announce Platform for Coordinating Digital Intelligence Across Technology and Education Sectors)'. World Economic Forum. World Economic Forum. https://www.weforum.org/press/2018/09/oecd-ieee-and-dqi-announce-platform-for-coordinating-digital-intelligence-across-technology-and-education-sectors/

3   United Nations. 17가지 목표: 지속가능한 발전을 위한 2030 의제(The 17 Goals: The 2030 Agenda for Sustainable Development). Department of Economic and Social Affairs. https://sdgs.un.org/goals

4   United Nations. 인권의 보편적 선언(Universal Declaration of Human Rights). https://www.un.org/en/universal-declaration-human-rights/

5   OECD. 웰빙 및 진보 측정: 웰빙 연구(Measuring Well-being and Progress: Well-being Research). https://www.oecd.org/statistics/measuring-well-being-and-progress.htm

6   Park, Y. (2016, August 3). '인간 정신의 중요성을 일깨워준 4차 산업혁명(The Fourth Industrial Revolution Awakens the Importance of the Human Spirit)'. Huffington Post. https://www.huffpost.com/entry/the-fourth-industrial-rev_b_11325636

7   Park, Y. (2016). '인간 지능의 미래(The Future of Human Intelligence)'. TEDx Talks. https://www.youtube.com/watch?v=I6qR7hx89VU

8   Estlin, P. (2019). '당신은 DQ인가요? 디지털 역량: 비극 혹은 기회?(R U DQ? Digital Skills: Crisis or Opportunity?)'. Gresham College. https://www.gresham.ac.uk/lectures-andevents/digital-skills-crisis-opportunity

9   DQ연구소 (2019). 2019 DQ 글로벌 표준 보고서(DQ Global Standards Report 2019). https://www.dqinstitute.org/wp-content/uploads/2019/03/DQGlobalStandardsReport2019.pdf

10 Treschow, M. (1994). '알프레드 법전의 서문: 자비의 영혼에 대한 가르침(The Prologue to Alfred's Law Code: Instruction in the Spirit of Mercy)'. Florilegium (13). https://journals.lib.unb.ca/index.php/flor/article/download/18463/20304/24489

11 Pawson, D. (2013). 《창조자의 지침: 십계명에 대한 새로운 고찰(The Makers Instructions: A new look at the 10 Commandments)》. https://www.davidpawson.org/books/the-makers-instructions/

12 DQ연구소 (2019). 10월 10일 디지털 지능의 날: 디지털 리터러시, 역량, 준비성을 위한 글로벌 표준(Global Launch of Digital Intelligence Day on October 10th Co-Creating Global Standards for Digital Literacy, Skills, and Readiness). https://live.dqinstitute.org/news-post/global-launch-of-digital-intelligence-day-on-october-10th-co-creating-global-standards-for-digital-literacy-skills-and-readiness/

13 Goleman, D. (2000). 《감성 지능 연구(Working with Emotional Intelligence)》. Bantam.

14 Goleman, D. (2019, December 9). 'AI 시대에 우리가 추구해야 할 여덟 가닥의 디지털

DNA(The 8 pieces of digital DNA we need to thrive in the AI age)'. World Economic Forum. https://www.weforum.org/agenda/2019/12/digital—intelligence—artificial—intelligence—ethics/

15 Park, Y. (2016, September 6). '모든 아이에게 필요한 여덟 가지 디지털 생활 역량과 교육 계획(8 digital life skills all children need and a plan for teaching them)'. World Economic Forum. https://www.weforum.org/agenda/2016/09/8—digital—life—skills—all—children—need—and—a—plan—for—teaching—them/

16 Twenge, J.M. (2017, September 9). '스마트폰이 한 세대를 망가뜨리다(Has the Smartphone Destroyed a Generation)'. The Atlantic. https://www.theatlantic.com/magazine/archive/2017/09/has—the—smartphone—destroyed—a—generation/534198/

17 Park, Y. (2016, September 6). '모든 아이들의 디지털 생활에 필요한 여덟 가지 역량과 그것을 교육하는 방법(8 digital life skills all children need and a plan for teaching them)'. World Economic Forum. https://www.weforum.org/agenda/2016/09/8—digital—life—skills—all—children—need—and—a—plan—for—teaching—them/

18 Tedeneke, A. (2018, September 26). 'OECD, IEEE 및 DQ연구소, 기술과 교육 부문에서 디지털 지능을 위한 협력 플랫폼 발표(OECD, IEEE and DQI Announce Platform for Coordinating Digital Intelligence Across Technology and Education Sectors)'. World Economic Forum. World Economic Forum. https://www.weforum.org/press/2018/09/oecd—ieee—and—dqi—announce—platform—for—coordinating—digital—intelligence—across—technology—and—education—sectors/

19 FutureDotNow. 영국의 디지털 역량을 가속화하는 것(Accelerating the UK's digital skills, at scale). https://futuredotnow.uk/

6장

1 DQ연구소 (2020). 아동온라인안전지수(Child Online Safety Index). https://www.dqinstitute.org/child—online—safety—index/

2 Mielach, D. (2012, April 20). '문제를 만들 때 생각했던 사고방식으로 접근하면 그 문제를 결코 해결할 수 없다(We Can't Solve Problems by Using the Same Kind of Thinking We Used When We Created Them)'. Business Insider. https://www.businessinsider.com/we—cant—solve—problems—by—using—the—same—kind—of—thinking—we—used—when—we—created—them—2012—4

3 UNICEF (2013). '시리아의 아이들: 잃어버린 세대인가?(Syria's Children: A lost generation?)'. https://www.refworld.org/docid/514308422.html

4 Coulbeck, A., & Hugo, V. (1862). 《레미제라블(Les Miserables)》. Librairie internationale A. Lacroix.

5 DQ연구소 (2016). 디지털 시대의 위험 및 청소년 역량 강화: 2016 싱가포르(Cyber Risk &

Youth Empowerment in the Digital Era: 2016 Singapore). https://www.dqinstitute.
org/wp-content/uploads/2017/08/DQ-Report_v12-FA-PREVIEW.pdf

6   Sroufe, L. A., Carlson, E. A., Levy, A. K., & Egeland, B. (1999). '발달심리 병리학의 애착 이론
이 가진 함의(Implications of Attachment Theory for Developmental Psychopathology)'.
Development and Psychopathology, 11:1-13.

7장

1   DLSR-Working Group on Digital Literacy, Skills and Readiness (2020). 디지털 리
터러시, 디지털 역량, 디지털 준비성에 대한 DQ 프레임워크를 위한 IEEE 승인 초안 표준
(IEEE 3527.1-2020: IEEE Approved Draft Standard for Digital Intelligence(DQ)-
Framework for Digital Literacy, Skills and Readiness). https://standards.ieee.org/
standard/3527_1-2020.html

2   DQ연구소 (2020). 2020 COSI 방법론 보고서(Child Online Safety Index: Findings
and Methodology Report). https://www.dqinstitute.org/wp-content/
uploads/2020/02/2020-COSI-Findings-and-Methodology-Report.pdf

3   Sherlock, M., & Wagstaff, D. L. (2019). '인스타그램 사용 빈도, 이상화된 이미지에 대한 노
출, 여성의 심리적 행동 사이의 관계 탐구(Exploring the relationship between frequency
of Instagram use, exposure to idealized images, and psychological well-being in
women)'. Psychology of Popular Media Culture, 8(4), 482-490

4   Sang-Hun, C., & Lee, S. (2019, November 25). 'K-팝 스타들의 자살이 한국 사회에 자
아탐구를 촉발하다(Suicides by K-Pop Stars Prompt Soul-Searching in South Korea)'.
The New York Times. https://www.nytimes.com/2019/11/25/world/asia/goo-
hara-kpop-suicide.html

5   DQ연구소 (2020). 아동온라인안전지수(Child Online Safety Index). https://www.
dqinstitute.org/child-online-safety-index/

6   American Academy of Paediatrics (2020). '우리는 어디에 서 있는가: 스크린 타임(Where
We Stand: Screen Time)'. https://healthychildren.org/English/family-life/Media/
Pages/Where-We-Stand-TV-Viewing-Time.aspx

7   Park, Y. (2016, January 27). '아이들은 얼마나 많은 스크린 타임을 가져야 하는가?(How
much screen time should children have?)'. World Economic Forum. https://www.
weforum.org/agenda/2016/01/how-much-screen-time-should-children-
have/

8   Dunkley, V.L. (2014, February 14). '뇌의 회백질: 지나친 스크린 타임이 뇌를 손상시킨
다(Gray Matters: Too Much Screen Time Damages the Brain)'. Psychology Today.
https://www.psychologytoday.com/us/blog/mental-wealth/201402/gray-
matters-too-much-screen-time-damages-the-brain

9   Eisenberg, N., Hofer, C., & Vaughan, J. (2007). '의도적인 통제와 그 사회정서적 결과(Effortful Control and Its Socioemotional Consequences)'. In J. J. Gross (Ed.), Handbook of emotion regulation (pp. 287–306). The Guilford Press.

10   Mischel, W., & Ebbesen, E. B. (1970). '만족감의 지연 반응(Attention in delay of gratification)'. Journal of Personality and Social Psychology, 16(2), 329.

11   John, A., Glendenning, A.C., Marchant, A., Montgomery, P., Stewart, A., Wood, A., Lloyd, K., & Hawton, K. (2018). '어린이와 청소년의 자해, 자살 및 사이버불링에 대한 체계적인 검토(Self-Harm, Suicidal Behaviours, and Cyberbullying in Children and Young People: Systematic Review)'. Journal of Medical Internet Research 20(4): e129

12   IBM (2014). '2014 IBM 보안 서비스–디지털 보안 지능 지수(IBM Security Services 2014 Cyber Security Intelligence Index)'. https://i.crn.com/sites/default/files/ckfinderimages/userfiles/images/crn/custom/IBMSecurityServices2014.PDF

13   Harari, Y. (2015, January 29). '21세기의 새로운 종교(New Religions of the 21st Century)'. Talks at Google. https://www.youtube.com/watch?v=g6BK5Q_Dblo

14   Borba, M. (2016). 《언셀피: 공감하는 아이가 나만이 최고라는 세상에서 성공하는 이유 (UnSelfie: Why Empathetic Kids Succeed in Our All-About-Me World)》. Simon & Schuster.

15   Goleman, D. & Boyatzis, R.E. (2017, February 6). '감성지능의 12가지 요소: 어떤 요소를 개선해야 하는가?(Emotional Intelligence Has 12 Elements. Which Do You Need to Work On?)'. Harvard Business Review. https://hbr.org/2017/02/emotional-intelligence-has-12-elements-which-do-you-need-to-work-on

16   Bagchi, S. (2011). '변화를 이끄는 사람-공감과 리더십의 빌 드레이턴(The Change Maker - Bill Drayton on Empathy and Leadership)'. Forbes India. https://www.forbesindia.com/article/zen-garden/the-change-maker-bill-drayton-on-empathy-and-leaderhip/25642/1

17   Forbes Quotes. '노자의 경구(More Quotes by Lao-tzu)'. https://www.forbes.com/quotes/5874/

18   Edwards, M. (2015, April 14). '신원 도용: 작년 77만 명 이상의 호주인 피해자 발생(Identity theft: More than 770,000 Australians victims in past year)'. ABC News. http://www.abc.net.au/news/2015-04-14/identity-theft-hits-australians-veda/6390570

19   Jenkins Jr, H.W. (2010, August 14). '구글과 미래의 탐구(Google and the Search for the Future)'. Wall Street Journal. https://www.wsj.com/articles/SB10001424052748704901104575423294099527212

20   Ronson, J. (2015, February 12). '어떻게 멍청한 트윗 하나가 저스틴 사코의 삶을 망쳤는가?(How One Stupid Tweet Blew Up Justine Sacco's Life). The New York Times. https://www.nytimes.com/2015/02/15/magazine/how-one-stupid-tweet-ruined-justine-saccos-life.html

21 Longfield, A. (2017). '나에 대해 누가 무엇을 아는가?(Who Knows What About Me?)'. Children's Commissioner. https://www.childrenscommissioner.gov.uk/digital/who-knows-what-about-me/

22 Ivanova, K. (2020, August 18). '엄마가 아동 포르노 사이트에서 도용된 어린 딸의 사진을 발견하다(Terrified Mother Finds Stolen Images Of Her Baby Daughter On A Child Pornography Website)'. I Heart Intelligence. https://iheartintelligence.com/terrified-mother-finds-stolen-images-of-her-baby-daughter-on-a-child-pornography-website/

23 May, A. (2016, September 16). '18세 여성이 자신의 사진들을 페이스북에 올린 부모를 고소하다(18 year-old sues parents for posting baby pictures on Facebook)'. USA Today. https://www.usatoday.com/story/news/nation-now/2016/09/16/18-year-old-sues-parents-posting-baby-pictures-facebook/90479402/

24 Vosoughi, S., Roy, D., & Aral, A. (2018). '온라인에서의 진실과 거짓 뉴스와 확산(The Spread of True and False News Online)'. Science 359 (6380): 1146-1151.

25 Schlegel, L. (2020, March 13). '레디 플레이 원: 어떻게 비디오 게임은 과격함을 촉진하는가(Ready Player One: How Video Games Could Facilitate Radicalization Processes)'. European Eye on Radicalisation. https://eeradicalization.com/ready-player-one-how-video-games-could-facilitate-radicalization-processes/

26 Meyer, R. (2018, March 8). '거짓 뉴스에 대한 사상 최대 규모의 연구, 그 암울한 결론(The Grim Conclusions of the Largest-Ever Study of Fake News)'. The Atlantic. https://www.theatlantic.com/technology/archive/2018/03/largest-study-ever-fake-news-mittwitter/555104/

27 Business Insider (2014, January 19). '한국 인구의 거의 절반에 이르는 엄청난 양의 데이터 유출(Huge South Korean Data Leak Affects Almost Half The Country)'. https://www.businessinsider.com/south-korea-data-leak-2014-1?r=US&IR=T

28 Daily Mail (2014, February 6). '어린이의 절반 이상이 10살쯤 소셜미디어를 사용한다: 페이스북은 가장 인기 있는 소셜미디어다(More than half of children use social media by the age of 10: Facebook is most popular site that youngsters join)'. https://www.dailymail.co.uk/news/article-2552658/More-halfchildren-use-social-media-age-10-Facebook-popular-site-youngstersjoin.html

29 World Economic Forum (2017). '사회를 위한 디지털 미디어의 미래 지향점: 개인 데이터의 가치 평가 및 신뢰 재구축(Shaping the Future Implications of Digital Media for Society: Valuing Personal Data and Rebuilding Trust)'. http://www3.weforum.org/docs/WEF_End_User_Perspective_on_Digital_Media_Survey_Summary_2017.pdf

30 Mckenna, M. (2020, December 7). 'GPT-3와의 대화: 편견, 윤리, 동의 및 과부화를 둘러싼 문제와 평가(A Conversation with GPT-3: Evaluating Issues Surrounding Bias, Ethics, Consent, and Overhype)'. Honey Suckle Mag. https://honeysucklemag.com/

a—conversation—with—gpt—3—bias/

8장

1   DQ연구소 (2018). 2018년 DQ 임팩트 보고서(2018 DQ Impact Report). https://www.
    dqinstitute.org/2018dq_impact_report
2   DQ연구소 (2020). 아동온라인안전지수(Child Online Safety Index). https://www.
    dqinstitute.org/child—online—safety—index/
3   C20 사우디아라비아 (2020). '디지털 경제를 위한 G20 시민사회(Digital Economy for G20 Civil
    Society)'. https://civil—20.org/about—c20/
4   G20 아르헨티나 (2018). '디지털 경제를 측정하는 방법(Toolkit for Measuring the Digital
    Economy)'. https://www.oecd.org/g20/summits/buenos—aires/g20—detf—toolkit.pdf